U0356629

阳 晏 编著

秦巴山区高速公路平安百年品质工程建设实践

——十堰经镇坪至巫溪高速公路鲍峡至溢水段

QINBA SHANQU GAOSU GONGLU
PING'AN BAINIAN PINZHI GONGCHENG JIANSHE SHIJIAN
— SHIYAN JING ZHENPING ZHI WUXI GAOSU GONGLU
BAOXIA ZHI YISHUIDUAN

人民交通出版社股份有限公司
北京

内 容 提 要

本书分为 5 篇，共 12 章，系统总结了十堰经镇坪至巫溪高速公路鲍峡至溢水段（简称“十巫高速公路鲍溢段”）项目实际建设过程中的经验和成果。具体包括绪论篇（项目概况、平安百年品质工程建设理念），设计施工篇（秦巴山区狭长走廊高速公路品质选线、多灾害体高陡边坡绿色设计与施工技术体系），建设管理篇（BOT + EPC 建设管理模式，十巫高速公路鲍溢段质量、安全、环水保管理体系，智慧工地整体解决方案应用示范），质量提升篇（十巫高速公路鲍溢段桥梁建造质量提升新技术、隧道长寿命碾压混凝土路面成套应用技术），环境保护篇（服务区、收费站分散式智能成套污水处理，秦巴山区及核心水源区高速公路建设若干思考）。

本书可供高速公路建设、管理人员阅读参考。

图书在版编目（CIP）数据

秦巴山区高速公路平安百年品质工程建设实践：十堰经镇坪至巫溪高速公路鲍峡至溢水段 / 阳晏编著. — 北京：人民交通出版社股份有限公司，2023.10

ISBN 978-7-114-18987-6

Ⅰ.①秦… Ⅱ.①阳… Ⅲ.①山区道路—高速公路—道路工程—西北地区 Ⅳ.①U412.36

中国国家版本馆 CIP 数据核字（2023）第 175691 号

书　　名：秦巴山区高速公路平安百年品质工程建设实践——十堰经镇坪至巫溪高速公路鲍峡至溢水段
著 作 者：阳　晏
责任编辑：姚　旭
责任校对：孙国靖　卢　弦
责任印制：张　凯
出版发行：人民交通出版社股份有限公司
地　　址：（100011）北京市朝阳区安定门外外馆斜街 3 号
网　　址：http://www.ccpcl.com.cn
销售电话：（010）59757973
总 经 销：人民交通出版社股份有限公司发行部
经　　销：各地新华书店
印　　刷：北京建宏印刷有限公司
开　　本：787 × 1092　1/16
印　　张：13.5
字　　数：275 千
版　　次：2023 年 10 月　第 1 版
印　　次：2023 年 10 月　第 1 次印刷
书　　号：ISBN 978-7-114-18987-6
定　　价：77.00 元
（有印刷、装订质量问题的图书，由本公司负责调换）

编 委 会

主　任：阳　晏

副主任：沈　峰　刘朝辉　戴学凯

成　员：（排名不分先后，按姓氏笔画顺序）

刘小清　胡五洲　唐守峰　刘艳仓　陈　华

刘　敬　章从旭　刘海波　王江义　敖德鼎

何良玉　戈玉龙　伍志坚　胡龙泳　赵胜艳

刘国明　刘　志　周宏涛　王　卫　王利刚

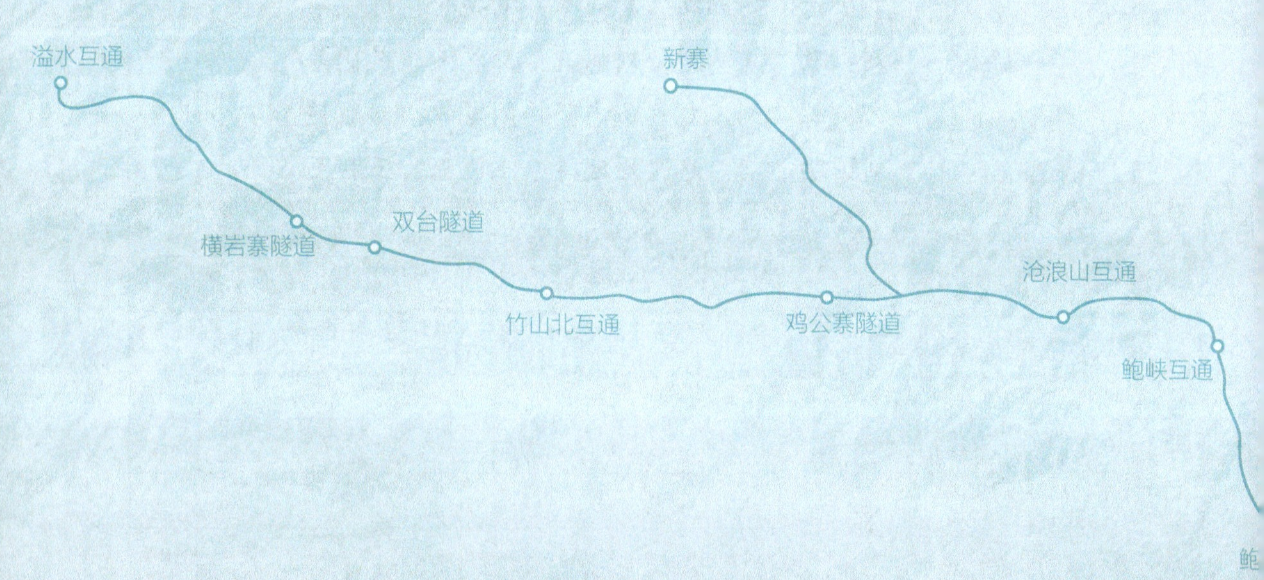
溢水互通
新寨
双台隧道
横岩寨隧道
沧浪山互通
竹山北互通
鸡公寨隧道
鲍峡互通
十白高速公路

FOREWORD | 前 言

20 世纪 90 年代以来，高速公路作为我国国家发展战略中重点建设的基础设施得到了飞速发展。截至 2022 年末，我国公路通车总里程达 535 万 km，其中高速公路通车里程达 17.7 万 km，位居世界第一。十堰经镇坪至巫溪高速公路（简称“十巫高速公路”）鲍峡至溢水段项目地处秦巴山区，位于川、渝、陕、鄂、豫五省市交界处，山高坡陡，沟壑纵横，建设走廊带狭窄，地质情况复杂；生态环境脆弱，环保要求高；互通及沿线设施布设考虑因素多，施工干扰大；工程规模大、建设难度高，施工风险大；选线位置较高，便道修筑困难；母材紧缺，地材供应紧张。

针对上述问题，基于“大力推进生态文明建设”的国家战略，十巫高速公路鲍溢段组织了 36 个专项方案，对专家评审的危险性较大专项方案，在工程建设中积极推广应用“四新”技术，包括高速公路复杂地质下高陡边坡稳定性及防护措施、T 梁预制和安装质量安全“微创新”提升技术、现浇箱梁抱箍贝雷支架法施工技术、隧道长寿命碾压混凝土路面成套应用技术、服务区与收费站分散式智能成套污水处理 MABR 系统技术以及 BOT + EPC 建设管理模式等，形成了覆盖道路、桥梁、隧道、管理等不同专业的新技术开发和应用体系，为创建秦巴山区平安百年品质工程提供了强大的创新动力，是绿色公路“六个坚持、六个树立”理念的拓展与升级，是绿色循环低碳公路在新时期的继承与延续。

本书编著过程中，参考了国内外相关专家、学者的论著和以往的工程经验，并得到了人民交通出版社股份有限公司的大力支持，在此一并表示衷心的感谢！

本书通过绪论篇、设计施工篇、建设管理篇、质量提升篇、环境保护篇，总结十巫高速公路鲍溢段项目实际建设过程中的经验和成果，在体系和内容上可能存在不妥之处，敬请专家和读者批评指正。

编著者

2023 年 3 月

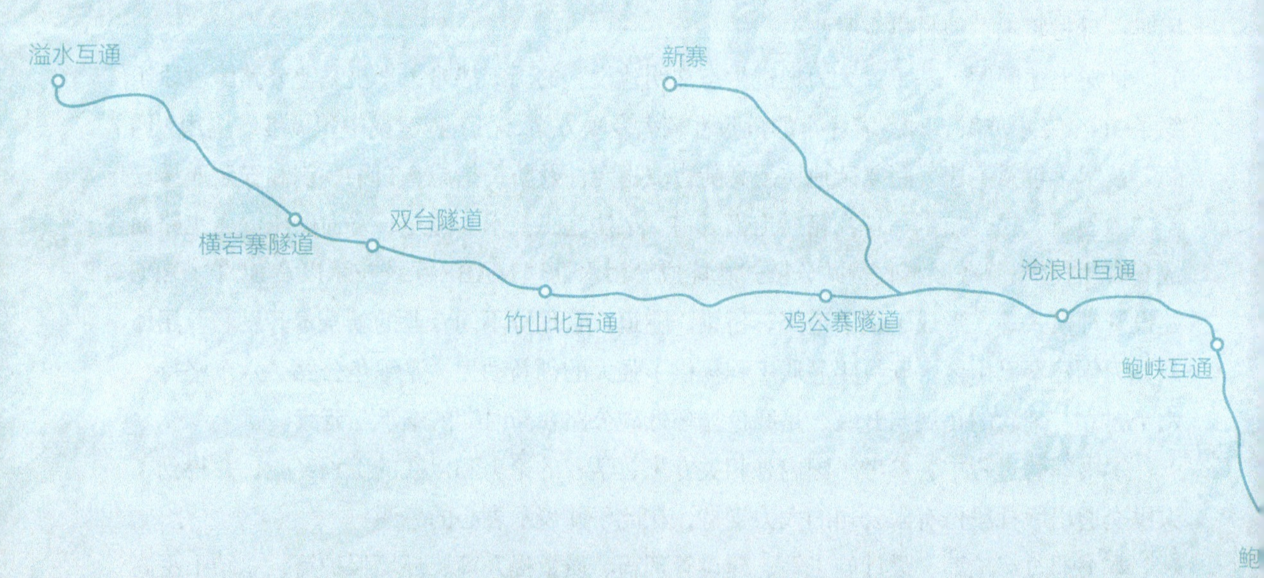
溢水互通
新寨
横岩寨隧道
双台隧道
竹山北互通
鸡公寨隧道
沧浪山互通
鲍峡互通
十白高速公路

CONTENTS | 目 录

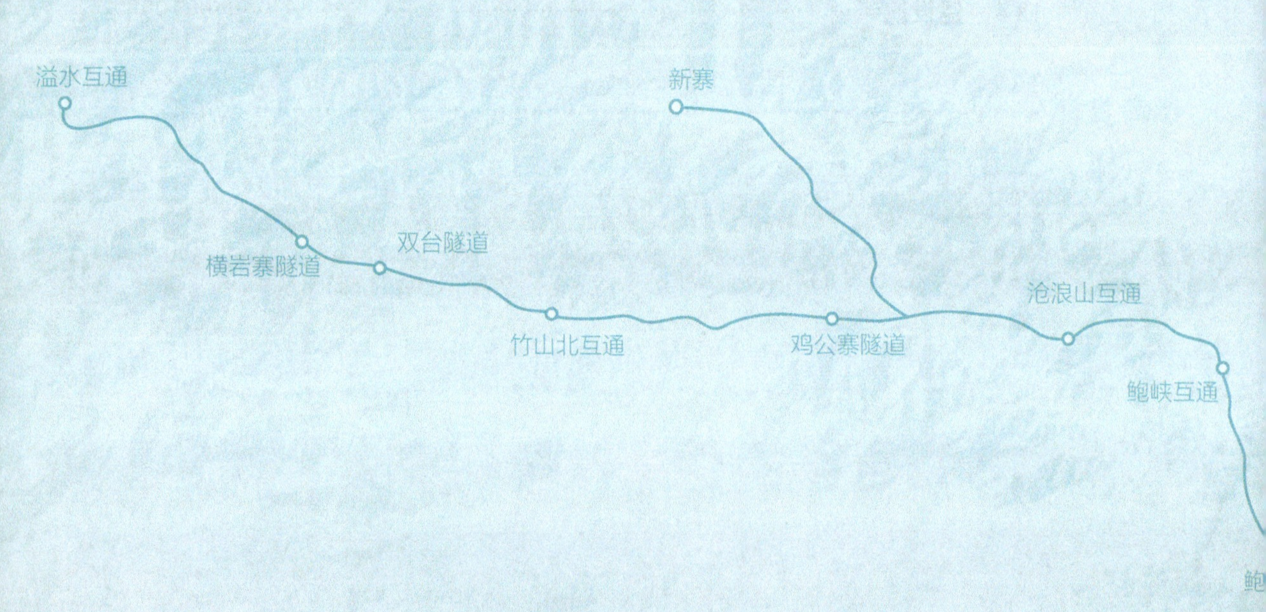
溢水互通
新寨
横岩寨隧道
双台隧道
竹山北互通
鸡公寨隧道
沧浪山互通
鲍峡互通
十白高速公路

第1篇
PART 1

平安百年品质工程
● 绪论篇

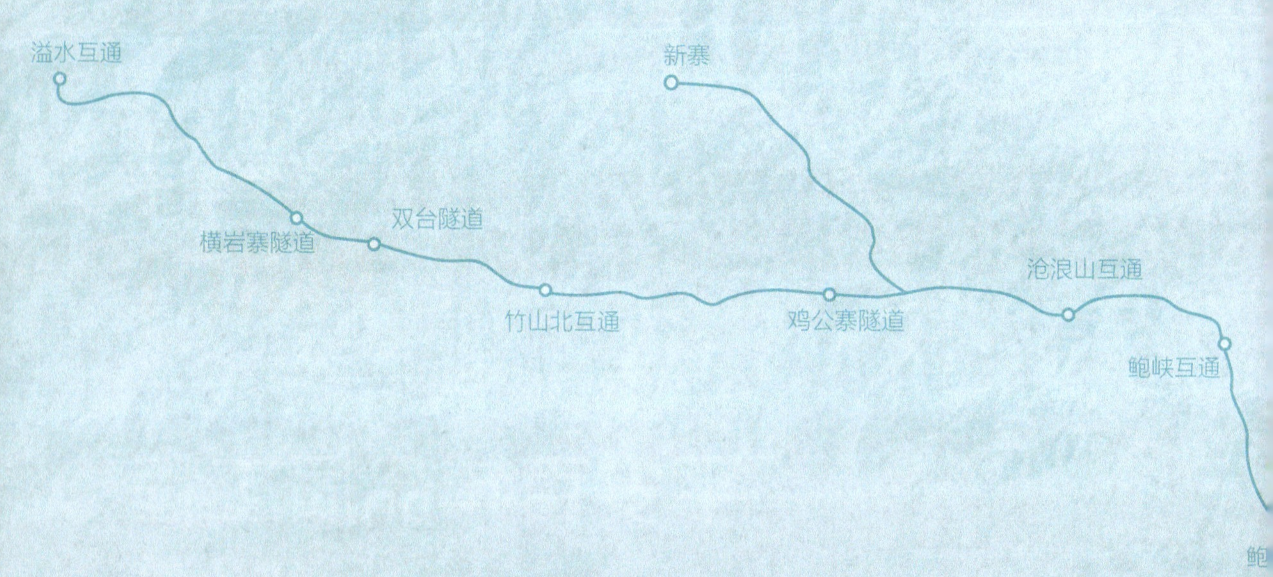
溢水互通
新寨
横岩寨隧道
双台隧道
竹山北互通
鸡公寨隧道
沧浪山互通
鲍峡互通
鲍
十白高速公路

第 1 章

项 目 概 况

1.1 建设背景

十堰经镇坪至巫溪高速公路鲍峡至溢水段（简称“十巫高速公路鲍溢段”）项目是《湖北省省道网规划（2011—2030）》规划“九纵五横三环”高速公路网中“纵八”线的重要组成部分，是《湖北省综合交通运输“十三五”发展规划纲要》中的重要内容。

2016 年，《长江经济带发展规划纲要》《促进中部地区崛起“十三五”规划》的颁布以及汉江生态经济带上升为国家战略，再次为地处省际接合部、两带交汇处的十堰市带来了重大机遇。当时，十堰市域高速通道整体呈现东西强、南北弱的布局，已建成的高速公路中，东西向主要有福银、十天、麻安三条高速公路，可实现与武汉、襄阳、安康、西安等城市的快速交通往来；南北向仅有呼北高速公路十堰段（含郧十、十房高速公路），市域西部缺乏一条南北向的快速通道，与恩施、重庆东北部地区缺乏高速公路直接连接，因此，十堰经镇坪至巫溪高速公路鲍峡至溢水段项目（图 1-1）应运而生。

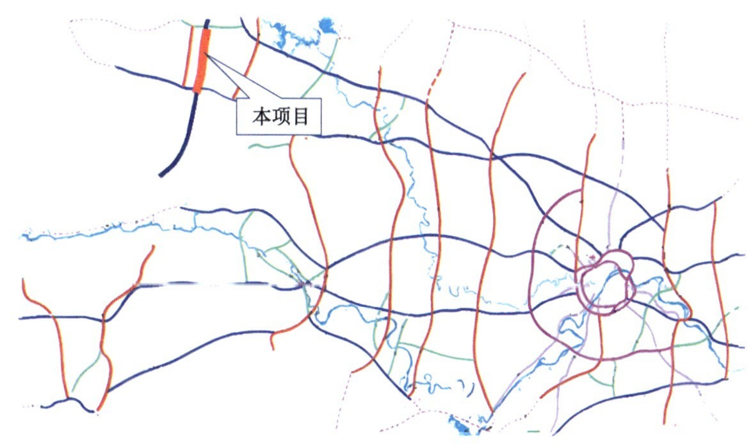

图 1-1　项目区地理位置图

十巫高速公路鲍溢段项目，起点位于十堰郧阳区鲍峡镇分水岭村，设鲍峡枢纽互通接十天高速公路；路线向南设隧道到小江口，沿 G242 走廊至军家坪，设沧浪山互通连 G242，并与沧浪山服务区合建，至鸡公河口后设鸡公寨隧道至竹山县双台乡界岭村；沿拦鱼河，在向山村设双台停车区，在双台乡设双台互通连接 G242，到南口村后跨北星河，折向西南设双台隧道（3066m）+ 楼台隧道（2284m）+ 横岩寨隧道（2848m）至溢水镇邵家沟村，经陈家沟、苦桃河，至小东川村设溢水互通连接 G346，终点止于溢水镇西东川村，设溢水枢纽互通连麻安高速公路。路线总长 58.618km，如图 1-2 所示。项目的建设，有利于加快构建鄂陕渝毗邻地区纵向通道，填补十堰西部地区南北向高速公路空白，强化十天、麻安等横向高速公路之间联系和转换，增强十堰市区及各县市之间的互联互通，为十堰加快建设区域性中心城市及秦巴山区扶贫开发战略的实施起到支撑性作用。

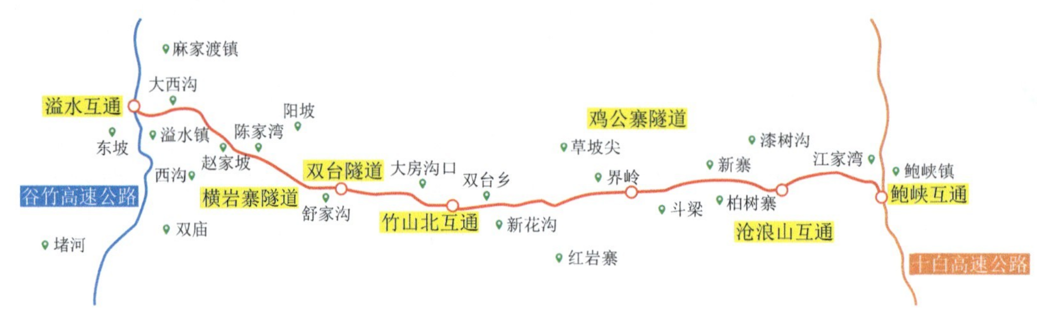

图 1-2 十巫高速公路鲍溢段路线图

1.2 工程概况

1.2.1 工程基本概况

十巫高速公路鲍溢段项目，线路起讫里程为 K0 + 000～K58 + 617.722，全长 58.618km。

技术标准：双向四车道高速公路；

设计速度：80km/h；

路基宽度：整体式 25.5m，分离式单幅路基宽 12.75m；

设计荷载：公路-I级；

设计洪水频率：特大桥 1/300，其他桥梁、涵洞和路基 1/100；

隧道净高：5m。

全线桥梁为 29527.81m/53 座（特大桥 13116.52m/9 座，大桥 16411.29m/44 座），隧道 16830m/14 座（特长隧道 7942m/2 座，长隧道 5144m/2 座，中短隧道 3744m/10 座），桥隧比高达 79.1%。互通式立交 5 处（枢纽互通 2 处，即鲍峡枢纽、溢水枢纽，单喇叭互通 3 处，即沧浪山互通、双台互通、溢水互通）、1 处监控管理分中心、1 处养护工区、1 处服务区、1 处停车区。项目采取 BOT（Build-Operate-Transfer，建设-经营-转让）+ EPC（Engineering-Procurement-Construction，工程总承包）建设模式，概算投资 102.11 亿元。2018 年 5 月，十巫高速公路鲍溢段正式开工，2021 年 5 月 28 日顺利通过交工验收。

1.2.2 项目成分组成

1）勘察设计

SWBYLX-1 合同包对应桩号 K0＋000～K60＋840.964（工程可行性研究桩号，长 60.841km，实际长 58.618km），承包合同内容为全线范围内的勘察设计全部工作内容（包括全部附属设施工程）。经过遴选，确定湖北省交通规划设计院股份有限公司为 SWBYLX-1 合同包的中选人。

项目的土建、房建及机电勘察设计由湖北省交通规划设计院股份有限公司承担。

2）工程施工

（1）土建、路面工程全线共设置 3 个标段：

SWBYLX-2 合同包，桩号 K0＋000～K19＋000，长 19.0km，范围内的路基、桥梁、隧道工程施工，由中交路桥建设有限公司承担。其主要工程内容为 K0＋000～K19＋000 范围内路基、桥梁，鲍家店、前梁山、窑坊岩、猫耳山、赵家湾、军家坪、中咀山、鸡公寨等 8 座隧道，鲍峡枢纽互通、沧浪山互通及沧浪山服务区。

SWBYLX-3 合同包，桩号 K19＋000～K43＋000，长 24.0km，范围内的路基、桥梁、隧道工程施工，由中国铁建大桥工程局集团有限公司承担。其主要工程内容为 K19＋000～K43＋000 范围内路基、桥梁，鸡公寨、界岭垭、台子山、双台、楼台等 5 座隧道，双台互通及双台停车区。

SWBYLX-6 合同包，桩号 K43＋000～K58＋617.722，长 15.618km，范围内的路基、桥梁、隧道施工（桩号 K0＋000～K58＋617.722，长 58.618km），全线路面工程施工，由湖北长江路桥股份有限公司承担。其主要工程内容为 K43＋000 至终点路基、桥梁，楼台、横岩寨、宋家湾等 3 座隧道，溢水互通、溢水枢纽互通及全线路面工程。

（2）交通安全设施、绿化工程施工全线共设置 1 个标段，即 SWBYLX-5 合同包，由湖北省高速公路实业开发有限公司承担。

（3）机电工程施工全线共设置 1 个标段，即 SWBYLX-4 合同包，由北京瑞华赢科技发展有限公司承担。

（4）附属区房建工程施工全线设置 2 个标段。

3）监理服务

十巫高速公路鲍溢段项目的工程施工监理，实行总监理工程师办公室（简称“总监办”）、驻地监理工程师办公室（简称“驻地办”）二级监理模式，驻地办按工程实际需要和总监办要求设立现场监理组。土建施工监理共设两个标段，即 SWJL-1 标、SWJL-2 标。其中，SWJL-1 标负责组建项目的总监办和中心试验室，并自行组建第一驻地监理工程师办公室（简称“第一驻地办”）。总监办负责全线驻地办的管理，委派一名副总监理工程师担任第一驻地办驻地监理工程师，并承担相关驻地监理工程师职责；第一驻地办主要人员由总监办中路基、桥梁、隧道、安全、地质等相关专业监理人员组成；SWJL-2 标负责组建第二驻地监理工程师办公室（简称“第二驻地办”），接受总监办的管理和监督。另设 1 个房建驻地办和 1 个机电驻地办，分别负责房建工程和机电工程的现场监理。十巫高速公路鲍溢段监理服务体系如图 1-3 所示。

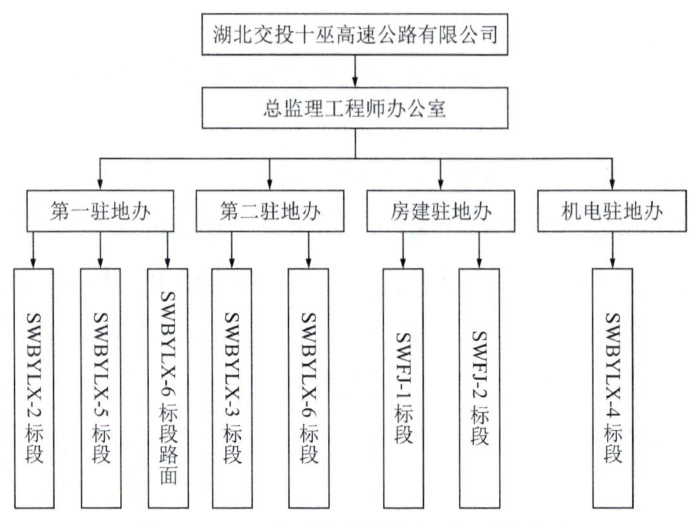

图 1-3　十巫高速公路鲍溢段监理服务体系

（1）SWJL-1 标段。

①总体负责本项目全部工程的质量、安全、进度、投资和环水保监理服务工作，并负责对机电驻地办、房建驻地办进行管理。

②具体负责下列施工标段范围内监理服务工作：

SWBYLX-2 标段范围内的路基、桥梁、隧道工程，对应里程桩号为 K0 + 000～K19 + 000，长 19.000km；

SWBYLX-5 标段范围内的交通安全设施和绿化工程，对应里程桩号为 K0 + 000～K60 + 840.964，长 60.841km；

SWBYLX-6 标段全线的路面工程，对应里程桩号为 K0 + 000～K60 + 840.964，长 60.841km。

（2）SWJL-2 标段。

具体负责下列施工标段范围内监理服务工作：

SWBYLX-3 标段范围内的路基、桥梁、隧道工程，对应里程桩号为 K19 + 000～K43 + 000，长 24.000km；

SWBYLX-6 标段范围的路基、桥梁、隧道工程，对应里程桩号为 K43 + 000～K60 + 840.964，长 17.841km。

1.2.3 重点控制工程

鸡公寨隧道为十巫高速公路鲍溢段项目的重点控制性工程，该隧道右线起讫里程为 YK17 + 960～YK22 + 838，全长 4878m；左线起讫里程为 ZK17 + 982～ZK22 + 810，全长 4828m。隧道双洞单向交通，为上、下行分离式特长隧道，两洞轴线相距 46～48.5m，最大埋深约 464m。隧道左线长 4824m，IV级围岩 2611m，占 54.1%；V级围岩 2213m，占 45.9%。右线长 4878m，IV级围岩 2641m，占 54.1%；V级围岩 2243m，占 46.0%。

鸡公寨隧道进口端及洞身位于直线段内，路拱横坡±2%；纵坡设计采用人字形双向坡，坡度+1.5%、–0.9%，变坡点桩号 ZK20 + 200（YK20 + 190）。通风方式为机械通风，照明方式为电光照明。隧道出口紧邻省道 S236，交通条件便利。根据设计图纸及地勘资料，隧址区位于秦岭褶皱系一级构造单元，主要构造形迹为：红岩背倒转复式向斜（7）（湖蓝坡强应变带）、李家院断裂（F10）、左吉-湖蓝坡断裂（庆祝沟断裂）（F2）。隧址区揭露的地层为表层局部覆盖有薄层第四系残坡积碎石粉质黏土，下伏中元古界武当山群片岩第四岩组绢云母石英片岩，属软岩～较软岩类，单轴饱和抗压强度 10～25MPa。由此可见，鸡公寨隧道地质复杂，存在岩溶、涌水，岩体为易风化与强风化岩体，岩体较破碎、破碎等施工安全风险，是十巫高速公路鲍溢段项目第一长大隧道。

1.3 特殊地质条件简介

1.3.1 地形地貌

十堰经镇坪至巫溪高速公路鲍峡至溢水段项目地处我国中部秦巴山区腹地，自古生代末期以来，由于长期的剥蚀和河谷的下切，逐渐形成了山峰高耸、重峦叠障、沟壑深邃、峡谷纵横的多层状山岳地貌景观。项目区地貌形态按其成因及地表形态可划分为构造剥蚀中山、构造剥蚀低山、构造剥蚀低山-丘陵、侵蚀堆积河谷等四种类型。具体描述如下：

（1）构造剥蚀中山。

构造剥蚀中山主要分布于路线 K17 + 300～K24 + 600 段及 B1 比较线，山顶绝对高程一般为 1000～1300m，切割深度为 300～600m。山体主要由中元古界区域变质岩构成，沟谷狭窄，山脊陡峭，多沿近南北向延伸。由于地壳的长期上升，河流垂直侵蚀作用强烈，形成河谷以深切“V”形峡谷为主，坡度一般为 50°～70°。

（2）构造剥蚀低山。

构造剥蚀低山主要分布于路线起点枢纽互通～K17 + 300、K24 + 600～K52 + 800 及 B2 比较线，山顶绝对高程一般为 600～1000m，切割深度为 200～500m。山体主要由古生界～元古界沉积岩和变质岩构成，山体较陡峭，河谷以“V”形峡谷为主，沟谷较狭窄，坡度一般为 40°～60°。

（3）构造剥蚀低山-丘陵。

构造剥蚀低山-丘陵主要分布于路线 K52 + 800～K57 + 900，山顶绝对高程一般为 400～600m，切割深度为 100～200m。山体主要由古生界～元古界沉积岩和变质岩及少量的白垩～第三系砂砾岩构成，岩石极易风化，加上地壳长期处于相对上升状态，岩石裸露，有利于风化、剥蚀作用的进行，故地形呈波状起伏、略较平缓的地貌形态。其山顶呈浑圆状，山脊平缓、对称，山坡一般为凸形坡。在缓坡地带常堆积有第四系残坡积物和原岩碎块。河谷以较开阔的“U”形对称谷为主，谷坡角度一般为 10°～30°。

（4）侵蚀堆积河谷。

侵蚀堆积河谷主要分布于区内溢水—宝丰一带的山间盆地，分布于路线 K57 + 900～终点枢纽互通，地势较平坦开阔。表层为第四系冲积物覆盖，以黏性土、砂砾石为主，厚薄不一，越靠近山前越薄，地下水较丰富。

1.3.2 地质

秦巴山区走廊带狭窄、地质情况复杂。地层岩性以中元古界武当山群片岩为主，出露少量震旦系及寒武系片岩、千枚岩以及白垩系砂砾岩，第四系松散堆积物分布于沟谷及山麓斜坡表层。路线穿越多条褶皱、断裂等构造形迹。水文地质条件较简单。不良地质较发育，路线方案通过优化，已对影响较大的不良地质体进行了绕避，局部穿越的不良地质体一般规模较小，较易采取工程措施处理。其中 SWBYLX-2 标段内主线有 11 处（含桥梁挖方段）、沧浪山互通有 3 处高边坡；SWBYLX-3 标段内属于高边坡度的主要有 5 处，针对岩石边坡大于 30m、土质边坡大于 20m 的深挖路堑针对性地进行工点设计。

十巫高速公路鲍溢段项目区内岩层基本稳定，下伏基岩承载力能够满足公路路基和构造物基础的设计要求，对桥梁较为有利。区内岩性以片岩为主，易风化，山体斜坡表层的风化层较厚，一般可达 10～15m；同时岩层走向大多与路线走向呈 10°～30°相交，边坡开挖易出现斜交顺向坡；项目区隧道穿越地层以武当山群片岩为主，属软岩～较软岩类，受构造影响，岩体挤压揉皱现象明显，且遇水易软化、崩解，围岩稳定性较差。软岩的矿物膨胀作用，特别是围岩产状倾角较大的，层间云母滑腻会造成岩体之间滑动，造成初期支护失稳。项目具有复杂的地质构造条件，地处秦岭褶皱系一级构造带，受多期构造运动影响，褶皱和断裂比较密集。由于构造作用，埋深较深的隧道普遍存在高地应力，对初期支护有较大影响，易造成初期支护受力蠕变和变形。本项目在隧道施工过程中根据洞内外地质调查、洞内观察、现场监控量测及岩土物理力学试验等施工反馈信息，进一步分析确定围岩的物理力学参数，最终确定和修改隧道施工方法和支护方式，确保施工过程中洞室周边岩体的稳定以及支护结构的安全。

1.4 项目管控难点简介

地处秦巴山区的十巫高速公路鲍溢段，山高坡陡，沟壑纵横，地质构造复杂，桥隧比高，建设难度大，安全风险高，主要集中在以下几点：走廊带狭窄，地质构造复杂；生态环境脆弱，环保要求高；互通及沿线设施布设考虑因素多，施工干扰大；工程规模大、建设难度高；线位较高，便道修筑困难；母材紧缺，地材供应紧张。

1.4.1 项目特点

（1）走廊带狭窄，地质情况复杂。

项目深挖路堑数量多，边坡高，坡度陡，地质条件差，防护形式复杂。深挖路堑工程的施工将是一个重难点。路堑边坡岩体胶结性差，多呈泥土状，岩体较软，遇水易崩解，极不稳定。在不稳定的高边坡下作业安全隐患大。路堑边坡临近省道，加之地形陡峭，路堑边坡爆破开挖风险高。项目多次跨越东河、西河、鸡公河和拦鱼河等季节性河流，且无现成的水文观测资料，桥位基本位于河谷位置，桥梁基础及下部结构施工受雨季影响大，安全风险高。

（2）生态环境脆弱，环保要求高。

地处秦岭屏障以南、巴山横亘以北，山清水秀，自然环境优美，旅游资源丰富；地理位置属于南水北调中线水源—丹江口水库流域，水源保护、水土流失重点治理区和重点预防区，环境非常敏感，生态环境压力大、环水保要求高。

（3）互通及沿线设施布设考虑因素多，施工干扰大。

线路起点从十天高速公路引出，终点接麻安高速公路，互通匝道多为上跨既有全封闭高速公路，施工干扰和管控风险大；全线道路交叉共 42 处，其中与国道交叉 11 处，与其他道路交叉 31 处；改河改沟共 10 处。溢水枢纽互通三座钢-混凝土组合梁桥均上跨麻竹高速公路谷竹段，麻竹高速公路车流量大，跨线施工难度大；三座桥梁所处位置多为当地农田，地下水位高，地基松软，钢-混凝土组合梁拼装时临时支撑地基处理难度大。溢水枢纽钢-混凝土组合梁是施工的重点工程之一。

（4）工程规模大，建设难度高。

主线桥隧比为 79.1%，其中隧道 29%，桥梁 50.1%；深挖路堑 41 处共 8509m，深切堆积体和不稳定斜坡路堑边坡 2 处，原有高速公路拓宽形成深挖路堑 1 处；最大边坡高度 60.6m；高填路基 15 处共 2154m，最大填土高度 26.6m，最大填方边坡高度 41.7m。

（5）线位较高，便道修筑困难。

线路位于狭窄走廊带，地形起伏连绵，山高坡陡，沟壑纵横。为确保线形流畅、满足限速标准，选线位置较高，穿越密集乡镇，新建施工便道线路长、数量多、干扰大、运行难。全线共新建进入施工场区的主、次便道 101 条，场区内便道更多。特别是穿越密集乡镇的进场主便道，两侧房屋密集，人口较多，既有道路质量差、宽度窄，无法满足重载、长大车辆密集通行，改扩建难度非常大，运行过程干扰大，交通管控风险高。

1.4.2 解决方案

十巫高速公路鲍溢段项目工程规模大，管控难度高。针对种种难点，项目部组织实施专项方案 36 个，其中专项施工方案 16 个，安全专项施工方案 20 个，经专家评审的危险性较大专项方案 25 个。在工程建设中积极推广应用新技术，重点技术如下：

（1）高速公路复杂地质下高陡边坡稳定性及防护措施研究。

复杂地质下高陡边坡开挖前，做好排水系统，包括坡顶截水沟及路堑两端的排水设施，防止施工过程中地表水对边坡的冲刷。开工前重新复测断面，选准开挖口，从上至下每开挖一级及时防护一级。对挖方路基进行挖方动态设计，施工前先开槽，后确定边坡坡度。路堑开挖采用“横向分层、纵向分段，两端同步、阶梯掘进”的方式施工，做到运土、排水、挖掘互不干扰，以确保开挖顺利进行。

（2）隧道长寿命碾压混凝土路面成套应用技术。

该技术攻克了普通碾压混凝土抗弯拉强度不足、容易开裂影响耐久性能等难题，形成了一套从设计、制备、检测到生产、施工、养护的隧道长寿命碾压混凝土路面开发与应用技术。通过开展技术攻关，充分发挥了碾压混凝土水泥用量少、工程造价低、施工速度快、养护周期短等优势，减少建设成本 3000 万元以上，提升了路面使用性能和耐久性能。攻关小组成立以来，发表论文多篇，授权和申请专利 2 项，编写工法 1 部。

（3）服务区、收费站分散式智能成套污水处理（MABR）系统技术。

针对传统高速公路污水处理工艺能耗高，设计处理能力不足，处理效果不稳定，设备维护困难、故障率高等缺点，研究实施新型分散式智能成套污水处理系统技术，实现了智能化监控监测，且能耗低、模块化、可移动扩容、稳定性好、设备使用寿命长。

（4）其他创新技术。

①T 梁预制和安装质量安全“微创新”提升技术，具体授权专利见表 1-1。

T 梁预制和安装质量安全“微创新”提升技术的主要授权专利　　表 1-1

序号	专利名称	专利号
1	一种预制 T 梁横隔板端模拆卸工具	ZL2019205228138.7
2	一种用于 T 梁预制钢筋绑扎的移动小车	ZL201920360225.6
3	一种用于预制 T 梁施工的可移动平台	ZL201920528101.4
4	一种适用于地仓式拌和站的可拆卸钢结构储料仓	ZL201921994367.4
5	一种可拆卸式架桥机横移限位装置	ZL201921994080.1
6	一种预制 T 梁模板底部对拉杆螺母拆卸工具	ZL201920525309.0

②桥面铺装全自动激光摊铺机。

③桥梁临时预埋件爬锥固定工艺。

④隧道电缆沟轻型聚合物盖板。

通过上述技术，形成了覆盖隧道、桥梁、路面等不同专业的新技术开发和应用体系。项目已取得国家发明专利 8 项，实用新型专利 28 项，发表论文 20 余篇，2021 年度荣获湖北省工程建设优秀 QC 成果二等奖 2 项、三等奖 2 项，为创建秦巴山区平安百年品质工程提供了强大的创新动力。

同时，针对十巫高速公路鲍溢段项目工程规模大，管控难度高，项目组刻苦钻研、积极引进国内外建设管理经验，规范项目运作的各个环节，为工程建设成功探索了 BOT + EPC 建设模式。BOT + EPC 模式是一种基于投资层面和建设层面的复合模式：在投融资体制层面，政府向某一企业颁发特许经营权，允许其在一定时间内进行高速公路的建设和运营，特许期限结束后移交给政府，即 BOT 模式；在建设管理体制层面，取得特许经营权的企业在建设过程中采用总承包模式，即基于 BOT 的 EPC 模式。

1.5 本书主要内容

设计施工篇：主要从品质选线与高陡边坡绿色设计控制两方面对平安百年品质工程进行了展示。本项目路线方案的总体设计，充分贯彻了“安全、环保、舒适、和谐”的设计理念，在充分征求地方政府意见、合理利用走廊带资源的基础上，力求尽可能适应地形条件，来控制构造物、土石方、防护工程及拆迁数量。对于高陡边坡的设计与控制，对灾害体的分布与特征风险进行了充分的调研，路基边坡绿化以水土保持、稳定边坡为目的，做到生物防护与工程防护相结合，按当地环保的要求精心设计，合理布置施工总平面，充分考虑环保，认真贯彻国家、交通运输部、地方政府有关环水保方针、政策和法令，建设高速公路绿色走廊。

建设管理篇：主要讲述高速公路项目 BOT + EPC 模式以及智慧工地系统。在建设管理体制层面，取得特许经营权的企业在建设过程中采用总承包模式，即基于 BOT 的 EPC 模式。新的 BOT + EPC 模式，有利于避免设计与施工脱节，拓宽融资渠道，贯彻全寿命周期理念。智慧工地系统基于统一工程结构体系和零号台账分解的工程项目信息集成，在结构上具有数据互联、结构完整、逻辑清晰的特点。智慧工地系统通过现代项目管理思想和信息技术，建立了一套智慧工地系统，使建设工程项目在成本管理、进度管理、质量监控、安全监控、辅助支持等方面实现全新的管理模式，提高工作效率与工作质量，全面提升工程项目管理水平。

质量提升篇：开发了一种抱箍式无落地支架现浇箱梁施工工艺，将传统的钢管贝雷组合支架中的大型钢管替换成抱箍，并通过此种支架，有效完成山区地形条件复杂、地基处理难度大、墩柱较高等情况下的现浇箱梁施工；形成一套从设计、制备、检测到生产、施工、养护的隧道长寿命碾压混凝土路面开发与应用技术，攻克了普通碾压混凝土抗弯拉强度不足、容易开裂影响耐久性能等难题，提升了路面使用性能和耐久性能。

环境保护篇：通过研究实施新型分散式智能成套污水处理系统技术，将活性污泥法与生物膜法相结合，氧气以分子的形式通过膜的空气侧渗透到膜的污水侧，膜表面形成高溶解氧浓度区域，好氧微生物在膜壁上繁殖并对污水进行处理，实现出水稳定达标。系统具有智能化监控监测、自动化程度高、氮磷去除效果高效、能耗低、模块化、可移动扩容、稳定性好、设备使用寿命长等突出优点。

第 2 章

平安百年品质工程建设理念

2.1 建设目标

十巫高速公路鲍溢段项目，深入贯彻落实习近平新时代中国特色社会主义思想和党的十九大及十九届二中、三中、四中、五中全会精神，按照湖北省、十堰市综合交通运输发展规划及交通强国、交通强省等战略部署和湖北交通投资集团有限公司（简称“集团公司”）相关要求，牢固树立新发展理念，以党的建设为引领，以改革创新为动力，以品质工程、平安工程、绿色环保示范工程和廉洁阳光工程建设为目标，全力推进十巫高速公路鲍溢段建设，为秦巴山区高质量发展贡献应有力量。项目建设目标如下：

（1）工期目标：本项目总工期 42 个月，2018 年 1—2 月试生产，2018 年 3 月正式动工，2019 年 3 月完成主体路基施工，2020 年 2 月完成零星路基工程，2020 年 2 月完成桥梁施工，2021 年 3 月完成隧道施工，2021 年 4 月完成路面施工，2021 年 8 月完成房建、交安、绿化、机电等沿线工程。

（2）质量目标：交工验收的工程质量评定为合格，竣工验收的工程质量评定为优良，确保部优，争创国优，努力实现精品工程目标。

（3）投资目标：工程总投资控制在批准的概算总额以内，确保建设资金合法、安全、廉洁、高效使用。

（4）安全目标：杜绝较大及以上安全生产事故，无责任事故，零死亡，努力实现“平安工地”建设目标。

（5）环保目标：增强环保意识，严格控制建设期间的环境污染，保持生态环境、和谐自然。

（6）管理目标：建立严谨规范的组织体系和规章制度，创新服务良好的施工条件和社会环境，提高建设队伍的高质量管理水平和高素质综合实力，努力科技攻关，推广使用“四新”（新技术、新工艺、新材料、新设备）技术，努力实现建设一条质量高、标准高的绿色环保、生态旅游示范路。

（7）廉洁目标：杜绝各种牟取不正当利益的违纪行为，确保建设项目按期保质完成，保护国家、集体和人民的合法权益。

十堰市位于秦巴山区汉水谷地，是连通鄂西生态文化旅游圈、对接武汉城市圈、承接长江经济带、辐射汉江生态经济带的重要节点城市。2012 年 2 月，湖北省委、省政府提出将十堰建设成鄂豫陕渝毗邻地区中心城市，全力支持十堰建设区域性中心城市。要建设区域性中心城市，十堰市应充分利用交通区位优势，构建四通八达的快速交通网络，不断增强区域辐射力和影响力。本项目的建设将填补十堰西南部地区无南北向高速公路的空白，加强十天、麻安等横向高速公路之间的联系和转换，强化十堰西南部地区与恩施、重庆等周边地区的交流与联系，为十堰加快建设区域性中心城市及秦巴山区扶贫开发战略的实施起到支撑性作用。

十巫高速公路鲍溢段项目的建设是完善国家公路网布局，着力优化鄂渝陕边区路网结构的迫切要求；是实施产业化精准扶贫，大力推进秦巴山片区脱贫攻坚的重要举措；是串联区域优势旅游资源，大力推动旅游产业整合开发的重要通道；是改善十堰西部地区交通出行条件，有效带动沿线特色资源开发利用的有效途径；是强化鄂西地区应急保障通道，显著提升应急救灾和战备能力的客观需要。

2.2 建设方针

质量是百年大计，工程之本。十巫高速公路鲍溢段项目全面贯彻落实党的十九大精神，在质量和安全方面，始终坚持“创新、优质、生态、廉洁、效能”的建设理念方针。

质量方面：①强基固本，持续健全项目质量管理体系。2021 年，积极按照各项质量管理规定开展工作，下发各类通报十余次，确保了项目质量管理体系高效运转。②严格执行材料、设备、模板准入制及工程实体“三检”制度，确保了工程实体质量合格。③创新工艺工法，结合实际先后下发多项标准化建设指导性文件，积极推行仰拱弧形模板、二次衬砌带模注浆、碾压混凝土应用等。④推行信息化管理，建立了覆盖工程建设质量管理全过程的信息化管理系统，实现工程质量信息动态管理，有效提高了工程现代化管理水平。⑤扎根一线，靠前管理，工程后期质量管理部成员积极驻扎一线，力保工程实体质量合格。⑥压实责任，主动作为，严格落实项目交工各项要求，推动十巫高速公路鲍溢段顺利通过交工验收，并完成相关资料移交。

安全方面：①贯彻落实湖北省交通运输厅质监局有关安全生产工作的各项部署，组织《中华人民共和国安全生产法》宣贯学习，确保安全生产管理能力进一步提升。②建立健全全员安全生产责任制，依托《中华人民共和国安全生产法》建立了“层层负责、人人有责、各负其责”的安全工作体系，实现安全生产责任全覆盖。③推进安全风险分级管控和隐患排查治理双重预防体系建设，实现了安全监管区域全方位、全覆盖、无缝隙管理，全面安全隐患。④以推动“平安工地”创建为核心，实行“一人一档”“一机一档”“安全工序报验”管理模式，推动项目安全生产标准化、规范化。⑤成立山区应急抢险救援队，实行统一着装、培训、管理，先后组织隧道安全救援、高空坠落救援、水上救援等演练13场，大大提升了应急队伍的实战救援能力。

2.3 建设思路

地处秦巴山区的十巫高速公路，山高坡陡，沟壑纵横，地质构造复杂，桥隧比高，建设难度大，安全风险高。自2017年7月，十巫高速公路鲍溢段项目启动以来，湖北交投十巫高速公路有限公司（简称“十巫公司”）以“平安工地”创建为抓手，以新机制、新方法、新活动为载体，不断创新安全管理方式，打造山区高速公路建设安全管控新思路。

（1）强化组织调度，大力推进工程项目建设。

一是强化计划管理。按照“合理布局、平行推进、交叉作业”的原则科学制定施工组织计划，确保计划顺利实施。二是强化合同管理。督促各施工、监理单位诚信履约，充分配置资源，落实人力、物力和施工机械设备；定期检查合同执行情况；对项目经理、总工履约情况，管理、技术、施工人员投入，机械、设备投入，物资、资金投入等进行检查。对人力、物力等资源不能满足合同要求、进度滞后的单位；按合同条款规定进行处罚；对管理混乱、施工进度严重滞后，影响项目建设目标完成的承包商，采取约谈投标法人代表等综合措施，确保解决问题。三是加强重点标段及控制性工程的督办。以鸡公寨隧道、丹江口水库特大桥等控制性工程为重点监控节点，重点督办，确保按计划推进。

（2）强化现场管理，大力推进“平安工地”创建。

继续以“平安工地”创建活动为切入点，以全面治理、消除安全隐患为主线，扎实开展安全隐患大排查、大化解、大治理活动，确保实现项目整体建设安全。一是大力推进“平安工地”创建活动，全面落实安全标准化，突出重点、打造亮点，起到引领作用。二是进一步加大安全管理人员在岗情况、安保体系运行情况检查频率，加大追责问责力度，切实提高各级安全管理人员责任心、执行力。三是大力开展安全教育培训工作，全面普及现场从业人员安全业务知识和技能。四是做好安全预控、加强过程管控，突出隐患排查，加强现场管理。五是切实发挥监理安全监管作用，严格履行“一岗双责”。

（3）强化精品战略，大力推进标准化施工。

质量是百年大计，工程之本，将围绕年度建设目标，集中精力解决当前工程质量管理中的重点、难点及突出问题，坚持标准化施工，努力克服质量通病。一是强化教育培训，结合对质量通病、缺陷的处理，对施工队伍开展新一轮多层次、多形式的全员质量培训，在提高质量管理人员业务技能的同时，进一步强化全员的质量意识和责任意识。二是强化监理履责。加强对监理履行职责情况的检查、监督。对玩忽职守、敷衍塞责、违反廉政规定的监理人员进行严肃处理。强化考核激励，充分加强监理人员的工作责任心和调动积极性。三是强化现场管理。继续加强工程质保体系建设，加强质量巡查、巡检和试验检测力度。开展质量专项治理，围绕工程实体质量通病、施工工艺通病和质量管理通病开展治理，严防质量事故。四是深入推进一线技术人员岗位标准化活动，培树“十巫工匠”，打造品质工程。

（4）强化生态保护，大力推进绿色示范工程。

一是进一步抓环水保体系的有效运转，建立行之有效的管理架构，做到各司其职，各负其责。二是狠抓生态防护绿化工程的组织实施。做到生态防护绿化与自然环境相协调；及时开展绿化方案研究，针对不同地质条件和气候特点，选择最合适的草树种和种植方式进行试点推广，提高植树种草方案的针对性和有效性。三是加强施工现场环水保的监督管理，充分发挥环水保咨询单位的作用，加强对沿线环水保工作的检查督导，规范施工环保行为。

（5）强化沟通协调，大力推进征地拆迁工作。

一是紧紧依靠各级党委政府，进一步强化组织建设，为协调工作提供组织保障。二是进一步加大力度，强化措施，通过建立安保维稳体系，积极妥善化解各类矛盾，主动处理好与沿线群众的关系，为工程顺利实施营造良好环境。三是规范协调服务机制，突出工作重点，加强协商，大力推进征地拆迁工作，确保工程顺利施工。

（6）强化内部管理，大力推进“四化”管控。

按照十巫公司“集约化、标准化、精细化、市场化”建设管控理念，进一步转变观念，提升项目建设管理水平。一是充分发挥 BOT + EPC 建设模式优势，加大技术管理，规范变更程序，从源头控制变更规模，节约工程造价，实现参建单位整体效益最大化。二是稳步推进后勤管理改革，加强绩效考核管理力度，激发全员干事创业活力。三是推进制度创新，按照十巫公司管控要求，进一步修改完善各项管理制度，以思维创新、机制创新引领发展创新。

（7）强化党建引领，大力推进廉政阳光工程。

一是进一步深入学习贯彻党的十九大精神和习近平新时代中国特色社会主义思想，抓好基层党组织建设，充分发挥支部的战斗堡垒作用和党员的先锋模范作用，切实提升基层党组织建设水平。二是加强党风廉政建设，积极搭建廉政文化教育平台，加大廉政文化宣传力度，着力营造廉洁自律的良好氛围。认真抓好腐败风险预警防控工作，按照专项治理工作的统一部署，从完善制度、强化监督、问题整改三个方面开展工作，促进诚信守约，实现工程优质、干部优秀，打造廉政阳光工程。

（8）强化队伍建设，大力推进精神文明创建。

一是加大职工学习培训力度，结合工程特点开展多工种、多形式的业务知识讲座和技能培训，大力开展岗位练兵，鼓励职工自学成才，为工程建设提供强有力的人才保障。二是大力开展创先争优活动，鼓励岗位竞争、岗位创优，积极营造“比、学、赶、帮、超”的工作氛围，培养一批优秀的管理、技术人才和岗位能手和先进典型。三是加强信息宣传工作，加大对外宣传力度，加强网站建设，通过正面宣传，典型引导，营造良好的建设环境。四是进一步加强领导班子建设，提高领导班子的执政能力，带领干部职工奋力拼搏，为完成各项工作任务提供强有力的组织保障。

团结凝聚力量，实干创造未来。项目将更加紧密地团结在以习近平同志为核心的党中央周围，以习近平新时代中国特色社会主义思想为指导，以党的建设为引领，紧紧围绕“三年攻坚”目标，逢山开路、遇水架桥，攻坚克难，砥砺前行，强力推进项目建设，全力打造品质工程、平安工程、绿色环保示范工程和廉洁阳光工程。

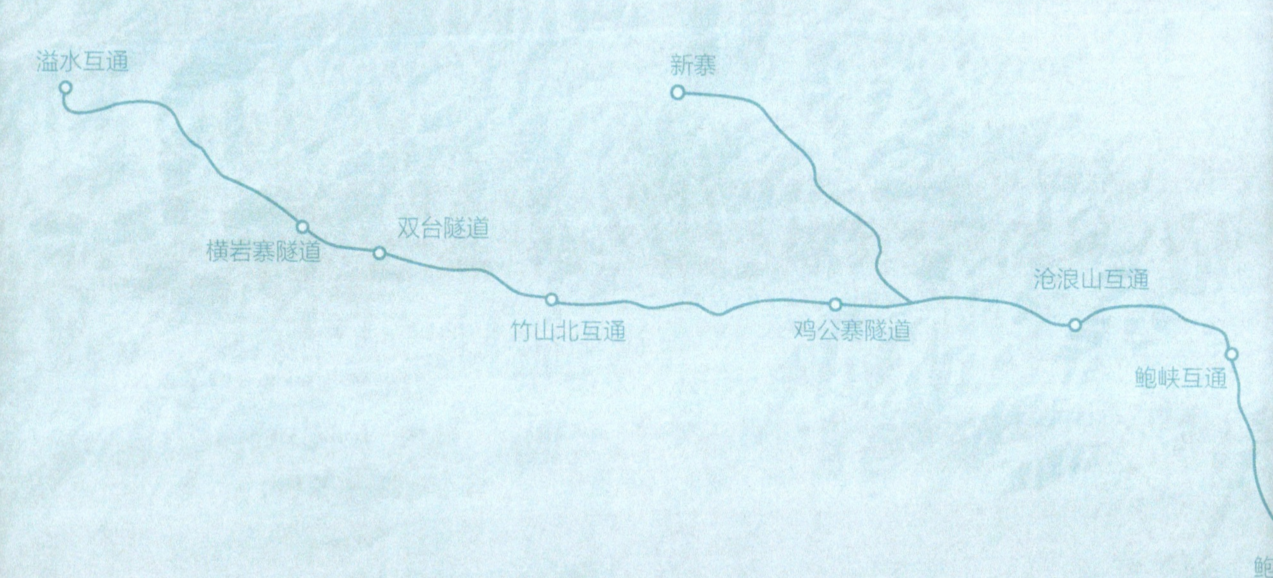
溢水互通
新寨
横岩寨隧道
双台隧道
竹山北互通
鸡公寨隧道
沧浪山互通
鲍峡互通
十白高速公路

第2篇
PART 2

平安百年品质工程
● 设计施工篇

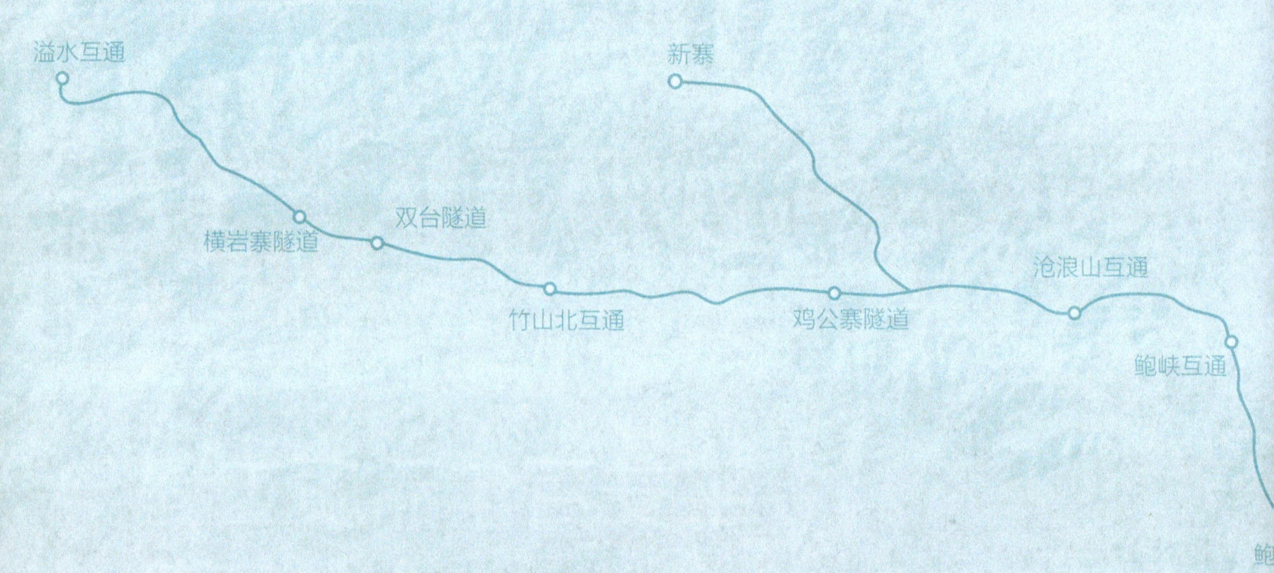
溢水互通
新寨
横岩寨隧道
双台隧道
竹山北互通
鸡公寨隧道
沧浪山互通
鲍峡互通
十白高速公路

第 3 章

秦巴山区狭长走廊高速公路品质选线

绿色公路是“六个坚持、六个树立”理念的拓展与升级，是绿色循环低碳公路在新时期的继承与延续，是节能、低碳、环保技术在新时期的应用与创新。因此，十巫高速公路鲍溢段项目，更加注重统筹全过程，更加注重统筹多系统，更加注重资源节约、环境友好等要求的贯彻和落实，更加注重公路建设及运行管理的质量和效率，更加注重需求引领下公路的服务提升。

根据十巫高速公路在公路网中的地位、作用、功能、服务水平，结合沿线地形、地质、水文等自然条件，在贯彻落实交通运输部提出绿色公路勘察设计理念的前提下，制定了节约用地、积极应用节能技术和清洁能源与大力推行废旧材料再生循环利用总体设计原则，从而确定了十巫高速公路鲍溢段项目的品质选线如下：

十巫高速公路鲍峡至溢水段起点位于十堰市郧阳区鲍峡镇分水岭村，与十天高速公路相接；终点位于十堰市竹山县溢水镇东川村，与麻安高速公路相接。推荐线全长 58.618km（右幅贯穿）。项目起点（K0 + 000）接十天高速公路后（K43 + 805），向南设置隧道到达小江口，利用 G242 走廊沿东河布线，在军家坪附近设置沧浪山互通（K8 + 300）连接 G242，沧浪山服务区与互通合建。继续向南利用 G242 走廊沿西河布线，在鸡公河口处进入鸡公河走廊布线，设置鸡公寨特长隧道到达竹山县双台乡界岭村，继续向南利用 G242 走廊沿拦鱼河布线，在向山村附近设置双台停车区（K24 + 700），经双台乡，在双台乡南侧约 1.5km 附近设置双台互通（K31 + 900）连接 G242，继续向南到达南口村，跨北星河，路线折向西南通过设置双台隧道 + 楼台隧道 + 横岩寨隧道至溢水镇邵家沟村，沿邵家沟、陈家沟、苦桃河等布线向南，在小东川村附近设置溢水互通（K56 + 500）连接 G346，设置溢水枢纽互通（K58 + 617.722）连接麻安高速公路（K174 + 893）。

3.1 线路建设条件与环境特征

3.1.1 线路建设条件

1）项目区域城镇现状布局、规划

十巫高速公路鲍溢段项目所经区域属于湖北省十堰市，包括郧阳区和竹山县。

福银高速公路、郧十高速公路、十天高速公路、G316贯穿郧阳区，麻安高速公路、G346贯穿竹山县，G242连接郧阳区和竹山县，主导项目区的城镇布局，大型城镇主要集中在G316、G242和G346两侧，呈线形分布。地方的县乡公路呈网状分布与其相连，在这些公路两侧分布有较多的小型乡镇。十巫高速公路鲍溢段项目路线方案布设时，本着“近城不进城”的原则，充分考虑了城镇发展的需要，结合了城镇的规划。项目的实施将形成湖北省西部边缘的一条贯穿南北的高速公路通道。

2）项目区域路网现状、规划

项目所在地区公路网虽具有一定规模，但密度较小，路网结构不尽合理，公路网技术等级偏低。G242为二级公路，是连接郧阳区和竹山县的唯一通道，路况差，弯道急，坡度大，且翻越秦岭、大巴山东延余脉的部分路段受气候条件和自然环境影响，对行车安全性有较大的影响，使得区域之间的联系极为不便。

项目的建设结合已经建成的福银、十天、麻安等高速公路，将有利于促进鄂西和周边地区的开放合作。十巫高速公路通道建成后，将承担部分过境出行需求，可服务于十堰至重庆等跨省际、十堰至恩施等省内跨地区的长途交通出行，是十堰市内部县市互联互通的高速通道，主要承担十堰中心城区与竹山、竹溪等西部县市之间的市域内部中短途快速出行需求。项目的实施将有效推进十堰市高速公路连接成网，加强十天、麻安等横向高速公路连接转换，为沿线地区交通出行提供了快速便捷通道。十巫高速公路建成后将成为十堰及鄂西北地区应急救灾及战备保障的南北向公路快捷通道，可增加山区应急抢险机动性，满足战时需要。

3）沿线环境敏感区（点）重要设施的分布

十巫高速公路位于湖北西北部地区，全线旅游资源丰富，同时生态环境脆弱。项目的建设，对沿线环境造成的影响主要有：工程的实施对自然环境的影响；公路施工期造成的临时性环境影响；车辆运行噪声和尾气排放对空气的污染等。

十巫高速公路地处秦巴山区，区域地势复杂，声环境质量相对优良。目前主要噪声源为现有G242、村镇公路的交通噪声和村庄居民生产生活噪声。拟建公路沿线声环境保护目标包括距离拟建公路两侧各200m以内的村庄、学校、医院等敏感目标。

4）公路区间交通分布状况

根据工程可行性研究报告，十巫高速公路鲍溢段项目交通量至2041年末，折算成小汽车的区段最大交通量为28699辆/d，各区段的平均交通量为27585辆/d。路线主线各区间交通量分布见表3-1。

根据项目路段交通量预测结果及被交叉道路的等级，确定互通式立交的等级及规模，见表3-2。

5）交通组成

从未来汽车市场发展趋势看，汽车需求结构由中间向两极分化，由公用型向私用型转变。小型客车是支撑未来汽车需求的主导车型，私人小汽车的数量将持续增长，因此未来客车载运系数将有所下降，未来货车车型将逐渐向两极发展，以大型货车为主，中型、小型货车等不经济车型未来发展将放缓。2041 年路段车型结构预测结果见表 3-3。

路段主线交通量表（单位：小汽车，辆/d） 表 3-1

路段	年份				
	2022	2025	2030	2035	2041
鲍峡枢纽—沧浪山	3848	6628	14319	20462	28699
沧浪山—双台	3693	6434	14000	20028	28188
双台—溢水	3483	5999	12960	18521	25976
溢水—溢水枢纽	3355	5779	12485	17841	25023
本项目路段平均	3651	6329	13728	19629	27585

互通式立体交叉设置一览表 表 3-2

互通名称	交叉桩号	距上 1 个互通距离	连接公路及等级	与主线交叉情况	互通形式
鲍峡枢纽	K0 + 000	起点	十天高速公路	主线上跨	变异 A 型单喇叭
沧浪山互通	K8 + 276.799	8.277km	G242，二级公路	主线下穿	A 型单喇叭
双台互通	K31 + 865.619	23.589km	G24，二级公路	主线上跨	A 型单喇叭
溢水互通	K56 + 528.429	24.662km	G346，二级公路	主线上跨	A 型单喇叭
溢水枢纽	K58 + 617.722	2.09km	麻安高速公路	主线上跨	半定向涡轮

路段车型结构预测结果（2041 年，单位：%） 表 3-3

路段	小型客车	大型客车	小型货车	中型货车	大型货车	拖挂车
鲍峡枢纽—沧浪山	55.92	8.86	7.46	6.07	13.23	8.46
沧浪山—双台	55.84	8.83	7.57	6.04	13.16	8.56
双台—溢水	55.53	8.82	7.55	6.12	13.29	8.69
溢水—溢水枢纽	55.13	8.81	7.65	6.05	13.49	8.87

根据本项目的功能定位及车辆组成特点，本项目总体设计中对地形困难地段，应适当降低平纵指标，平纵面线形需连续、均衡、协调，提高行车舒适性、安全性；互通、附属区、交安工程等设施以安全、经济、实用为原则进行设计。

6）项目区域内铁路、水路、航空、管道等运输方式情况

十巫高速公路鲍溢段项目区域内铁路主要有武西客专、襄渝铁路及复线、安康—房

县—荆门铁路（规划）。武西客专十堰以东（即武汉经襄阳至十堰城际铁路）已开工建设，十堰以西目前处于预可行性研究阶段，其规划走向基本与福银高速公路平行，经郧西县城以北并设置郧西站。襄渝铁路由襄阳北站离开襄阳铁路枢纽，至北碚站引入重庆铁路枢纽。1998 年电气化改造后，渝达段客车时速达到 110～120km，达县到襄阳段时速达到 100km。复线（襄渝铁路二线）于 2009 年建成通车，设计速度 160km/h，客车平均速度提高到 105km/h 以上，客货运将同步发展，通行能力可达客车 50 对、货运 4000 万 t 以上。安康—房县—荆门铁路是湖北省远期规划的普通铁路，其规划走向基本与麻安高速公路平行，经竹山、竹溪至陕西。与本项目有关的是安康—房县—荆门铁路和襄渝铁路及复线，其中，安康—房县—荆门铁路尚处规划阶段，具体设计线位未定，建议后续阶段公路、铁路等部门加强沟通，以利于项目的实施。襄渝铁路及复线与十天高速公路共走廊带且二者相距较近，一定程度上制约了本项目起点的选择，项目推荐起点北距襄渝铁路及复线约 1km，在工程可行性研究阶段已充分考虑起点枢纽互通的布设及向北延伸通道对铁路的影响。

项目区域内有武当山民用机场，位于十堰市区，但其在整个大通道运输量所占比重甚微，可以忽略其对拟建工程的影响。

项目区域内无有航道等级河流。

项目区有十堰至竹溪天然气管道，目前正在施工图设计阶段，在溢水镇 G346 附近与本项目交叉，已经进行了初步协调，拟从本项目桥下通过，下阶段将结合施工图方案确定交叉位置。

7）筑路材料供应、运输情况及对项目的影响

沿线筑路材料比较丰富，四季宜采，运输方便，以购买为主。根据线位走向与工程用量，沿线调查了 9 处石料场、3 处砂场以及水泥、钢材、工程用水等筑路材料，分别调查其类型、储量、价格、运距等资料，并收集了十天高速公路及麻安高速公路采用料场情况。

砂石料、水泥均可在当地购买；钢材可从十堰市采购；木材可就近解决；区内无沥青，需外购国产优质或进口沥青。

路线经过地区，水源分布、储量及水质可满足施工和生活用水需要。

项目区域有十天高速公路、福银高速公路、麻安高速公路、襄渝铁路及复线、G316、G242、G346 及地方道路，运输条件较好。

3.1.2 沿线自然地理条件

1）气象

十巫高速公路鲍溢段项目区为大陆性气候，属北亚热带季风湿润气候区，四季分明，

山区多雾多雨，8 月、9 月、10 月为雨季，7 月、8 月最为炎热，最高气温达 40℃，1 月气温最低，可达−13.5℃。年平均气温为 15.3℃，11 月至翌年 3 月为降雪期，年均降雨量 800～915mm，年无霜期超过 230d。受海拔高度、坡向等地形地貌因素影响，气候复杂多样，灾害性天气时有发生。

2）构造

（1）大地构造。

十巫高速公路鲍溢段位于秦岭褶皱系一级构造单元，项目区域地质构造纲要如图 3-1 所示。其中秦岭褶皱系涉及的次级构造单元，为南秦岭冒地槽褶皱带之武当山复背斜。

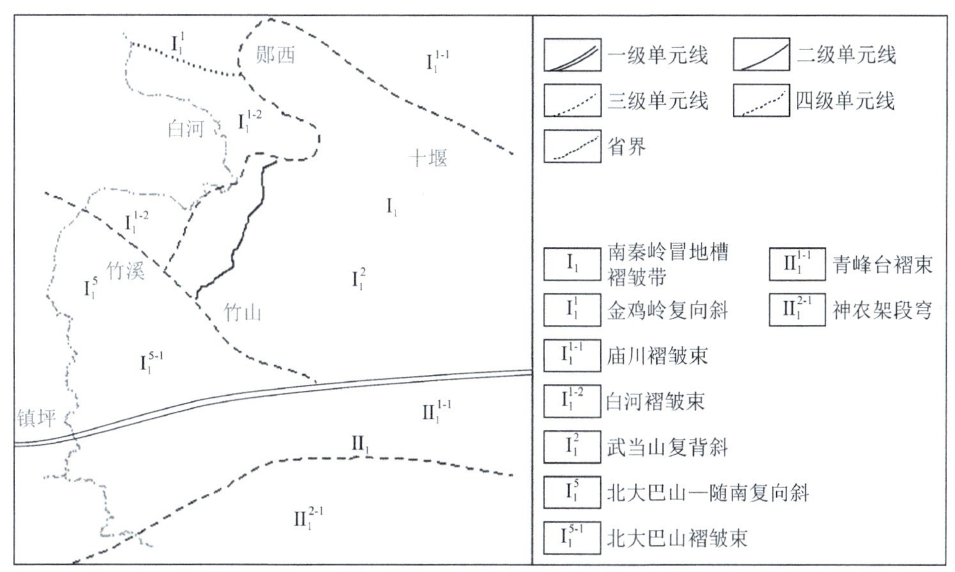

图 3-1　项目区域地质构造纲要图

武当山复背斜以短轴复式穹状为特征，内部构造复杂。穹状构造核部为武当山群，四周由耀岭河群、上震旦统和古生界呈裙边状围绕。北部上震旦统和古生界自内向外展布，构造正常；南部被青峰断裂和竹山断裂切割，分别推覆于扬子准地台北缘台褶带和北大巴山褶皱束之上，构造被破坏。

（2）区域构造。

受多期构造运动影响，项目区内及附近地质构造形迹发育，褶皱、断裂较密集，具体见项目区域地质构造纲要图。现对路线区穿越的地质构造形迹及其影响说明如下。

①褶皱构造。

路线区穿越的褶皱构造主要有张家湾-大院倒转背斜及其次级褶皱、红岩背倒转复式向斜、沧浪山背斜、谭家河-门楼沟复式倒转向斜、贺家院-蜡烛山复式倒转向斜、银洞坪-曹家湾复式倒转背斜、拦口-天池垭复式倒转向斜、塔院寺复式倒转背斜、何家院向斜、竹山倒转向斜。

②断裂构造。

路线区位于白河-石花街断裂（F1）与竹山断裂（F3）之间，这两处断裂均为构造单元的分界断裂，属区域性深大断裂；另有一条主干断裂［左吉-湖蓝坡断裂（F2）］对路线影响较大。

白河-石花街断裂（F1）：又名公路断裂，位于武当复背斜与两陨复背斜交接处，呈北西向，西至陕西白河，东至茨河，而后入南襄盆地，属区域性深大断裂，对地层、地貌起着明显的控制作用，并具多期多次活动的特点，表现为早期韧性变形，晚期脆性改造的特点。项目区内断裂总体走向为285°～295°，断面倾向北，倾角80°左右。鲍峡以西，断裂明显切割古生代地层，并可见震旦系冲覆于志留系之上；中段发育在变质岩系中，平行密集的断层成带分布，宽广的破碎带内发育挤压片理、糜棱岩。该断裂主断裂位于路线起点以北数千米，影响相对较小。

竹山断裂（F3）：呈北西向，为北大巴山褶皱带和武当复背斜的分界断裂。北西延经陕西省安康，故又称安康断裂；南东经秦古、宝丰至房县与青峰断裂会聚。断裂在宝丰以西由多条平行排列的断层组成宽数公里的断裂带，常造成地层缺失并破坏褶皱的完整性。宝丰以东，断裂明显分离为南北两支，北支断裂经竹山插入武当复背斜内；南支断裂循北大巴山褶皱带北缘延伸至黄柏寨。断面倾向北东，形态具上陡下缓的铲状特征。剖面上断裂形成叠瓦状组合，宝丰-黄柏寨一线见武当山群明显推覆于志留系之上，因此断裂显示逆冲或斜冲性质。它是印支期-燕山早期区域压应力场作用的结果，断裂带内发育挤压片理、构造透镜体，断面附近地层发生牵引现象，证实其断裂力学属性以挤压为主兼有右行扭动特点。白垩-第三系的宝丰盆地及房县盆地西部皆受其控制，后期对白垩-第三系又有明显的破坏和位错。历史上沿断裂曾多次发生3～5级地震。该断裂主断裂位于路线终点以南1km，对路线影响相对较小。

左吉-湖蓝坡断裂（F2）：又称庆祝沟断裂。该断裂南起左吉，向北东经鸡公寨、湖蓝坡、冯家湾，在回龙馆附近以较大的角度斜切白河-石花街断裂，并于不远处消失。总体走向，南段向东北30°，中段过湖蓝坡为向东北70°左右，至冯家湾为近东西方向，北段向东北35°～50°。全长26.3km。断裂规模较大，对地层破坏严重。许多地段均能见到地层缺失现象，尤其在中段切入了红岩背倒转复式向斜的北翼，造成地层的整体的不连续性。该断裂在许多地方都可见到挤压破碎带，其最大宽度可达20m左右。在中段断面清楚，断面产状320°∠85°，并有近直立的擦痕，断面上有5～10cm厚的断层泥，断裂带中主要由碎裂岩组成，并有较多的挤压剪切透镜体；另外，还可见断面斜冲擦痕，示北盘地层以65°倾斜角向北斜冲，其断面倾角345°，倾角80°。而在北段，断层破碎带宽达10m，分别由两条清楚的挤压带组成，破碎带中的挤压片理发育，并伴有断层泥和构造透镜体。该断裂是湖蓝坡强应变带的西部边界，对鸡公寨隧道影响较大。

3）水文

勘察区地下水可划分为第四系孔隙水、基岩裂隙水两大类。从岩土体含水介质特征及地下水补、径、排条件来看，水文地质条件相对简单。区域基岩岩性以变质岩、碎屑岩、岩浆岩为主，赋水性差，地下水量总体较贫乏。

4）不良地质路段情况

十巫高速公路鲍溢段主要的不良地质为崩塌与危岩、松散堆积物与不稳定斜坡及滑坡。共查明滑坡体 5 处、不稳定斜坡 7 处、松散堆积体 62 处。

通过对路线方案进行优化，对影响较大的不良地质体进行了绕避，局部穿越的不良地质体一般规模较小，较易采取工程措施处理。

5）地震

根据国家质量技术监督局 2015 年新发布的《中国地震动参数区划图》（GB 18306—2015），项目区地震动峰值加速度为 0.05～0.15g（郧阳区鲍峡镇为 0.05g，对应路线起点～K17＋800；竹山县双台乡、楼台乡为 0.1g，对应路线 K17＋800～K38＋600；竹山县溢水镇为 0.15g，对应路线 K38＋600～终点），其中地震动峰值加速度为 0.1～0.15g对应地震基本烈度为Ⅶ度，地震动峰值加速度为 0.05g对应地震基本烈度为Ⅵ度。50 年超越概率 10%的设计地震动反应谱特征周期为 0.35～0.40s，其中郧阳区鲍峡镇（路线起点～K17＋800）为 0.4s，其他区域（K17＋800～终点）均为 0.35s。

根据《公路工程抗震设计规范》（JTG B02—2013）及《公路桥梁抗震设计细则》（JTG/T B02-01—2008）的相关规定，台阶式路基和阶梯式挡土墙的下部构筑物以及隧道的抗震措施可较当地设防烈度度提高一档采用；桥梁抗震设防类别为 B 类，抗震设防烈度为 7～8 度。

3.2 线路控制要素

十巫高速公路鲍溢段项目的路线布设，依据工程可行性研究所确定的路线走廊和主要控制点，结合沿线的地形、地貌、水文、地质等自然条件，以及地方的发展规划、路网布局、互通式立体交叉设置位置，遵照线形设计标准进行。路线控制的主要要素有：

（1）注重地质选线。

始终把地质条件作为确定路线方案的第一要素，虽走廊带内地质条件较差，但尽量将线位选在较好（如堆积体或不稳定斜坡规模较小、自然横坡较缓）的地段，确保本项目的可实施性，并避免因不良地质条件而造成的浪费。

（2）地形选线。

合理利用有利地形，不片面追求高指标，特别是陡坡坡面路线具体位置，均通过平纵横综合考虑后确定。

（3）环保选线。

路线布设尽量与沿线地形、地物、环境、景观相协调，减少工程对环境的影响，尽量避让不良地质，避免大填大挖，合理布设沿河线。

路线平纵面设计时充分考虑公路对沿线环境敏感点的影响，做到最大程度的保护，同时尽量不破坏原有的自然地貌，尽量降低路堤填土高度。桥隧方案及路基防护与绿化美化相结合，主要以绿色防护为主，圬工防护为辅。通过这些措施，尽量做到公路与自然景观的协调，以收到工程融于自然的效果。

（4）合理确定大型结构物的位置。

确定线位的同时要从大型构造物的位置的合理性、工程的经济性、工程的可实施性等方面考虑。

（5）高边坡的控制。

本项目山体地形横坡较陡，即使路基中心挖方较小，但足以导致高边坡的出现，且坡面岩体多为顺层，高边坡防护工程大到一定程度要比高架桥工程量大，而且施工困难，对自然环境破坏较大，所以定线时尽量避开高边坡。

（6）考虑施工难易程度。

本项目所经地区地形起伏较大，山体坡面陡峻，为减小施工难度，降低工程造价，布线时尽可能考虑施工的要求。

（7）考虑气候条件对行车安全的影响。

本地区雾雪天气较多，对公路营运及行车安全有影响，路线方案的确定要充分研究本地区气候条件。

（8）尽量避免与其他设施的干扰。

（9）本路段地形、地质条件复杂，路线平、纵面线形布设不应片面追求高标准，但应以不小于规范规定的一般值为原则。

通过充分比较，若能大幅减少工程量和工程难度，局部路段可采用低限值，但必须有相应的安全保障措施。在勘察设计中针对山区公路的特点，应使平纵指标、线形进一步配合地形，以减少山体开挖，利于环境保护。对特殊困难路段的技术指标采用应进行详细研究，既满足行车要求，又合理节省投资。

（10）充分考虑人文环境及地方政府的要求。

路线附近有沧浪山国家森林公园，高速公路的建成一方面可进一步带动旅游开发，另一方面可保证沿线城镇与本项目的有机衔接。

（11）由于沿线耕地较少，路线尽量利用荒山荒坡，尽量少占耕地，并尽量减少对自然环境的破坏。

3.3 线路方案与品质选线

3.3.1 线路方案

十巫高速公路鲍溢段项目，起点位于十堰市郧阳区鲍峡镇分水岭村，与十天高速公路相接；终点位于十堰市竹山县溢水镇东川村，与麻安高速公路相接。推荐线全长 58.618km（右幅贯穿）。

路线主要控制点为：鲍峡镇、双台乡、南口村、溢水镇。

经过的主要河流为东河、西河、鸡公河、北星河、苦桃河等；沿线的主要水库为潘口水库；交叉的主要公路为 G316、G242、G346；经过的主要城镇为：郧阳区鲍峡镇、竹山县双台乡、楼台乡和溢水镇。

根据《湖北省十堰经镇坪至巫溪高速公路鲍峡至溢水段工程可行性研究报告》，在工程可行性研究报告推荐路线方案的基础上，结合控制点的位置，进一步优化路线线形，拟定了本项目初设阶段的路线方案，共定线 100 多千米，经比较分析、外业验收后，对以下 2 个段落进行了同等深度的设计、比较和论证：

（1）鸡公寨段（K15＋290～K25＋900）拟定了 K 线和 B1 线两个方案。

（2）南口段（K35＋800～YK47＋850/ZK47＋873.112）拟定了 K 线和 B2 线两个方案。

3.3.2 总体选线原则

以“六个坚持、六个树立”的新理念及创新意识贯彻于勘察设计过程始终。十巫高速公路鲍溢段项目落实“安全选线、地质选线、地形选线、生态环保选线”等指导原则，采用“四新”技术，执行湖北省交通运输厅《贯彻落实公路勘察设计新概念和四项制度的指导意见》《公路勘察设计典型示范工程咨询示范要点》《工程建设标准强制性条文》的精神，确保工程设计质量。

（1）把安全放在第一位，树立安全至上的理念：合理采用技术指标，保持线形连续；尽量减少复杂的地形、地质对工程实施造成的不安全因素；加强交通工程设施、环境保护设计，保证施工及运营期安全。

（2）注重地质选线，树立尊重自然的理念：始终把地质条件作为影响工程自身安全的第一要素，也是确定路线方案的第一要素。通过方案的地质比选，绕避重大地质灾害地段，确保项目的可实施性。

（3）强调生态环保选线，坚持人与自然相和谐，保护环境的理念：沿线旅游资源丰富，生态脆弱，水土流失比较严重，公路的修建应保护沿线的生态环境，做到尽量少破坏，最大程度地恢复。

（4）树立设计创作、节约资源和全寿命周期的理念：合理利用有利地形，不片面追求高指标的路线方案，对实在无较好的地形条件可利用的地段应尽量使设置的构造物难度降到最低限；强化深路堑方案与隧道方案、高架桥方案与高路堤方案的比选，深路堑、高路堤方案受不良地质影响大、增加工程投入，对道路景观及自然环境造成人为破坏，设计时尽量避开高边坡；从工程造价、施工难度、环境保护等方面综合论证，推荐最佳方案。

（5）贯彻以人为本、可持续发展和让公众满意的理念：设计时充分考虑路线与 G242 的干扰，减少本项目的施工和营运对电力、公路的影响；路线布设认真考虑了对沿线水利设施、旅游资源的影响；路线布设应尽量避开城镇，同时充分征求沿线地方政府意见，尽可能地减少拆迁、少占良田，合理设置通道、天桥和涵洞，兼顾工程和沿线地方利益，减少因公路的修建对人民生活造成的不利影响。

（6）加强科学研究，积极采用新技术、新工艺、新材料和新设备，尽可能减少工程量和造价。

3.3.3 路线方案比选论证

十巫高速公路鲍溢段项目的路线方案布设，以工可论证的路线走廊带和主要控制点为基础，首先在 1∶10000 和 1∶2000 的地形图上进行纸上定线，初拟路线方案，通过适当的物探资料和现场调查，从中筛选出具有比选价值的路线方案进行同等深度的实测比较。十堰经镇坪至巫溪高速公路鲍峡至溢水段项目通过方案 B1（鸡公寨比较线）、方案 B2（横岩寨比较线）和方案 Z（鸡公寨比较段）与 K 线分别进行比较分析，从而确定最佳路线方案（表 3-4）。

路线方案一览表　　表 3-4

方案名称	起点桩号	终点桩号	路线里程	备注
K 线	K0 + 000	K58 + 617.722	58.618km	推荐线，起终点为与高速交叉处，右幅贯穿
B1 线	K15 + 290	K26 + 143.416	10.853km	进入初步设计右幅贯穿
B2 线	K35 + 800	YK48 + 809.481/ZK48 + 813.345	13.009km	进入初步设计右幅贯穿
Z 线	K5 + 541.538	K28 + 598.020	23.056km	右幅贯穿踏勘
合计	—		105.536km	—

1）B1 线（鸡公寨比较线）与 K 线比较

B1 路线在 B1K15 + 290 与贯通 K 线分离（K15 + 290），为鸡公寨特长隧道段比较线：B1 线也是利用鸡公河走廊展线，其鸡公寨隧道进口位置与 K 线基本一致，为了避开进口段约 2km 的武当复背斜不良地层，B1 线进口折向东南，利用 $R = 2600$m 左偏圆曲线折向正南，穿越鸡公寨到达双台乡界岭村，出口距离 K 线东侧约 300m，然后利用青治沟沟冲地展线，进入 G242 走廊，在 B1K26 + 143.416 接 K 线（K25 + 900）。B 线全长 10.853km，对用 K 线长 10.610km，其路线方案具体如图 3-2 所示。

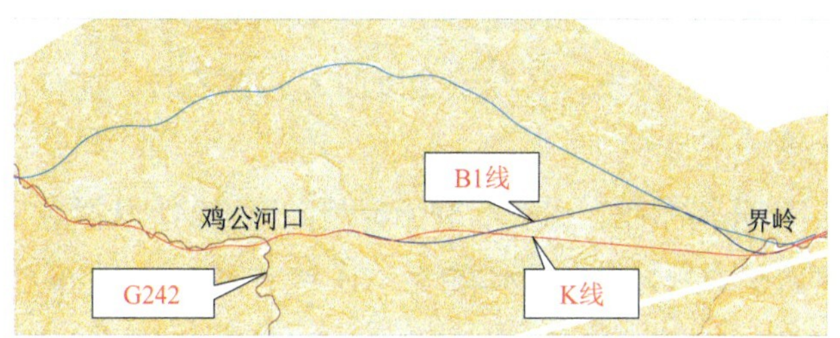

图 3-2 K、B1 路线方案示意图

（1）工程规模比较。

从工程规模上看，B1 线比 K 线里程长 244m，桥梁比 K 线长 431.708m，隧道比 K 线短 160m，土石方数量大于 K 线。K 线的工程规模小。

（2）工程安全比较。

①地质条件。

B1 线和 K 线对应段相距不远，地形地貌相似，该比较段主要为鸡公寨隧道比选而设，其余构造物地质条件基本相同。现对两个方案中的鸡公寨隧道地质条件分析比较如下。

B1 线鸡公寨隧道：隧道穿越地层岩性与 K 线一致，在 BYK17 + 928～BYK19 + 900 段（长 1972m）位于强应变带范围内，物探显示异常也较明显，钻探揭露岩石性质与 K 线相似；另外，该段穿越了 F2 断层，与隧道斜交于 B1ZK19 + 280～B1ZK19 + 380（B1YK19 + 305～B1YK19 + 420），钻探揭露断层破碎带内岩石片理密集发育，构造挤压现象明显，绢云母含量极高，围岩条件差。其他地段围岩情况较 K 线没有明显差别。

K 线鸡公寨隧道：隧道穿越地层岩性主要为武当群第四岩组（Pt2wd4）绢云母石英片岩、绢云钠长石英片岩，属软岩～较软岩类；地质构造格局较复杂，受庆祝沟断裂，特别是该断裂西侧倒转复向斜构成的强应变带的影响较大，隧道在 YK17 + 972～YK20 + 200 段（长 2228m）位于强应变带核部，物探显示异常明显，钻探显示岩石受构造挤压揉皱现象明显，片理发育，绢云母含量高，手摸滑腻感明显，围岩稳定性较差；同时，该段地表水系较为发育，地表冲沟内有常年小股溪流，易下渗至隧道洞身，对围岩稳定不利；出口段岩体受构造影响较弱，岩体性质相对较好。

K 线隧道左幅全长 4824m，Ⅳ级围岩 2611m，占 54.1%；Ⅴ级围岩 2213m，占 45.9%。右幅全长 4884m，Ⅳ级围岩 2641m，占 54.1%；Ⅴ级围岩 2243m，占 45.9%。

B1 线隧道左幅全长 4662m，Ⅳ级围岩 2632m，占 56.5%；Ⅴ级围岩 2030m，占 43.5%。右幅全长 4638m，Ⅳ级围岩 2554m，占 55.1%；Ⅴ级围岩 2084m，占 44.9%。

综合而言，B1 线鸡公寨隧道地质条件整体较 K 线略好，但优势有限，B1 线其他地段地质条件则与 K 线相当。

②线形安全。

K线的线形更顺直，鸡公寨隧道基本位于直线段。两线最小平曲线半径均为720m，最大纵坡均为3.5%，但K线3.5%纵坡设置2处，B1线设置4处，竖曲线半径K线也较大，K线整体纵面指标较好。总体来说，行车安全方面K方案较好。

（3）环境保护比较。

B1线进洞前均沿鸡公河布线，出洞后利用青治沟至G242及拦鱼河布线，K线进洞前沿鸡公河布线，出洞后至G242及拦鱼河布线。B1线有高边坡238m/3处，K线有31m/1处。环保方面K线略优。

（4）运营成本比较。

两线都无特殊结构桥梁，B1线有9座桥梁，K线有7座桥梁；B1线有3座分离式隧道，K线也有3座分离式隧道，较B1长160m。两者基本相当。

（5）对沿线村庄和其他工程的干扰比较。

B1线拆迁量大，占地多，尤其是鸡公寨隧道出口利用青治沟冲地至G242约500m范围，属于双台乡精准扶贫移民安置区，影响较大。K线出洞后直接沿G242布线，影响较小。

（6）交通条件和施工便道比较。

B1（鸡公寨比较线）与K线距离不远，两方案施工条件相当，对比见表3-5。

B1（鸡公寨比较线）与K线方案比较表　　表3-5

编号	名称	单位	B1线	B1对应K线	备注
1	起终点桩号	—	K15+290～K26+143.416	K15+290～K25+900	
2	长度	km	10.853	10.610	
3	最小平曲线半径	m/处	720/1	720/1	
4	最大纵坡	%/处	3.5/4	3.5/2	
5	最小凸竖曲线半径	m/处	12500/1	12750/1	
6	最小凹竖曲线半径	m/处	19000/1	35000/2	
7	挖方>30m	m/处	238/3	31/1	
8	填方>20m	m/处	317/1	325/1	
9	路基土石方数量	$1000m^3$	1804.328	1260.164	
10	特大桥	m/座	373.08/1	1914.5/2	鸡公河1号桥位于分段处
11	大桥	m/座	3619/8	1864.08/5	拦鱼河5号桥位于分段处
12	桥梁	m/座	3992.08/9	3778.58/7	
13	涵洞	道	1	—	

续上表

编号	名称	单位	B1 线	B1 对应 K 线	备注
14	特长隧道	m/座	4638/1	4884/1	
15	长隧道	m/座	—	—	
16	中隧道	m/座	504/1	—	
17	短隧道	m/座	144/1	562/2	
18	隧道	m/座	5286/3	5446/3	
19	桥隧比	—	85.5%	86.9%	
20	通道	道	2	2	
21	拆迁房屋	m^2	28130	23311	
22	占地	亩	487.3	413.5	
23	工程造价	万元	139944.3383	134023.5257	建安费

经过初步设计阶段的综合比较，推荐 K 线方案。

2）方案 B2 线（横岩寨比较线）与 K 线比较

B2 线在 B2K35 + 800 与贯通 K 线分离（K35 + 800），如图 3-3 所示，为横岩寨段比较线。B2 线与 K 线分离后，沿 G242 和北星河走廊布线，逐步抬升高程，基本以桥梁形式穿过，然后在新农村处折向西南，设置楼台隧道（2582m）+ 横岩寨隧道（2866m）至溢水镇邵家沟村，出口基本与 K 线一致，逐步向 K 线靠拢，在 B2B2YK48 + 809.481 与 K 线重合（YK47 + 850）。K 线则直接在南口处进入隧道群，进洞高程较低，直接折向西南设置双台隧道（3068m）+ 楼台隧道（2296m）+ 横岩寨隧道（2854m）至溢水镇邵家沟村。B2 线全长 13.009km，对用 K 线长 12.050km。此段主要为高桥与隧道比较，B2 线新农村隧道进口高程约 479m，邵家沟隧道出口高程约 594m，K 线南口隧道进口高程约 442m，邵家沟隧道出口高程约 594m。由于北星河高程较低，因此利用 G242 和北星河展线的 B2 线在南口—新农村段整体桥墩较高。

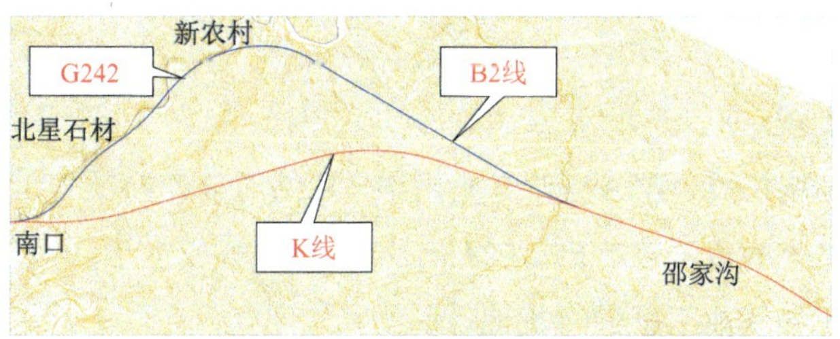

图 3-3　K 线、B2 路线方案示意图

（1）工程规模比较。

从工程规模上看，K 线比 B2 线里程短 959m，桥梁比 B2 线短约 3348.5m，隧道比 B2

线长 2770m（双台隧道），土石方数量小于 B2 线。

（2）工程安全比较。

①地质条件。

K 线路线穿越地层岩性为武当群第二、三岩组（Pt2wd2、Pt2wd3）绢云母石英片岩、绢云钠长石英片岩及少量变粒岩；地质构造格局较简单，无大的断裂和褶皱构造通过，物探资料显示有少量的异常区，围岩性质属常见的武当群片岩特性。

B2 线路线穿越地层岩性与 K 线基本相同，地质构造亦较简单，无大的断裂和褶皱构造通过，但物探资料显示 B2 线楼台隧道物探异常区较 K 线楼台隧道更为明显，规模亦较大，围岩性质相对较差。

K 线楼台隧道地质条件较 B2 线略优，K 线双台隧道无明显断裂及褶皱等影响，B2 线北星河桥梁段亦无明显不良地质现象。

K 线双台隧道左幅Ⅳ级围岩占 66.1%，Ⅴ级占 33.9%；右幅Ⅳ级围岩占 66.2%，Ⅴ级围岩占 33.8%。楼台隧道左幅Ⅲ级围岩占 2.1%，Ⅳ级围岩占 68.8%，Ⅴ级占 29.1%；右幅Ⅲ级围岩占 2.2%，Ⅳ级围岩占 68.4%，Ⅴ级围岩占 29.4%。横岩寨隧道左幅Ⅳ级围岩占 66.6%，Ⅴ级占 33.4%；右幅Ⅳ级围岩占 66.2%，Ⅴ级围岩占 33.8%。

B2 线楼台隧道左幅Ⅲ级围岩占 2.3%，Ⅳ级围岩占 67.6%，Ⅴ级占 30.1%；右幅Ⅲ级围岩占 2.3%，Ⅳ级围岩占 67%，Ⅴ级围岩占 30.7%。横岩寨隧道左幅Ⅳ级围岩占 66.1%，Ⅴ级占 33.9%；右幅Ⅳ级围岩占 65.9%，Ⅴ级围岩占 34.1%。

综上所述，K 线略好。

②线形安全。

K 线的线形更顺直，直接在南口折向西南，而 B2 线为沿 G242 正南展线后，在新农村折向西南。K 线最小平曲线半径 1250m，最大纵坡 2%，B2 线最小平曲线半径 720m，最大纵坡 3.5%，K 线指标较高。

（3）环境保护比较。

B2 线进洞前在南口至新农村段利用 G242 和北星河走廊布线，K 线在南口直接进洞，对 G242 和北星河影响较小。B2 线有高边坡 983m/7 处，K 线有 314m/3 处。环保方面 K 线优。

（4）运营成本比较。

两线都无特殊结构桥梁，B2 线有 10 座桥梁，K 线有 4 座桥梁；B2 线有 2 座分离式隧道，K 线有 3 座分离式隧道，较 B2 长 2770m。B2 线运营成本小。

（5）对沿线村庄和其他工程的干扰比较。

B2 线拆迁量大，占地多，尤其是在南口、桃园处，拆迁较大，对 G242 有一定的影响。而 K 线出洞后直接在南口进入隧道，拆迁小，占地少，对 G242 影响小。B2 线压覆北星石材矿产，而 K 线没有压覆。

（6）交通条件和施工便道比较。

两线在邵家沟处线位基本一致，条件相当；在 K 线双台隧道与楼台隧道之间（B2 线楼台隧道进口），由于 K 线线位离 G242 更远，便道较 B2 线长约 900m，但 B2 线在南口—新农村段，由于地形起伏大，又受北星河的影响，桥梁施工便道修建较困难，方案比较见表 3-6。

B2 线（横岩寨比较线）与 K 线方案比较表　　表 3-6

编号	名称	单位	B2 线	B2 线对应 K 线	备注
1	起终点桩号	—	K35 + 800～ YK48 + 809.481/ZK48 + 813.345	K35 + 800～ YK47 + 850/ZK47 + 873.112	
2	长度	km	13.009	12.050	
3	最小平曲线半径	m/处	720/1	1250/1	
4	最大纵坡	%/处	3.5/1	2/1	
5	最小凸竖曲线半径	m/处	12000/1	12000/1	
6	最小凹竖曲线半径	m/处	9000/1	12000/1	
7	挖方>30m	m/处	983/7	314/3	
8	填方>20m	m/处	—	50/1	
9	路基土石方数量	$1000m^3$	532.830	447.486	
10	特大桥	m/座	3222/2	2177/1	
11	大桥	m/座	3202.5/8	945/3	
12	桥梁	m/座	6424.5/10	3122/4	
13	涵洞	道	—	—	
14	特长隧道	m/座	—	3068/1	
15	长隧道	m/座	5448/2	5150/2	
16	隧道	m/座	5448/2	8218/3	
17	桥隧比	—	91.3%	94.1%	
18	通道	道	1	4	
19	拆迁房屋	m^2	13035	10360	
20	占地	km^2	0.28	0.17	
21	工程造价	万元	176456.5127	161244.5538	建安费

经过初步设计阶段的综合比较，推荐 K 线方案。

3）方案 Z 线（鸡公寨比较段）与 K 线比较

Z 线在 ZK5 + 541.538 桃园附近与贯通 K 线分离（K5 + 541.538），如图 3-4 所示，

为工程可行性研究推荐A线的优化线位。Z线与K线分离后，沿东河走廊布线，从东河口展线约9km在狮子岩处进入鸡公寨隧道（4926m），到达双台乡界岭村，出口距离K线东侧约350m，距离B1线出口东侧约50m，然后继续设置界岭垭隧道（548m），进入G242走廊，在ZK28 + 598.02接K线（K27 + 890.723）。Z线全长23.056km，对应K线长22.349km。

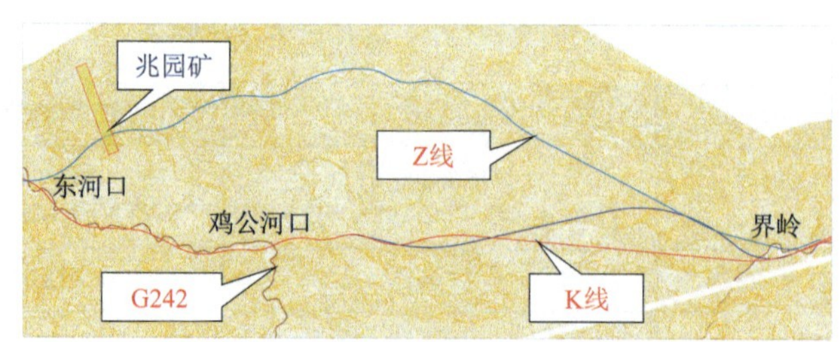

图3-4　K线、Z线方案示意图

（1）工程规模比较。

从工程规模上看，Z线比K线里程长707m，桥梁比K线长1499.92m，隧道比K线短12m，K线工程规模小。

（2）工程安全比较。

①地质条件。

现把两个方案分为鸡公寨隧道及其他路段两个方面分别进行比较，具体分析如下。

鸡公寨隧道：两个方案的鸡公寨隧道主要差别在于地质构造，从构造格局分析，Z线鸡公寨隧道地质构造相对简单，受强应变带的影响小，而K线鸡公寨隧道进口2228m位于强应变带核心部位，围岩条件较差；但Z线鸡公寨隧道进口段1km地形偏压较严重，在片理面陡倾的情况下极易发生大变形，对围岩稳定极为不利。

其他路段：Z线主要位于东河河谷，地形狭窄且横坡陡峭，东河沟谷亦受强应变带的影响，片理密集发育，岩体整体性较差；K线对应路段主要位于西河和鸡公河河谷，地形条件相对宽缓，岩体整体性亦略好。

②线形安全。

Z线和K线最小平曲线半径均为720m，Z线最大纵坡3.9%，K线3.5%，K线占优。

（3）环境保护比较。

Z线沿东河布线，K线沿东河、西河及鸡公河布线，均为沿河线，对河流均有一定影响。Z线有高边坡807m/11处，K线有769m/9处。K线优。

（4）运营成本比较。

两线都无特殊结构桥梁，Z线有14座桥梁，K线有22座桥梁，但Z线桥梁总长比K长约1500m；Z线有4座分离式隧道，K线有5座分离式隧道，Z线隧道总长比K短约12m。K线运营成本小。

（5）对沿线村庄和其他工程的干扰比较。

Z 线从东河口沿东河布线约 9km，此段地形狭窄且横坡陡峭，东河口到隧道进口沿线村庄较多，对当地影响较大，同时拟修建的沧浪山连接线也利用东河布线，相互干扰较大。K 线从东河口继续沿 G242 及西河布线约 5km，然后进入鸡公河布线约 4km 后进入隧道，走廊相对较宽，对沿线居民影响较小。同时，K 线不经过祥源矿业兆园矿区的采矿权范围，协调难度较小。

（6）交通条件和施工便道比较。

Z 线整修主便道长度约 9km，比 K 线长约 5km，东河走廊地形陡峭，对桥梁基础施工、隧道进洞及边坡开挖等均不利，而 K 线相对较好。方案比较见表 3-7。

Z 线（鸡公寨比较段）与 K 线方案比较表　　表 3-7

编号	名称	单位	Z 线	Z 线对应 K 线	备注
1	起终点桩号	—	K5 + 541.538～K28 + 598.020	K5 + 541.538～K27 + 890.723	
2	长度	km	23.056	22.349	
3	最小平曲线半径	m/处	720/5	720/5	
4	最大纵坡	%/处	3.9/2	3.5/5	
5	最小凸竖曲线半径	m/处	11000/1	12750/1	
6	最小凹竖曲线半径	m/处	12000/1	12000/1	
7	挖方>30m	m/处	807/11	767/9	
8	填方>20m	m/处	—	325/1	
9	桥梁	m/座	14758/14	13258.08/22	
10	特长隧道	m/座	4926/1	4884/1	
11	长隧道	m/座	—	—	
12	中短隧道	m/座	990/3	1044/4	
13	隧道	m/座	5916/4	5928/5	
14	桥隧比	%	89.67	85.85	

经过综合比较，主要考虑工程量、对沿线的干扰及施工运营的潜在风险，Z 线不进行同等深度比较。

4）比较结论

根据《湖北省十堰经镇坪至巫溪高速公路鲍峡至溢水段工程可行性研究报告》，在工程可行性研究报告推荐路线方案的基础上，十巫高速公路鲍溢段结合控制点的位置，进一步优化路线线形，从工程规模、工程安全、环境保护、运营成本、对沿线村庄和其他工程的干扰和交通条件和施工便道等方面开展鸡公寨段（K15 + 290～K25 + 900）、南口段（K35 + 800～YK47 + 850/ZK47 + 873.112）路线比选工作，其工程规模及主要技术指标见表 3-8。

初设方案工程规模及技术指标表　　表 3-8

项目	单位	工程可行性研究	推荐线	推荐线比工程可行性研究	备注
路线长度	km	60.830	58.618	−2.212	右幅贯穿
估算总金额	亿元	95.4409	104.1014	增加 9.1%	
每千米造价	万元	15690	17759	2069	
最小平曲线半径	m/处	800/5	720/9	—	
最大纵坡	%/处	3.85/1	3.5/8	—	
凸形竖曲线最小半径	m/处	12000/1	12000/2	—	
凹形竖曲线最小半径	m/处	12000/1	11000/1	—	
路基土石方	$1000m^3$	4668.970	4640.812	−28.158	不含互通匝道
沥青混凝土路面	$1000m^3$	328.545	255.059	−73.486	不含互通匝道扣除桥隧
防护排水工程	$1000m^3$	194.841	489.031	+294.19	不含互通匝道
桥梁总长	m/座	23376/82	29525.74/55	+6149.74	主线
特大桥	m/座	—	11122.25/7	+11122.25	
大桥	m/座	22688/74	18403.49/48	−4284.51	
中小桥	m/座	688/8	—	+688	
每千米桥长	m/km	384.284	503.697	+119.413	
涵洞	道	40	13	−27	主线
隧道总长	m/座	22630/24	16856/14	−5774	
特长隧道	m/座	9780/2	7952/2	−1828	
长隧道	m/座	6370/3	5150/2	−1220	
中短隧道	m/座	6480/19	3754/10	−2726	
互通式立交	处	5	5	—	
分离式立交	处	49	25	−21	
通道天桥	座	34	15	−19	主线
拆迁房屋	m^2	95625	187138	+91513	
占用土地	km^2	3.14	2.79	−0.35	

续上表

项目	单位	工程可行性研究	推荐线	推荐线比工程可行性研究	备注
服务区	处	1	1	—	
停车区	处	1	1	—	
收费站	处	3	3	—	

通过上述比选分析，确定了十巫高速公路鲍溢段路线推荐方案为 K 线，全长 58.618km，推荐线主线段桥隧长度占全线总长的 79.1%。

第 4 章

多灾害体高陡边坡绿色设计与施工技术体系

十巫高速公路鲍溢段项目线路起讫里程为 K0 + 000～K58 + 618.722，全长 58.632km，高陡边坡主要集中于前43km，即在 SWBY-2 和 SWBY-3 标段。SWBY-2 标段桩号 K0 + 000～K19 + 000，标段内主线有 11 处（含桥梁挖方段）、沧浪山互通有 3 处，共 14 处多灾害高陡边坡；SWBY-3 标段桩号 K19 + 000～K43 + 000，标段内多灾害高陡边坡主要有 5 处。项目通过对这些多灾害高陡边坡开展绿色设计与施工技术控制，实现项目绿色化，提高施工安全性，减少高陡边坡的施工风险。

4.1 灾害体分布

4.1.1 SWBY-2 标段

十巫高速公路鲍溢段 SWBY-2 标段起讫里程为 K0 + 000～K19 + 000，线路全长 19km，含枢纽互通 2 处，挖方约 252 万 m^3，填方约 150 万 m^3。标段内主线有 11 处（含桥梁挖方段）、沧浪山互通有 3 处高度超过 30m 的高边坡，见表 4-1、表 4-2。根据地勘调查结果，标段内挖方高边坡大多为强风化～中风化岩石，无滑坡、泥石流等不良地质灾害，路段自然山体整体稳定性较好。

SWBY-2 标段主线高边坡一览表　　表 4-1

序号	起讫桩号	长度（m）	最大边坡高度（m）		锚杆框格梁防护面积（m^2）
			左侧	右侧	
1	ZK1 + 468～ZK1 + 840	372	31.3	—	3076
2	YK1 + 535～YK1 + 842	307	—	38.5	2990
3	YK2 + 030～YK2 + 198	168	—	34.1	1424

续上表

序号	起讫桩号	长度（m）	最大边坡高度（m）		锚杆框格梁防护面积（m²）
			左侧	右侧	
4	ZK5＋412～ZK5＋646	234	37.8	—	1119
5	ZK5＋846～ZK5＋919	73	39.9	—	610
6	YK5＋837～YK5＋886	49	—	38.2	270
7	YK5＋953～YK6＋112	159	—	41.5	3231
8	ZK10＋015～ZK10＋085	70	38.0	—	1127
9	K10＋197～K10＋375	178	—	33.0	2003
10	YK13＋266～YK13＋338	72	—	30.0	1833
11	K15＋639～K15＋784	145	—	34.5	2441

SWBY-2 标段沧浪山互通高边坡一览表　　表 4-2

序号	起讫桩号	长度（m）	最大边坡高度（m）		锚杆框格梁防护面积（m²）
			左侧	右侧	
1	CK0＋132～CK0＋195 ZK8＋527～ZK8＋604	77	38.7	—	2430
2	ZK8＋604～ZK8＋857	253	46.8	—	10120
3	YK9＋158～YK9＋280	122	—	38.6	2036

4.1.2 SWBY-3 标段

十巫高速公路鲍峡至溢水段 SWBY-3 标段起讫里程桩号为 K19＋000～K43＋000，线路全长 24km，路基 24 段，总长度 3.329km，路基挖方 85.93 万 m³，填方 234.58 万 m³，其中设置 B3-1 取土场一处。本标段内高边坡度主要有 5 处，具体分布情况见表 4-3。

SWBY-3 标段高边坡一览表　　表 4-3

序号	起讫桩号及位置	边坡长度（m）	最大边坡高度（m）	备注
1	K26＋705～K26＋789 右侧	85	40.81	边坡坡顶均设置坡顶截水沟
2	K33＋895～K34＋003 右侧	108	31.21	
3	K35＋604～K35＋850 右侧	246	35.78	
4	YK38＋012～YK38＋146 右侧	134	42.33	
5	AK0＋269～AK0＋498 右侧	229	47.08	

4.2 灾害体特征与风险

4.2.1 SWBY-2 标段

SWBY-2 标段路线区不良地质主要为滑坡、不稳定斜坡、危岩体及松散堆积体，共 44 处。其中滑坡体 2 处、受工程切方引起的小型滑塌体 2 处、不稳定斜坡 5 处、危岩体 1 处、松散堆积体 34 处。本标段路线已经避让所有勘测阶段发现的滑坡、软基、大型崩塌、泥石流、采空区等大型特殊路基情况，对不良地质段落主要处理方式为采取桥隧方案跨越，以路基结构跨越的不良地质段落情况见表 4-4。

以路基结构跨越的不良地质段落一览表　　表 4-4

序号	里程桩号	长度（m）	类型	路段类型	稳定性评价	设计方案
1	K6＋000～K6＋143	95	松散堆积物	路基填挖交替	整体稳定	路线左侧设置路堤挡土墙、右侧高边坡加固
2	K8＋500～K8＋820	320	不稳定斜坡	路堑	基本稳定	路基中心最大挖深约 15m，边坡采取放缓边坡、加宽平台、锚杆加固等措施
3	K15＋600～K15＋800	200	松散堆积物	桥梁＋路基	整体稳定	路线左侧设置挡土墙，右侧高边坡加固防护
4	ZK17＋765～ZK17＋953	188	松散堆积物	路基填挖交替	整体稳定	堆积物清除，路线右侧设置挡土墙

4.2.2 SWBY-3 标段

十巫高速公路鲍溢段 SWBY-3 标段全线位于鄂西北秦巴山区腹地，主要出露南秦岭-大别地层区的古生界～远古界的浅变质地层，在河流、沟谷和山麓缓坡地带，则为第四系河流冲积和残坡积松散堆积物，岩浆岩呈条状穿插于各地层中。全线滑坡、不稳定滑坡及松散堆积体多达 43 处，山体斜坡表层普遍分布一些孤石、滚石，在施工扰动下易发生滑塌和滚动。高边坡路段防护措施见表 4-5。

高边坡路段防护措施一览表　　表 4-5

序号	起讫桩号	最坡高（m）		地形地貌及工程地质特征	稳定性分析	处置方案简述
		左侧	右侧			
1	K26＋705～K26＋789	40.8		路基段属构造剥蚀低山地貌区，路线顺切突出山脚，自然斜坡坡度为 35°～50°，开挖边坡坡向为 101°，地表覆盖层厚度为 1.2m，其下为强、中风华绢云母石英片岩，片理产状为 330°∠55°，实测发育两组节理，产状分别为 190°∠27°，90°∠32°。斜坡挖方，强风化层抗剪强度指标为黏聚力C：20kPa，内摩擦角φ：12°；中风化层抗剪强度指标为黏聚力C：50kPa，内摩擦角φ：18°。边坡坡向与片理产状组合关系为斜交逆向，对边坡稳定有利；节理面 L1 与边坡坡向组合关系为大角度斜交，对边坡稳定较为有利；节理面 L2 及其与其他结构面的组合面与边坡坡向组合关系为斜交及顺向，对边坡稳定不利	可能滑动	放缓边坡，分级开挖，及时支护，框架锚杆防护与挂网客土喷播植草护坡相结合

续上表

序号	起讫桩号	最坡高（m）		地形地貌及工程地质特征	稳定性分析	处置方案简述
		左侧	右侧			
2	K33＋894～K34＋003		34.5	路基段属构造剥蚀低山地貌区，路线顺切突出山脚，自然斜坡坡度为 10°～30°，开挖边坡坡向为 101°，地表覆盖层厚度为 3.1～3.4m，其下为强、中风华绢云母石英片岩，片理产状为 20°∠70°，受基岩出露所限，节理不易测量，而钻探岩芯显示除片理面外，尚有节理裂隙存在。斜坡挖方，强风化层抗剪强度指标为黏聚力C：20kPa，内摩擦角φ：12°；中风化层抗剪强度指标为黏聚力C：50kPa，内摩擦角φ：18°。边坡坡向与片理产状组合关系为大角度斜交，对边坡稳定有利；边坡主要在强风化岩体中开挖，受节理及其他风化裂隙的影响，开挖后易产生块体滑塌	稳定	放缓边坡，分级开挖，及时支护，框架锚杆防护与挂网客土喷播植草护坡相结合
3	K35＋604～K35＋850		36.8	路基段属构造剥蚀低山地貌区，路线顺切山脚，自然斜坡坡度为 10°～30°，斜向挖方，表层为薄层的第四系残坡积物覆盖，下伏基岩为武当山群第二岩组钠长石片岩，未见明显的不良地质现象及特殊岩土，斜坡山体稳定性较好，路堑开挖主要由强、中风化钠长石片岩组成。右侧开挖边坡坡向为 129°，片理产状 40°∠45°，实测发育三组节理，产状 300°∠75°、170°∠58°、95°∠80°，强风化层抗剪强度指标为黏聚力C：75kPa，内摩擦角φ：26°；中风化层抗剪强度指标为黏聚力C：200kPa，内摩擦角φ：32°	可能滑动	放缓边坡，分级开挖，及时支护，框架锚杆防护与挂网客土喷播植草护坡相结合
4	YK38＋012～YK38＋146		42.3	路基段属构造剥蚀低山地貌区，路线斜切突出山体斜坡，自然斜坡坡度为 20°～50°，斜向挖方，已接近山顶，表层为薄层的第四系残坡积物覆盖，下伏基岩为武当山群第三岩组钠长石片岩，未见明显的不良地质现象及特殊岩土，斜坡山体稳定性较好，路堑开挖主要由强、中风化绢云钠长石片岩组成。右侧开挖边坡坡向为 120°，片理产状 12°∠45°，实测发育两组节理，产状 220°∠85°、330°∠65°，强风化层抗剪强度指标为黏聚力C：75kPa，内摩擦角φ：26°；中风化层抗剪强度指标为黏聚力C：200kPa，内摩擦角φ：32°	稳定	放缓边坡，分级开挖，及时支护，框架锚杆防护与挂网客土喷播植草护坡相结合
5	AK0＋269～AK0＋498		47.08	路堑边坡最大挖方高速达到 47.08m，强～中风化绢云母钠长石英夹变粒岩边坡。斜坡挖方，自然斜坡坡度 20°～50°，边坡坡向与节理产状组合关系为斜交逆向，对边坡稳定有利，节理面与边坡坡向组合关系为大角度斜交，对边坡稳定较为有利，但表层覆盖层较厚，边坡整体稳定	整体稳定	放缓边坡，分级开挖，及时支护，框架锚杆防护与挂网客土喷播植草护坡相结合

4.2.3　风险源评估

根据高边坡施工特点，对十巫高速公路鲍溢段项目高陡边坡各项风险源进行了辨识、全面分析及估测，确定了事故伤害对象、伤害程度及可能导致事故发生的人的不安全行为、物的不安全状态及环境因素，具体辨识、分析及估测情况见表 4-6。

高边坡施工风险源辨识、分析及估测一览表

表 4-6

序号	单位作业内容		潜在的事故类型	事故原因				事故后果		
	分项工程	风险源		物的不安全状态	人的不安全行为	管理缺陷	自然灾害	受伤害人员类型	伤害程度	经济损失
1	坡面开挖	边坡开挖	边坡失稳	边坡不稳定；坡体防护强度不够	坡体防护施作不及时；危险区域开挖；雨季开挖未采用有效的排水措施；边坡安全监测不到位	作业人员经验缺乏；安全隐患查处薄弱	突发崩塌或泥石流	作业人员本身或同一场所的其他作业人员	死亡	一般
			坡面病害	坡面无施工排水设施；坡面积水未及时清除	未及时施工排水设施；排水设施设置不满足排水要求	作业人员经验缺乏；现场巡查次数少		作业人员本身或同一场所的其他作业人员	重伤	一般
			高处坠落	陡坡地基不稳；地面湿滑；坡上未搭设护栏	未正确穿戴劳保用品；危险区域作业或行走	安全培训缺乏；警示标志设置不足		作业人员本身	重伤	一般
			机械伤害	机械故障；机械带病运转；大雾雨雪天气可见度低	违章作业；危险区域作业；设备带病运转不维修	机械设备配置不符合要求		作业人员本身或同一场所的其他作业人员	重伤	一般
		钻孔	高处坠落	陡坡地基不稳；地面湿滑；坡上未搭设护栏	未正确穿戴劳保用品；在危险区域作业或行走	安全培训缺乏；警示标志设置不足		作业人员本身	重伤	一般
			机械伤害	机械故障；机械带病运转；大雾雨雪天气可见度低	违章作业；危险区域作业；设备带病运转不维修	机械设备配置不符合要求		作业人员本身或同一场所的其他作业人员	重伤	一般
		爆破	高处坠落	陡坡地基不稳；地面湿滑；坡上未搭设护栏	未正确穿戴劳保用品；在危险区域作业或行走	安全培训缺乏；警示标志设置不足		作业人员本身	重伤	一般
			触电	电缆线绝缘强度不够；电缆线破损或断裂；电路保护装置失效	物料随意压盖电缆；随意拖拽电缆；未按要求敷设电缆；违规检修电路	安全培训缺乏；警示标志设置不足		作业人员本身或同一场所的其他作业人员	死亡	一般
			爆破伤人	装炮时炮眼温度过高；放炮区域内车辆机械材料未清理干净；炸药填放不合要求；电雷管引爆器或线路故障；盲炮未及时清理干净	违规进入放炮危险区域；人员安全距离不够即引爆；放炮完毕后未确认安全；私自进入放炮区域	缺乏专业管理人员；持证上岗不严		作业人员本身或同一场所的其他作业人员	死亡	一般

续上表

序号	单位作业内容		潜在的事故类型	事故原因				事故后果		
	分项工程	风险源		物的不安全状态	人的不安全行为	管理缺陷	自然灾害	受伤害人员类型	伤害程度	经济损失
1	坡面开挖	装运土石方	物体打击	挖机设备故障；灰尘过大、光线照明不足；车辆超载超高	危险区域站停留；不在指定地点倒卸弃土；未正确穿戴劳保用品	安全管理人员配备不足；现场安全管理不到位		作业人员本身	重伤	一般
			车辆伤害	车辆故障；道路狭窄；大雾雨雪天气可见度低	违规驾驶；危险区域停留；卸渣时安全距离不够	安全管理人员配备不足；现场安全管理不到位		作业人员本身或同一场所的其他作业人员	重伤	一般
		修坡	高处坠落	陡坡地基不稳；地面湿滑；坡上未搭设护栏	未正确穿戴劳保用品；在危险区域作业或行走	安全培训缺乏；警示标志设置不足		作业人员本身	重伤	一般
2	地表排水系统	截水沟	高处坠落	陡坡地基不稳；地面湿滑；坡上未搭设护栏	未正确穿戴劳保用品；在危险区域作业或行走	安全培训缺乏；警示标志设置不足		作业人员本身	重伤	一般
3	三维土工网垫植草防护	铺设土工网	高处坠落	陡坡地基不稳；地面湿滑；坡上未搭设护栏	未正确穿戴劳保用品；在危险区域作业或行走	安全培训缺乏；警示标志设置不足		作业人员本身	重伤	一般
		U形钢钉固定	机械伤害	机械故障；机械带病运转，切割机无防护装置	违章作业；操作不当	机械设备配置不符合要求		作业人员本身或同一场所的其他作业人员	重伤	一般
			高处坠落	陡坡地基不稳；工作平台湿滑；工作平台上未设护栏或护栏高度不够	未正确穿戴劳保用品；在危险区域作业或行走；酒后作业	安全培训缺乏；警示标志设置不足		作业人员本身	重伤	一般
		撒播草籽	高处坠落	陡坡地基不稳；工作平台湿滑；工作平台上未设护栏或护栏高度不够	未正确穿戴劳保用品；在危险区域作业或行走；酒后作业	安全培训缺乏；警示标志设置不足		作业人员本身	重伤	一般
4	拱形骨架砌筑	边坡修整	高处坠落	陡坡地基不稳；地面湿滑；坡上未搭设护栏	未正确穿戴劳保用品；在危险区域作业或行走	安全培训缺乏；警示标志设置不足		作业人员本身	重伤	一般
			坡面病害	边坡不稳定；坡体防护强度不够	施工工序混乱，未按工序施工；坡面堆载或坡脚卸载；雨天施工	安全培训缺乏；作业人员经验缺乏		作业人员本身或同一场所的其他作业人员	重伤	一般

续上表

序号	单位作业内容		潜在的事故类型	事故原因				事故后果		
	分项工程	风险源		物的不安全状态	人的不安全行为	管理缺陷	自然灾害	受伤害人员类型	伤害程度	经济损失
4	拱形骨架砌筑	人工挖沟槽	高处坠落	陡坡地基不稳；地面湿滑；坡上未搭设护栏	未正确穿戴劳保用品；在危险区域作业或行走	安全培训缺乏；警示标志设置不足		作业人员本身	重伤	一般
		骨架砌筑	物体打击	工作平台工具材料随意堆放；起吊钢丝绳等防护不全	未正确穿戴劳保用品；在起吊物下行走、停留；违规抛接工具	安全培训缺乏；警示标志设置不足		作业人员本身	重伤	一般
			高处坠落	陡坡地基不稳；地面湿滑；坡上未搭设护栏	未正确穿戴劳保用品；在危险区域作业或行走	安全培训缺乏；警示标志设置不足		作业人员本身	重伤	一般
		回填种植土	坡面病害	边坡不稳定；坡体防护强度不够	施工工序混乱，未按工序施工；坡面堆载或坡脚卸载；雨天施工	安全培训缺乏；作业人员经验缺乏		作业人员本身或同一场所的其他作业人员	重伤	一般
			高处坠落	陡坡地基不稳；工作平台湿滑；工作平台上未设护栏或护栏高度不够	未正确穿戴劳保用品；在危险区域作业或行走；酒后作业	安全培训缺乏；警示标志设置不足		作业人员本身	重伤	一般
		播种	高处坠落	陡坡地基不稳；工作平台湿滑；工作平台上未设护栏或护栏高度不够	未正确穿戴劳保用品；在危险区域作业或行走；酒后作业	安全培训缺乏；警示标志设置不足		作业人员本身	重伤	一般
		覆盖	高处坠落	陡坡地基不稳；工作平台湿滑；工作平台上未设护栏或护栏高度不够	未正确穿戴劳保用品；在危险区域作业或行走；酒后作业	安全培训缺乏；警示标志设置不足		作业人员本身	重伤	一般
		洒水除虫养护	高处坠落	陡坡地基不稳；工作平台湿滑；工作平台上未设护栏或护栏高度不够	未正确穿戴劳保用品；在危险区域作业或行走；酒后作业	安全培训缺乏；警示标志设置不足		作业人员本身	重伤	一般
5	挂网客土喷播植草防护	搭设钻孔平台	高处坠落	陡坡地基不稳；地面湿滑；坡上未搭设护栏	未正确穿戴劳保用品；在危险区域作业或行走	安全培训缺乏；警示标志设置不足		作业人员本身	重伤	一般
			脚手架坍塌	脚手架质量、型号不满足要求；脚手架基础薄弱	未按设计搭设；堆载超出设计	安全培训缺乏；作业人员经验缺乏		作业人员本身或同一场所的其他作业人员	死亡	一般

续上表

序号	单位作业内容		潜在的事故类型	事故原因				事故后果		
	分项工程	风险源		物的不安全状态	人的不安全行为	管理缺陷	自然灾害	受伤害人员类型	伤害程度	经济损失
5	挂网客土喷播植草防护	钻孔清孔	物体打击	工作平台工具材料随意堆放；起吊钢丝绳等防护不全	未正确穿戴劳保用品；在起吊物下行走、停留；违规抛接工具	安全培训缺乏；警示标志设置不足		作业人员本身	重伤	一般
			高处坠落	陡坡地基不稳；工作平台湿滑；工作平台上未设护栏或护栏高度不够	未正确穿戴劳保用品；在危险区域作业或行走；酒后作业	安全培训缺乏；警示标志设置不足		作业人员本身	重伤	一般
			机械伤害	机械故障；机械带病运转；钻机转动轴无防护套	违章作业；危险区域作业；设备带病运转不维修	机械设备配置不符合要求		作业人员本身或同一场所的其他作业人员	重伤	一般
			高压气体伤害	机械故障；接头不牢	风枪对向有人的地方；操作人员未防护	无专业操作人员		作业人员本身或同一场所的其他作业人员	重伤	一般
		锚杆制作、人孔注浆	机械伤害	机械故障；机械带病运转，切割机无防护装置	违章作业；操作不当	机械设备配置不符合要求		作业人员本身	重伤	一般
			触电	电缆线绝缘强度不够；电缆线破损或断裂；电路保护装置失效	物料随意压盖电缆；随意拖拽电缆；未按要求敷设电缆；违规检修电路	安全培训缺乏；警示标志设置不足		作业人员本身或同一场所的其他作业人员	死亡	一般
		注浆	坡面病害	边坡不稳定；坡体防护强度不够	施工工序混乱，注浆压力过大；未等浆液强度形成，坡面堆载或坡脚卸载；雨天施工	安全培训缺乏；作业人员经验缺乏		作业人员本身或同一场所的其他作业人员	重伤	一般
			高处坠落	陡坡地基不稳；工作平台湿滑；工作平台上未设护栏或护栏高度不够	未正确穿戴劳保用品；在危险区域作业或行走；酒后作业	安全培训缺乏；警示标志设置不足		作业人员本身	重伤	一般
			高压液体伤害	机械故障；接头不牢	注浆管对向有人的地方；操作人员未防护	无专业操作人员		作业人员本身或同一场所的其他作业人员	重伤	一般
		挂网喷播基材	高处坠落	陡坡地基不稳；工作平台湿滑；工作平台上未设护栏或护栏高度不够	未正确穿戴劳保用品；在危险区域作业或行走；酒后作业	安全培训缺乏；警示标志设置不足		作业人员本身	重伤	一般

续上表

序号	单位作业内容		潜在的事故类型	事故原因				事故后果		
	分项工程	风险源		物的不安全状态	人的不安全行为	管理缺陷	自然灾害	受伤害人员类型	伤害程度	经济损失
6	锚杆框架梁防护	搭设钻孔平台	高处坠落	陡坡地基不稳；地面湿滑；坡上未搭设护栏	未正确穿戴劳保用品；在危险区域作业或行走	安全培训缺乏；警示标志设置不足		作业人员本身	重伤	一般
			脚手架坍塌	脚手架质量、型号不满足要求；脚手架基础薄弱	未按设计搭设；堆载超出设计	安全培训缺乏；作业人员经验缺乏		作业人员本身或同一场所的其他作业人员	死亡	一般
		钻孔清孔	物体打击	工作平台工具材料随意堆放；起吊钢丝绳等防护不全	未正确穿戴劳保用品；在起吊物下行走、停留；违规抛接工具	安全培训缺乏；警示标志设置不足		作业人员本身	重伤	一般
			高处坠落	陡坡地基不稳；工作平台湿滑；工作平台上未设护栏或护栏高度不够	未正确穿戴劳保用品；在危险区域作业或行走；酒后作业	安全培训缺乏；警示标志设置不足		作业人员本身	重伤	一般
			机械伤害	机械故障；机械带病运转；钻机转动轴无防护套	违章作业；危险区域作业；设备带病运转不维修	机械设备配置不符合要求		作业人员本身或同一场所的其他作业人员	重伤	一般
			高压气体伤害	机械故障；接头不牢	风枪对向有人的地方；操作人员未防护	无专业操作人员		作业人员本身或同一场所的其他作业人员	重伤	一般
		锚杆制作、入孔注浆	机械伤害	机械故障；机械带病运转，切割机无防护装置	违章作业；操作不当	机械设备配置不符合要求		作业人员本身	重伤	一般
			触电	电缆线绝缘强度不够；电缆线破损或断裂；电路保护装置失效	物料随意压盖电缆；随意拖拽电缆；未按要求敷设电缆；违规检修电路	安全培训缺乏；警示标志设置不足		作业人员本身或同一场所的其他作业人员	死亡	一般
		注浆	坡面病害	边坡不稳定；坡体防护强度不够	施工工序混乱，注浆压力过大；未等浆液强度形成，坡面堆载或坡脚卸载；雨天施工	安全培训缺乏；作业人员经验缺乏		作业人员本身或同一场所的其他作业人员	重伤	一般
			高处坠落	陡坡地基不稳；工作平台湿滑；工作平台上未设护栏或护栏高度不够	未正确穿戴劳保用品；在危险区域作业或行走；酒后作业	安全培训缺乏；警示标志设置不足		作业人员本身	重伤	一般
			高压液体伤害	机械故障；接头不牢	注浆管对向有人的地方；操作人员未防护	无专业操作人员		作业人员本身或同一场所的其他作业人员	重伤	一般

续上表

序号	单位作业内容		潜在的事故类型	事故原因				事故后果		
	分项工程	风险源		物的不安全状态	人的不安全行为	管理缺陷	自然灾害	受伤害人员类型	伤害程度	经济损失
6	锚杆框架梁防护	人工挖沟槽	高处坠落	陡坡地基不稳；地面湿滑；坡上未搭设护栏	未正确穿戴劳保用品；在危险区域作业或行走	安全培训缺乏；警示标志设置不足		作业人员本身	重伤	一般
		框架制作	物体打击	工作平台工具材料随意堆放；起吊钢丝绳等防护不全	未正确穿戴劳保用品；在起吊物下行走、停留；违规抛接工具	安全培训缺乏；警示标志设置不足		作业人员本身	重伤	一般
			高处坠落	陡坡地基不稳；地面湿滑；坡上未搭设护栏	未正确穿戴劳保用品；在危险区域作业或行走	安全培训缺乏；警示标志设置不足		作业人员本身	重伤	一般
			机械伤害	机械故障；机械带病运转；大雾雨雪天气可见度低	违章作业；危险区域作业；设备带病运转不维修	安全培训缺乏；机械设备配置不符合要求		作业人员本身	重伤	一般
			触电	电缆线绝缘强度不够；电缆线破损或断裂；电路保护装置失效	物料随意压盖电缆；随意拖拽电缆；未按要求敷设电缆；违规检修电路	安全培训缺乏；警示标志设置不足		作业人员本身或同一场所的其他作业人员	死亡	一般
7	坡脚挡墙支护	基础开挖	坍方	开挖基坑积水；地质条件差	未按设计放坡；未进行临时支护	安全培训缺乏；作业人员经验缺乏		作业人员本身或同一场所的其他作业人员	重伤	一般
		基础施工	机械伤害	机械故障；机械带病运转；大雾雨雪天气可见度低	违章作业；危险区域作业；设备带病运转不维修	安全培训缺乏；机械设备配置不符合要求		作业人员本身或同一场所的其他作业人员	重伤	一般
		搭脚手架、立模	机械伤害	机械故障；机械带病运转；大雾雨雪天气可见度低	违章作业；危险区域作业；设备带病运转不维修	安全培训缺乏；机械设备配置不符合要求		作业人员本身或同一场所的其他作业人员	重伤	一般
		墙身施工	机械伤害	机械故障；机械带病运转；大雾雨雪天气可见度低	违章作业；危险区域作业；设备带病运转不维修	安全培训缺乏；机械设备配置不符合要求		作业人员本身或同一场所的其他作业人员	重伤	一般

续上表

序号	单位作业内容		潜在的事故类型	事故原因				事故后果		
	分项工程	风险源		物的不安全状态	人的不安全行为	管理缺陷	自然灾害	受伤害人员类型	伤害程度	经济损失
7	坡脚挡墙支护	拆模、拆脚手架	触电	电缆线绝缘强度不够；电缆线破损或断裂；电路保护装置失效	物料随意压盖电缆；随意拖拽电缆；未按要求敷设电缆；违规检修电路	安全培训缺乏；警示标志设置不足		作业人员本身或同一场所的其他作业人员	死亡	一般
			机械伤害	机械故障；机械带病运转；大雾雨雪天气可见度低	违章作业；危险区域作业；设备带病运转不维修	安全培训缺乏；机械设备配置不符合要求		作业人员本身或同一场所的其他作业人员	重伤	一般

4.3 典型高陡边坡绿色设计

4.3.1 设计原则

党的十八大以来，根据“大力推进生态文明建设”的国家战略，湖北省拟在 2030 年之前建成“国土空间开发优化格局、环境友好的产业、资源节约集约利用”的生态文明体系。交通运输部提出“将生态文明建设融入交通运输发展的各方面和全过程”的新理念，重点加强能源节约利用、土地资源集约利用、再生资源循环利用以及生态环保等，到 2020 年基本建成绿色循环低碳交通运输体系。

绿色公路是“六个坚持、六个树立”理念的拓展与升级，是绿色循环低碳公路在新时期的继承与延续，是节能、低碳、环保技术在新时期的沿用与创新。十巫高速公路鲍溢段项目，路基边坡绿化以水土保持、稳定边坡为目的，在满足公路交通功能的要求、符合设计规范的基础上，做到生物防护与工程防护相结合，充分利用工程防护创造的基础条件，保证公路边坡的安全性、稳定性，防止公路边坡损坏，营造高速公路绿色走廊，达到固土和美化效果。

4.3.2 典型高陡边坡绿色设计施工

十巫高速公路鲍溢段项目 K26 + 705～K26 + 789 段右侧边坡的设计、K26 + 705～K26 + 789 边坡的施工和高边坡挂网客土喷播植草防护等，是该高速公路高陡边坡绿色设计施工的典型代表，其具体设计施工和防护如下。

1）K26 + 705～K26 + 789 段右侧设计

（1）边坡状况。

深挖路基长度 84m，最大挖方边坡高度 39.1m，边坡坡度 1∶0.75～1.0，地勘钻孔 ZK219。

（2）地形地貌及工程地质特征。

路基段属构造剥蚀低山地貌区，路线顺切突出山脚，自然斜坡坡度为 35°～50°，开挖边坡坡向为 101°，地表覆盖层厚度为 1.2m，其下为强、中风化绢云母石英片岩，片理产状 330°∠55°，实测发育两组节理，产状分别为 190°∠27°、90°∠32°，斜坡挖方，强风化层抗剪强度指标为黏聚力C：20kPa，内摩擦角φ：12°；中风化层抗剪强度指标为黏聚力C：50kPa，内摩擦角φ：18°，边坡坡向与片理产状组合关系为斜交逆向，对边坡稳定有利；节理面 L1 与边坡坡向组合关系为大角度斜交，对边坡稳定较为有利；节理面 L2 及其与其他结构面的组合面与边坡坡向组合关系为斜交及顺向，对边坡稳定不利。

（3）方案比选。

拟定方案 1：放缓边坡（1∶0.75～1.0），分级台阶式开挖，框架锚固与植生袋绿化护坡；

拟定方案 2：放缓边坡（1：1.0～1.25），分级台阶式开挖，喷播植草生物护坡。

比选：坡整体稳定性较好，斜坡挖方段，岩层抗剪强度较低，强风化层较厚，部分顺层节理仍存在一定隐患，对边坡稳定造成一定影响，易造成局部岩体应力松弛、压屈崩塌，块石掉落等病害。

方案 2 边坡绿化较好，坡面较缓，视野开阔，符合生态公路建设理念，但边坡高度有所增加，造成大量弃方和占地，区域生态植被破坏，滑塌病害隐患无法完全消除。

方案 1 采用工程防护，坡体稳定性好，植生袋绿化后坡面景观得到明显改善，减少了弃方和占地，间接迎合和环保、生态公路的理念。

比选结果：鉴于以上分析推荐拟定方案 1。

（4）处置方案。

放缓边坡，分级开挖，及时支护，框架锚杆防护与挂网客土喷播植草护坡相结合。

2）K26 + 705～K26 + 789 施工

（1）高边坡开挖。

K26 + 705～K26 + 789 段路基最高为五级边坡，根据图纸地址条件为表层为碎石夹杂黏性土（0～1.2m），开挖成型面为强风化绢云母石英片岩（1.2～6.5m，青灰色，云母含量高，岩芯为破碎状）为主，斜向挖方，自然斜坡坡度为 35°～50°，整体稳定。开挖坡度Ⅲ、Ⅵ、Ⅴ级为 1：1 边坡，Ⅰ级、Ⅱ级为 1：0.75 边坡，如图 4-1～图 4-4 所示。

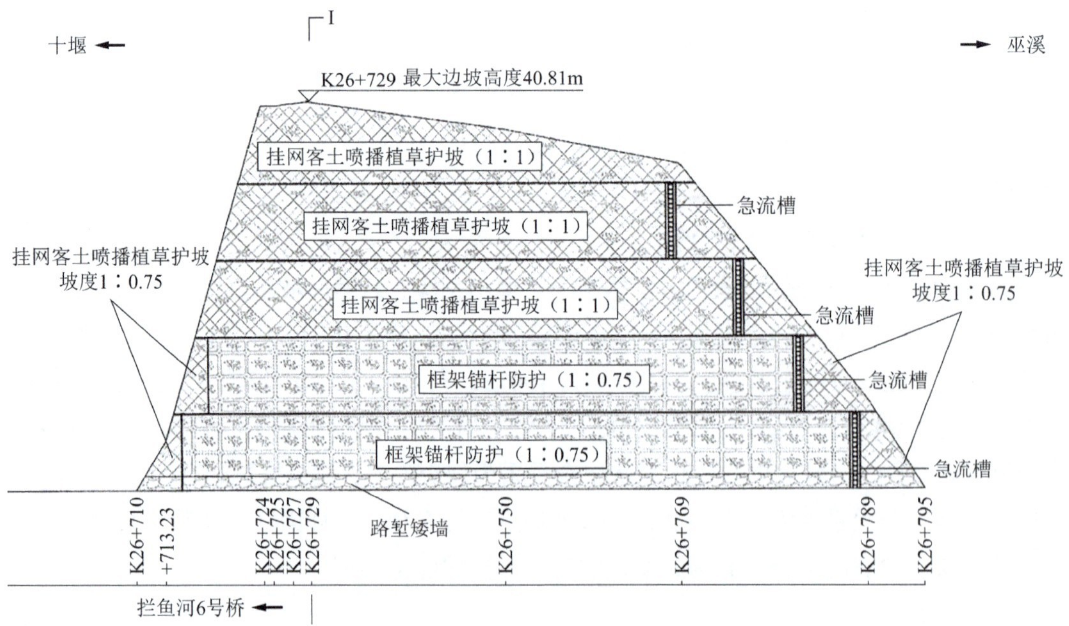

图 4-1　深挖路基防护工程立面图

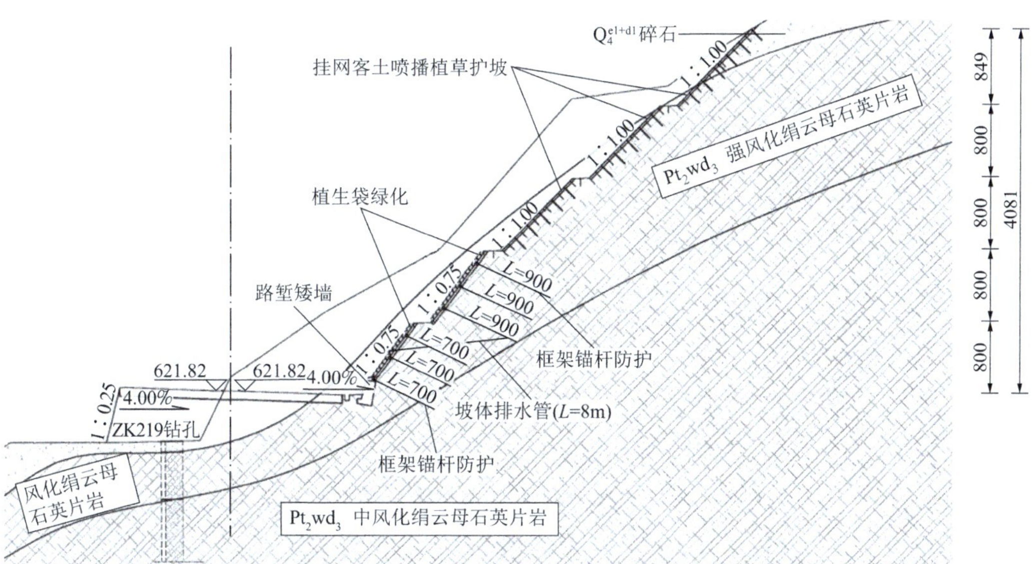

图 4-2　I-I（K26＋729）控制断面图（尺寸单位：mm）

图 4-3　K26＋705～K26＋789 现场图

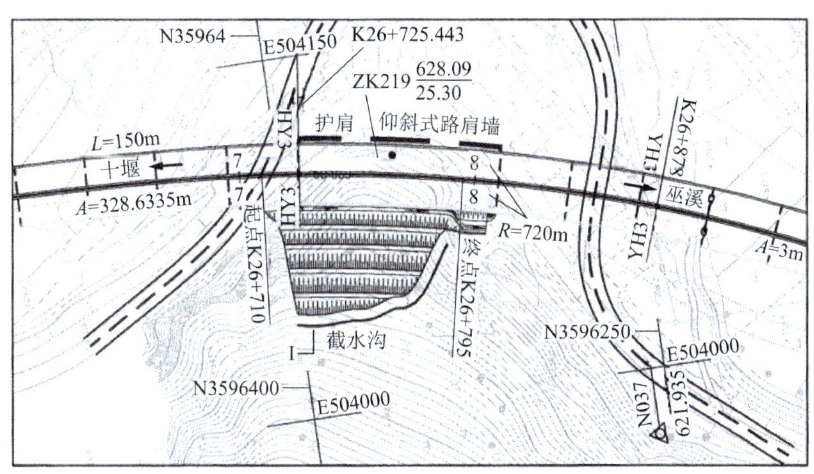

图 4-4　深挖路基防护工程平面图

该处边坡岩体较破碎，且距离 G242 较近，便道选线困难，高边坡处机械设备无法上去，故此段路基截水沟及V、VI级边坡只能采用人工开挖，部分强风化岩石层采取油锤机械开挖，人工防护。路基旁居民用电线和通信线较多，为保证现场道路及线路的安全，此段路基全部采用机械配合人工开挖，局部遇到孤石采用静态爆破施工。路基边坡开挖一级防护一级。当施工I级边坡时便道按照现场实际施工情况修至边坡开挖处，现场施工采用大型行挖机及出渣车进行施工，加快施工效率，根据现场实际条件机械设备选用 320 挖机，出渣车选用 $20m^3$ 拉渣车出渣。

（2）高边坡防护。

V、VI、III级边坡防护形式为挂网客土喷播植草防护；II、I级边坡防护形式为锚杆框架梁＋部分挂网客土喷播植草防护，路堑底部设置路堑矮墙。重视坡面的截排水，逐级施作坡面排水管。

3）高边坡挂网客土喷播植草防护

挂铁丝网喷播植草施工方案适用于该标段开挖形成的岩质边坡，其施工工艺流程如图 4-5 所示。

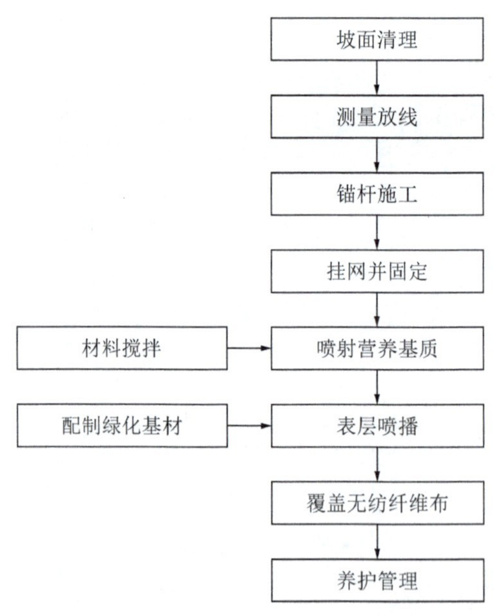

图 4-5　挂铁丝网喷播植草施工工艺流程

（1）坡面清理。

清理坡面松动的孤石、碎石、松散层及其他杂物，对于光滑坡面进行加粗处理、增加坡表粗糙度

（2）测量放线。

按施工设计图纸标志、测量坡面主、辅锚杆的位置，主锚杆间距 2.0m，辅锚杆间距 1.0m。

（3）锚杆施工。

锚杆采用气压式钻机成孔，孔径为ϕ42mm。挂网喷播混生植物护坡锚杆长度按边坡条件不同分成多种形式，稳定性好的硬质（坚石、次坚石）岩边坡，长锚杆采用 0.8m，短锚杆采用 0.6m；稳定性良好、坡面完整的软质岩边坡，长锚杆采用 1.2m，短锚杆采用 0.8m；整体稳定性尚好，但边坡局部岩石块体存在楔形滑动危险或土石混合的路段，长锚杆采用 3.0m，短锚杆采用 2.0m；边坡比较破碎，且局部已经出现小范围岩石碎落的路段，长锚杆采用 6.0m，短锚杆采用 3.5m。风钻成打孔后，孔内注 M30 水泥浆，然后插入锚钉进行固定。本标段适用于软质岩边坡和边坡局部存在滑动及小范围岩石碎落的路段。

（4）挂铁丝网并固定。

①从坡顶自上而下铺挂，至少每隔 1m 间距须与锚杆用丝径 2.4mm 铁丝绑扎，相邻两幅网重叠搭接用丝径 2.4mm 铁丝绑扎，搭接宽度为 20cm。

②网距坡面要保证 5～7cm 的喷射厚度的距离，安装水泥垫块。

（5）材料搅拌。

按施工设计规范要求配制营养基质，如岩石绿化料、特制绿化剂、长效复合绿化专用肥、当地土料等按设计比例搅拌均匀。

严格执行《湖北省十巫高速公路鲍溢段一期边坡绿化防护技术要求》内容。

①应按照施工图设计文件要求进行施工，施工时严格控制草籽灌木籽单位面积使用量，搅拌、喷撒须均匀。

②该防护形式适用于路堑石质边坡，种植以灌木为主、植草为辅。

③以灌木生长成形、覆盖全坡面并成活为合格标准。在灌木生长成形覆盖全坡面前的存活率为：每平方米不少于 10 株灌木苗。

④机编镀锌铁丝网材料应为 14 号镀锌铁丝，一般为单层镀锌铁丝网设置。

⑤锚杆间距按设计要求布置，即主锚杆间距为 2m，辅助锚杆间距为 1m，其中主锚杆直径为 18mm，辅助锚杆直径为 12mm。

（6）喷射营养基质。

①绿化基质与植生土按设计要求混合倒入搅拌机搅拌，搅拌时间不应小于 1min；进行初喷，厚度 7～8cm；再喷射混合草种（含绿化基质），厚度 2cm（每平方草种数量 50～70 颗）。

②喷射从正面进行，避免仰喷，凹凸不平及死角部分更要注意。

③保持喷射面厚薄均匀。

④含种子层的厚度必须达到 2cm，严防漏喷。

⑤喷射施工后几小时内如果有降雨，必须采取防护措施，避免基材混合流失。

（7）配制绿化基质。

将草灌种、植物纤维以及相应的辅料按设计要求配成绿化基材，将绿化基材与营养基质按一定比例混合，喷射于表层坡面。

（8）覆盖无纺布。

施工完毕，坡面采用无纺布覆盖并固定，坡顶做临时排水沟。

（9）养护管理。

根据天气情况及土壤墒情进行浇水养护，当株苗高度达 5～6cm 或出现三叶一心时，可揭开无纺布炼苗；对于生长稀散区域补种；做好病虫害预防与防治工作；适时追肥。

4.4 典型高风险高陡边坡施工控制

4.4.1 根据地形的施工（开挖）方法

开挖前，做好排水系统，包括坡顶截水沟及路堑两端的排水设施，防止施工过程中地表水对边坡的冲刷。开工前重新复测断面，选准开挖口，从上至下每开挖一级及时防护一级。挖方路基进行挖方动态设计，施工前先开槽，后确定边坡坡度。路堑开挖采用“横向分层、纵向分段，两端同步、阶梯掘进”的方式施工，做到运土、排水、挖掘互不干扰，以确保开挖顺利进行。

1）平缓地形施工

挖方地段沿线纵向相对地形较平缓，且为 U 形路堑，可采用挖掘机配自卸汽车从高至低一层一层往下开挖，每层开挖深度控制在 3～5m 为最佳（根据本段标边坡的设计，每层挖深按 4m 控制）。沿路线方向开便道，便道纵坡应保证自卸汽车空车在正常情况下能顺利爬到坡顶，同时因地制宜考虑错车处。

2）陡峭地形施工

若开挖地段沿线方向相对地形太陡，便道无法成形，则利用挖机开挖。标段 K26 + 705～K26 + 789 右侧段地形陡峭，且为高切坡形式，直接用挖机抛甩渣料至边坡底，再在坡底用出渣车将渣料运走，如图 4-6 所示。

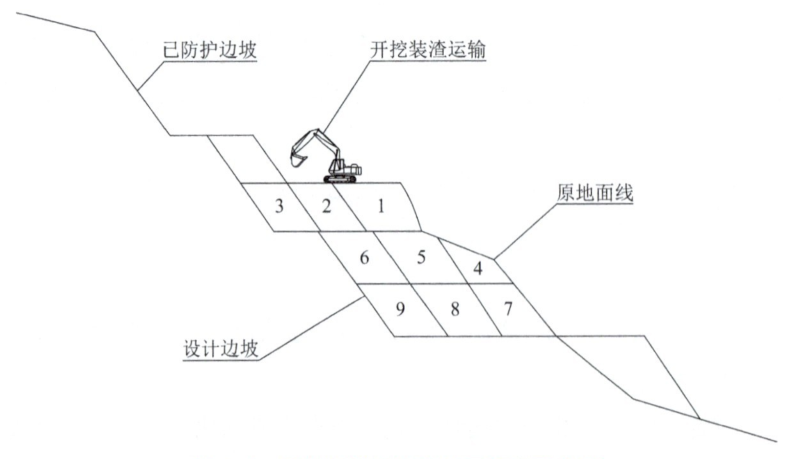

图 4-6　单边坡深挖路堑施工顺序示意图

4.4.2　根据土质情况的施工（开挖）方法

1）土方边坡开挖

十巫高速公路鲍溢段项目的土石方高边坡工程开挖，采用机械配合人工开挖，要求严格按照从上至下的开挖顺序逐级开挖，如图 4-7、图 4-8 所示，待上级边坡锚固工程全部实施并产生加固作用后方可进行下级边坡的开挖，逐级开挖逐级加固，直至全部防护工程结束。

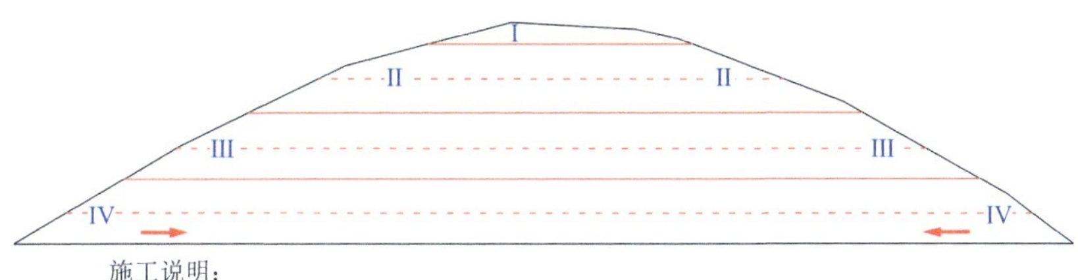

施工说明：

1. 路堑开挖按照图示从I至IV顺序进行分台阶开挖，与横向台阶相结合。
2. 台阶高度为4m，依次由上而下、由外向两侧纵深推进。

图 4-7　路堑开挖纵向顺序图

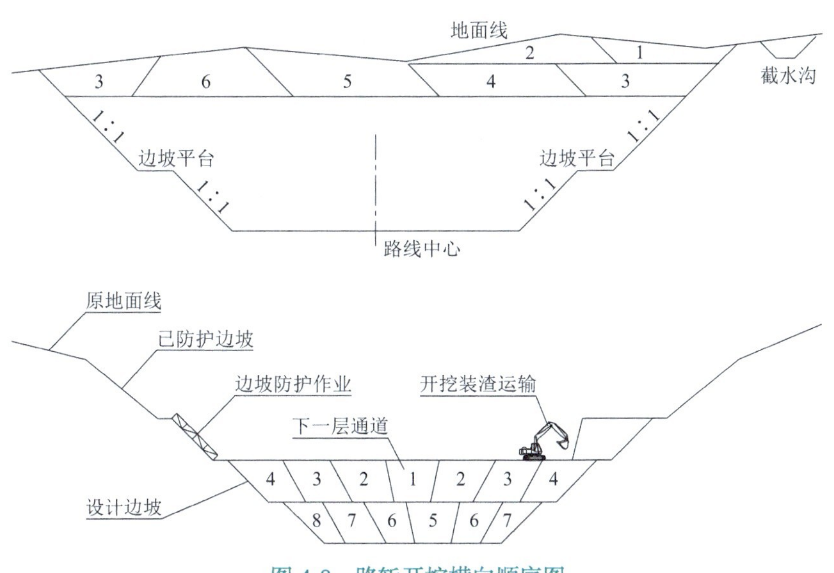

图 4-8　路堑开挖横向顺序图

在开挖过程中，根据边桩位置，预留 0.2～0.3m 的保护层，以利于人工修坡，施工时逐层控制，每 10m 长边坡范围插杆进行人工修刷。开挖中发现土层性质有变化时，及时报监理工程师，合理修改方案。

（1）开挖时沿路线方向开施工便道，便道纵坡应保证自卸汽车空车在正常情况下能顺利爬到坡顶，为施工安全，在路线左右幅各开一条施工便道，上下汽车分道行驶。挖掘机从高至低分层分幅开挖，每层开挖深度控制在 3～5m，每幅宽度控制在 8～10m。开挖采用挖掘机，配合自卸汽车运输。

（2）挖方运距在 100m 以内使用推土机推土，视路基宽度、路肩宽度、土方量及现场存土条件，采用不同的操作方法：

①纵向推土法：当路基宽度较窄，路边无存土条件，推土机沿平行道路中心线方向，将土推至指定地点堆放。

②横向推土法：当道路较宽，两旁有存土条件，推土机与道路中心线垂直或呈一适当角度由路中心向两侧路边推土，行驶距离越小，效率越高。

（3）当运距超过 100m 时，采用挖掘机开挖，铲车装土，自卸汽车运输。

（4）挖方路基路床依据设计文件采取超挖 80cm，上路床填筑未筛分碎石，下路床填筑开山石渣，采用平地机找平，以便压实后符合设计高程和横坡，并根据道路中心线检查两侧路基宽度，防止偏移。

（5）边坡修整和施工排水沟由人工与平地机修刮完成，可作为路基填充剂的土方，应分类开挖分类使用。非适用材料应按设计要求或作为弃方处理。土方开挖应自上而下进行，不得乱挖超挖，严禁掏底开挖。

（6）开挖过程中，应采取措施保证边坡稳定。开挖至边坡线前，应预留一定宽度，预留的宽度应保证刷坡过程中设计边坡线外的土层不受到扰动。路基开挖中，基于实际情况，如需修改设计边坡坡度、截水沟和边沟的位置及尺寸时，应及时按规定报批。边坡上稳定的孤石应保留。开挖至零填、路堑路床部分后，应尽快进行路床施工；如不能及时进行，宜在设计路床下 80cm 高程以上预留至少 30cm 厚的保护层。

（7）应采取临时排水措施，确保施工作业面不积水。边沟与截水沟应从下游向上游开挖。截水沟通过地面坑凹处时，应将凹处填平夯实。边沟及截水沟开挖后，应及时进行防渗处理，不得渗漏、积水和冲刷边坡及路基。挖方路基施工遇到地下水时应采取排导措施，将水引入路基排水系统。不得随意堵塞泉眼。路床采取超挖 80cm，上路床填筑未筛分碎石，下路床填筑开山石渣，采用平地机找平，以便压实后符合设计高程和横坡，并根据道路中心线检查两侧路基宽度，防止偏移。

对于截水沟，一般情况下采用人工配合机械开挖，挖出的土方人工配合机械装车、及时排至弃土场，若对于机械无法作业的场地，只能采用人工开挖，人工装、运、卸至渣车处，再排至弃渣场。同时对于截水沟的砌筑、勾缝等作业，也需要人工运输材料至作业地点。

（8）土质路基开挖应根据地面坡度、开挖断面、纵向长度及出土方向等因素，结合土方调配，选用安全、经济的开挖方案。

2）石方边坡开挖

石方边坡开挖的基本顺序与土方边坡开挖顺序一样。石方开挖应根据岩石的类别、风化程度、岩层产状、岩体断裂构造、施工环境等因素确定开挖方案。对于软石和强风化岩石采用机械开挖，不能用机械直接开挖的石方，采用爆破开挖，由于距离河道、公路和居民区很近，为保证安全施工，要求必须采用控制爆破、光面爆破，并用炮被覆盖，防止飞石；在山坡下部做好挡墙，阻挡滚石落入河道、公路、居民区。

土石方开挖禁止大爆破施工，优先选用潜孔台阶爆破，光面爆破。石方开挖时采用“分层纵挖法”自上而下分层进行，即每层先从中间挖出一条通道，如需爆破，两侧边坡预留1～2m 宽的岩体不爆，作为中部主爆体的隔墙，以减少爆破对边坡的损伤。靠近国道区域为确保路基既有道路的安全，路基凹槽以上部位爆破采用定向爆破施工，分台阶定向爆破施工时，根据施工顺序逐级设置钢管竹排防护，严格控制炸药量与炮孔的深度、方向，以及爆破的顺序，开挖爆破顺序如图 4-9 所示。

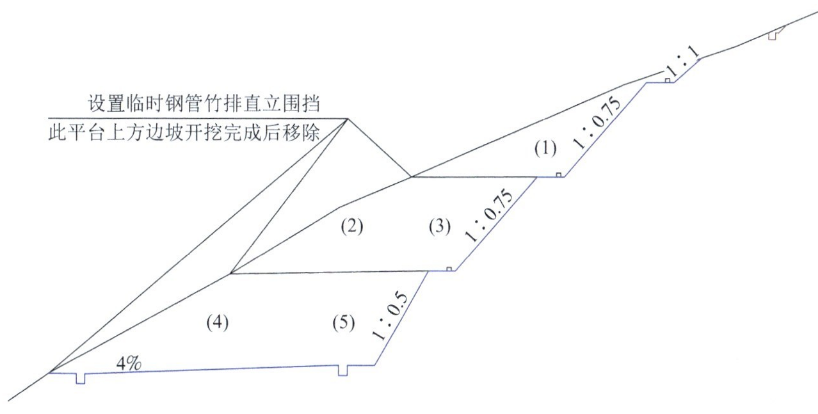

图 4-9 高边坡路堑开挖顺序

在每级台阶边缘处，距爆破区域边缘 1.5m 位置采用 4m 高钢管竹排直立围挡，防止飞石滚落，如图 4-10 所示。

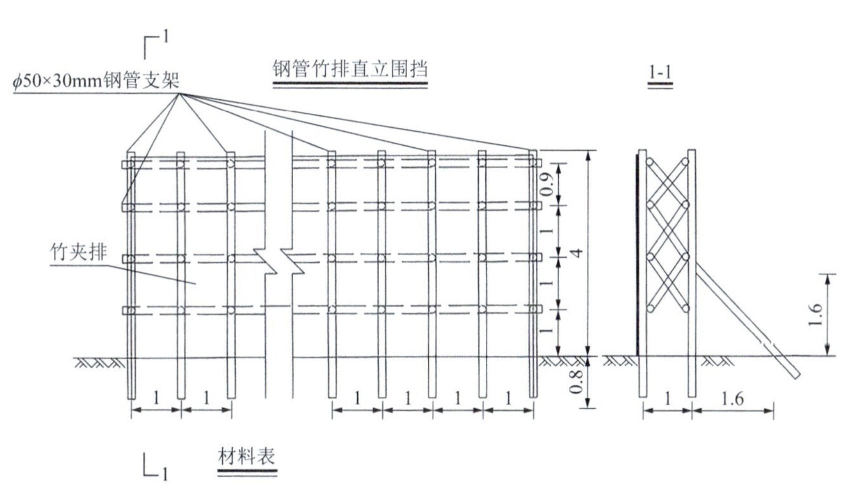

图 4-10 钢管竹排直立围挡（尺寸单位：m）

控制爆破施工采用多台阶、小孔距、浅孔松动控制爆破方案，其特点为：“眼较浅、密打眼、少药量、强覆盖、间隔微差”，在爆破中做到“松而不散，散而不滚、碎而不飞”，用不同方向上的抵抗线差别和起爆顺序控制爆破时岩石移动方向。在高边坡挖方岩层风化破碎地段，采用小型浅孔松动爆破，人工、机械配合开挖的方法。

该路段开挖断面有两种典型断面：半挖半填断面的开挖和全挖断面的开挖，对这两种典型施工路段给予全挖断面以爆破方案设计，石方爆破施工工艺如图 4-9 所示。

（1）施工中遇石方，则小方量石方段采用机械打眼小炮开挖，大方量石方地段采用浅孔松动控制爆破技术分层开挖，严禁放大炮开挖。靠近边坡处，平行于边坡打预裂孔，先起爆预裂孔，再依次从临空面向边坡方向爆破。靠近基床下处置层部位，预留 30cm 光爆层，施工时分段顺线路方向平行于路基面钻孔，实行光面爆破。爆破后，使基床、边坡和堑顶山体稳定，不受扰动，爆出的坡面平顺。

（2）爆破作业在施工前，进行爆破试验，通过试验进一步修正爆破参数，爆破时严格控制装药量。

（3）石方开挖后的边坡，做到顺直、圆滑，大面平整。边坡上无松石、危石。石质路堑边坡因超挖而影响上部边坡岩体稳定时，用浆砌片石补砌。

（4）挖方边坡从开挖面往下分级清刷边坡。下挖 2～3m 时，对新开挖边坡进行刷新。软质岩石边坡用人工或机械清刷；坚石、次坚石边坡，用人工配合机械切割方法，同时清除危石、松石。清刷后的石质路堑边坡不陡于设计规定值。

（5）采用潜孔钻机和凿岩机钻眼，分层、分段深孔（浅眼）预裂爆破、控制爆破和边坡成形光面爆破，挖掘机、装载机挖装，自卸汽车运输的方法施工；爆破时做到“两控制”：控制飞石和控制爆破振动波，最大限度地消除爆破振动对路堑边坡稳定及山体滑坡地段的影响，石块粒径能够控制，破碎效果好，便于装运及做填充剂。

（6）在开挖过程中应对路堑边坡及时进行防护，争取做到开挖一阶防护一阶，保证边坡稳定。在山势较陡，大型机械无法上去的挖方路段，先采用人工开挖表层土体，遇岩层后采用小型钻机打眼爆破，人工清理 2～3 个梯段高度后，修筑临时便道，再上场大型设备。

路基石方主体爆破后，边坡及基底部分会出现凹凸不平超欠挖，对于凸出欠挖部分，人工用手持风钻清除。此外，孤石爆破尽量随主爆破进行，以减少爆破次数。

第3篇

PART 3

平安百年品质工程

●建设管理篇

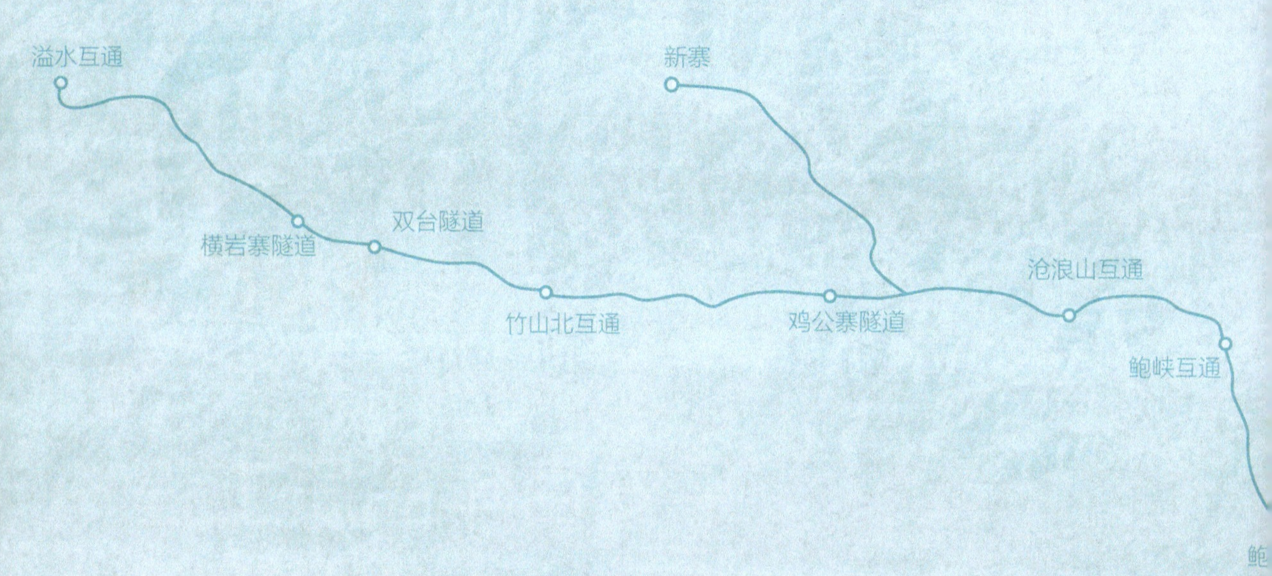
溢水互通
新寨
双台隧道
横岩寨隧道
竹山北互通
鸡公寨隧道
沧浪山互通
鲍峡互通
鲍
十白高速公路

第 5 章

BOT + EPC 建设管理模式

高速公路项目 BOT + EPC 模式是指在建设管理体制层面，取得特许经营权的企业在建设过程中采用基于 BOT 的 EPC 模式。为深入调查高速公路项目 BOT + EPC 模式的合同管理风险，总结提出可以有效规避和减少风险的对策和措施，做到既“解剖麻雀”又“对症下药”，因此，立足十巫高速公路鲍溢段项目，通过文献调研、走访调研、咨询调研等多种方式，开展项目调查研究，最终决定在十巫高速公路鲍溢段高速公路项目采用新的 BOT + EPC 模式，以利于避免设计与施工脱节，拓宽融资渠道，贯彻全寿命周期理念。

5.1 概述

1）BOT + EPC 模式的概念

BOT + EPC 模式是 BOT 和 EPC 模式的组合，BOT 是英文“Build-Operate-Transfer”的缩写，通常译为“建设-经营-移交”；EPC 是英文“Engineering-Procurement-Construction”的缩写，即设计、采购和施工总承包。BOT + EPC 模式是一种基于投资层面和建设层面的复合模式：在投融资体制层面，政府向某一企业颁发特许经营权，允许其在一定时间内进行高速公路的建设和运营，特许期限结束后移交给政府，即 BOT 模式；在建设管理体制层面，取得特许经营权的企业在建设过程中采用总承包模式，即基于 BOT 的 EPC 模式。

2）BOT + EPC 模式的优势

BOT + EPC 模式下高速公路项目的投融资、设计、采购、施工、运营主体为同一家（或联合体）。相比传统单纯的 BOT 模式和 EPC 模式，具有以下优势：

（1）有利于拓宽融资渠道。BOT 投资人招标时将项目建设以 EPC 模式一并发包，有利于吸引投融资能力强、技术先进和管理水平高的大型投融资平台和设计施工企业参与，拓宽融资渠道，减少招标时间，保障工程质量。

（2）有利于贯彻全寿命周期理念。设计单位和施工单位兼具投资人身份，即使有部分项目有股权回购条款，承包人也会更多地从全寿命周期（策划、设计、融资、建设、运营、养护）的角度考虑设计、施工问题，有利于提升工程质量。

（3）有利于避免设计与施工脱节。可以发挥设计在建设过程的主导作用，促进设计与施工单位紧密结合，充分发挥设计与施工协作潜力，有利于整体方案的不断优化，也有利于践行“设计节约是最大节约”的理念。

5.2 BOT + EPC 建设管理模式风险与防范对策

5.2.1 高速公路 BOT + EPC 模式常见合同管理风险

经调查，BOT + EPC 模式在集团公司近年投资建设的高速公路中屡见不鲜，也在湖北省咸通、鄂咸高速公路等，广东省连佛、广佛肇高速公路等，重庆涪丰、南泸、渝黔、梁黔高速公路等，贵州沿德、独平、赤望、遵余高速公路等项目中得到了大规模推广应用。新模式必然蕴含着新风险。全国范围内 BOT + EPC 模式的多年实践经验表明，除了政策风险、经济风险、市场风险、融资能力风险以外，项目建设过程中的合同管理风险尤为突出。普遍表现在：

（1）BOT + EPC 模式法律法规缺失。我国目前关于 BOT + EPC 模式的法律体系尚未建立，也没有专门的机构对 BOT + EPC 模式项目实施有效管理。目前 BOT + EPC 模式项目主要借鉴的是传统的建设项目“四制”管理模式，合同管理过程中经常会出现问题没有法律依据，得不到有效解决。

（2）项目公司成本控制与承包单位利益要求的冲突。BOT + EPC 模式下，承包方进场前施工承包合同价尚未确定，需要在施工过程中“边谈边干、边干边谈”。鉴于项目公司有着项目投资建设成本控制的目标，承包方则力求施工利润最大化，双方往往难以避免存在讨价还价的过程，导致施工承包合同往往签订难度较大。

（3）建设程序报批时间过长引起的成本增加纠纷。BOT + EPC 模式下，承包方进场前项目核准、初步设计、施工图设计往往尚未批复。承包方进场至项目开工令下达的时间跨度短则半年、长则几年以上，承包方往往会要求项目公司赔偿建设程序报批时间过长导致增加的管理成本，引起较大的合同纠纷。

5.2.2 BOT + EPC 模式合同管理风险防范对策建议

项目针对十巫高速公路鲍溢段项目工程规模大，管控难度高，刻苦钻研、积极引进国内外建设管理经验，规范项目运作的各个环节，为工程建设探索了成功的 BOT + EPC 建设模式，提出了相应的 BOT + EPC 模式合同管理风险防范对策建议。

1）做好顶层设计，突破合同难签订问题

（1）调整施工承包合同价的确定方式。建议参考重庆、贵州等地 BOT + EPC 模式的处理方式，将项目批复概算中同口径建筑安装工程费下浮一定比例作为施工承包合同价格。同时，加强初步设计和概算编制的深度和精度，变“初勘”为“详勘”，深化施工组织方案和施工工艺研究，深化工程造价分析，提升施工承包合同价格的合理性。

（2）优化《遴选文件》的关键合同条款。若继续采用编制施工承包合同预算的模式确定施工承包合同价格，需要进一步优化《遴选文件》相关条款。一是明确项目施工承包合同预算（下浮前）不得超过行业主管部门批复的项目概算总额；二是明确申请人所报下浮比例的具体下浮范围；三是明确 100 章争议部分的取费方式，或者以集团公司已完成项目为基础，利用财务核查或审计收集到的相关财务资料建立数据库，在《遴选文件》中约定相应的占比。

（3）优化《合作协议》的关键合同条款。在《合作协议》约定施工单位按照出资比例承担项目未被核准风险的同时，承担项目初步设计、施工图设计报批过程的成本风险。

（4）建立施工承包合同签订的约束机制。建议制定集团公司《施工企业信用评价实施细则》，将施工承包合同签订情况作为信用评价的重要依据，同时在新项目的施工单位遴选过程中增加施工承包合同签订情况的评分占比。

2）加强过程管控，规避减少合同审计风险

（1）加强工程计量管控。对于工程量清单编制完成的项目，要求施工单位对于个别桩基成孔方式发生变化的，及时变更、据实计量；对于工程量清单尚未编制完成的项目，工程量清单按照成孔方式分成不同的支付号，项目实施过程中发生变化的及时变更、据实计量。高墩、现浇混凝土梁等施工工艺发生变化时采用同样的处理方式，同时，按照主体工程计量资料和质检资料的要求，加强 100 章临建方案、现场验收资料的管理和检查。

（2）加强主材供应管控。对于已开工的项目，加强对物流集团材料供应的过程管理，对出现的质量问题和可能产生短供、断供问题及时要求解决，没有信息价的严格按照造价咨询单位确定的市场价格计量支付；对于未开工的项目，在遴选阶段将商贸物流遴选为股东之一，在《遴选文件》中约定物流集团的相关责任和义务，当商贸物流材料供应能力不足导致施工单位发生自采时，项目公司仍按照集采合同规定的价格支付给商贸物流，由物流集团支付施工单位的材料自采费用，相关价格风险由商贸物流承担。

3）统一调差规则，合理考虑地材上涨费用

积极推动行业主管部门发布地材价格调整指导性意见，解决施工单位的后顾之忧。允许《遴选文件》约定不调整地材价格的项目签订地材价格调整补充协议。集团公司发布明确的地材价格调整办法，统一集团公司下属项目的地材价格调整方式。

4）积极推动立法，规范 BOT + EPC 合同管理

合同管理离不开相关法律法规和制度的保障。鉴于目前高速公路 BOT + EPC 模式的法律法规尚未建立，集团公司应充分展现大型国企的社会担当，全面总结全省大批多个 BOT + EPC 模式项目的多年实践经验，组织专业团队全面开展 BOT + EPC 模式法律法规

的研究，积极推动相关法律法规的制定和完善，为 BOT + EPC 模式合同管理提供制度保障。

5.3 “项目公司—总监办—驻地办”三级管理体系建设

在十巫高速公路鲍溢段项目开始阶段，就制定一个完整的、完善的计划是不现实的。但是项目经理又不得不制定一份计划来指导项目组的工作，以及应对领导的审批和客户的沟通。其实项目计划本来就是一个逐步细化、逐步完善的过程，项目管理的“项目公司—总监办—驻地办”三级管理体系就是依托这样一种思路来制定项目的计划。通过类似倒三角的模式，在项目不同的阶段制定不同详细程度的计划来逐步完善项目的计划，指导项目的管理工作。“项目公司—总监办—驻地办”三级管理体系的表现形式为交通基础设施综合管理平台，其基于统一工程结构体系和零号台账分解的工程项目信息集成，在结构上具有数据互联、结构完整、逻辑清晰的特点。

通过在交通基础设施综合管理平台中通过引入移动互联网技术、物联网技术，采用 B/S 应用架构，使用稳定、安全、可靠的.NET 或 Java 技术平台，数据库采用 SQL Server 或 Oracle，考虑本平台与其他信息化项目的数据接口，并提供相应的技术解决方案，使建设工程项目在成本管理、进度管理、质量监控、安全监控、辅助支持等方面实现全新的管理模式，提高工作效率与工作质量，全面提升工程项目管理水平。平台主要建设内容包括：

（1）开发工程实体状况评价子系统：关联工序管理子系统及质量监测子系统，统一分部分项划分，结合系统数据对工程实体整体状况进行分析评价；

（2）开发集采材料计划管理子系统：实现集中采购需求计划上报及集中采购计划完成情况、集中采购供应情况等报表自动统计等功能；

（3）开发进度计划管理子系统：关联计量管理子系统及计划进度管理子系统，实现月度计划申报审批及月度进度申报审批，实现报表的自动生成；

（4）开发概算管理子系统：由用户录入详细的国家批复概算，根据工程进度计划，系统将已计量工程进行汇总，实时动态生成整个项目的概算动态表和各种统计信息，反映出整个项目的概算执行情况；

（5）开发合同管理子系统：针对项目中产生的合同进行信息化管理，提供接入计量系统中合同管理数据，包含合同登记、签订审批、支付审批、结算审批及合同执行情况统计等主要业务功能；

（6）开发征地拆迁管理子系统：实现征地拆迁过程管理及征地拆迁信息统计；

（7）开发公路工程监理规范子系统：按照最新版《公路工程监理规范》要求，开发相应的信息化管理功能，具体包括工程检查、绿色施工监控、监理文件与资料管理、隧道安全管理等。

5.4 “项目公司—总监办—驻地办”三级管理体系运行机制

5.4.1 总体架构

“项目公司—总监办—驻地办”三级管理体系的交通基础设施综合管理平台，基于统一工程结构体系和零号台账分解的工程项目信息集成，面向业主单位、项目部、施工单位、监理单位，建立信息化管理平台，实现各参建方的信息共享、管理互通和协作水平，达到精细化、智能化、可视化管理的目的。交通基础设施综合管理平台的总体架构如图 5-1 所示，通过此架构，实现对“项目公司—总监办—驻地办”的三级管理。

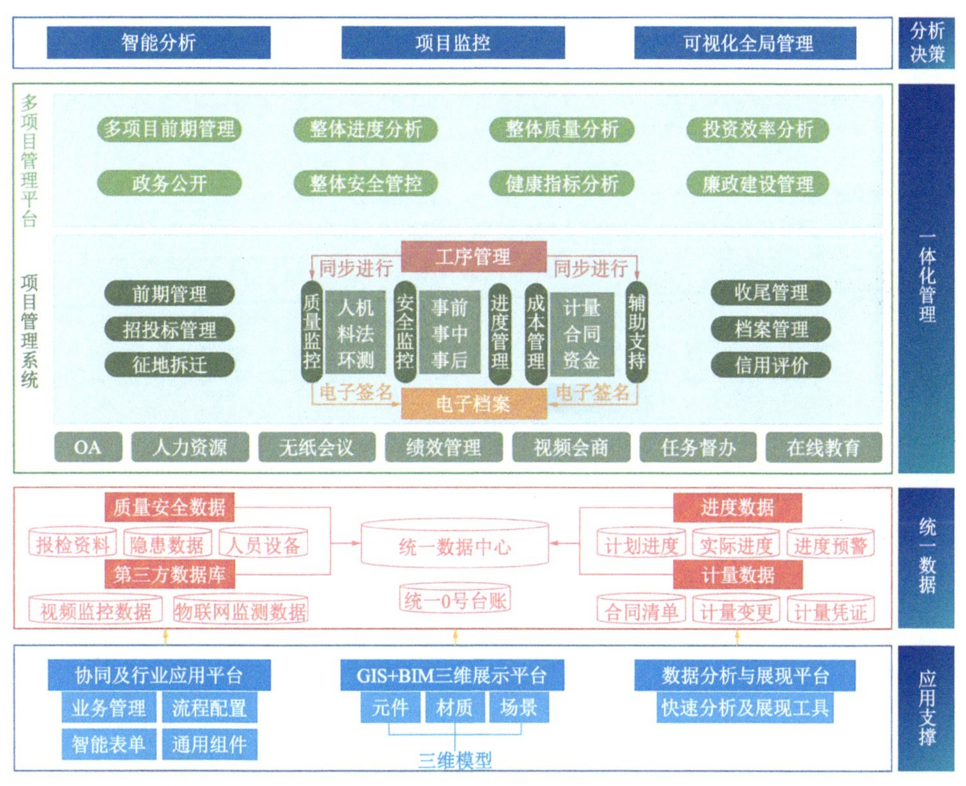

图 5-1 项目总体架构

5.4.2 工程实体状况评价子系统

工程实体状况评价子系统，关联工序管理子系统及质量监测子系统，统一分部分项划分，结合系统数据对工程实体整体状况进行分析评价。

5.4.3 集采材料计划管理子系统

集采材料计划管理子系统，实现集中采购需求计划上报及集中采购计划完成情况、集中采购供应情况等报表自动统计等功能。

5.4.4 进度计划管理子系统

进度计划管理子系统将实现与工程建设管理子系统（计量系统）的关联与对接，重点围绕计划进度审批及可视化进度管控进行开发和应用。

1）项目进度总览

采用工程进度 S 曲线、柱状图、仪表图等形式（图 5-2），在首页用单屏简约直观地展示各项目的计划进度、累计进度、年度进度、月度进度、单项工程进度等执行比例、工程数量和投资金额，达到“一图总览”各项目工程进度概况的目的。

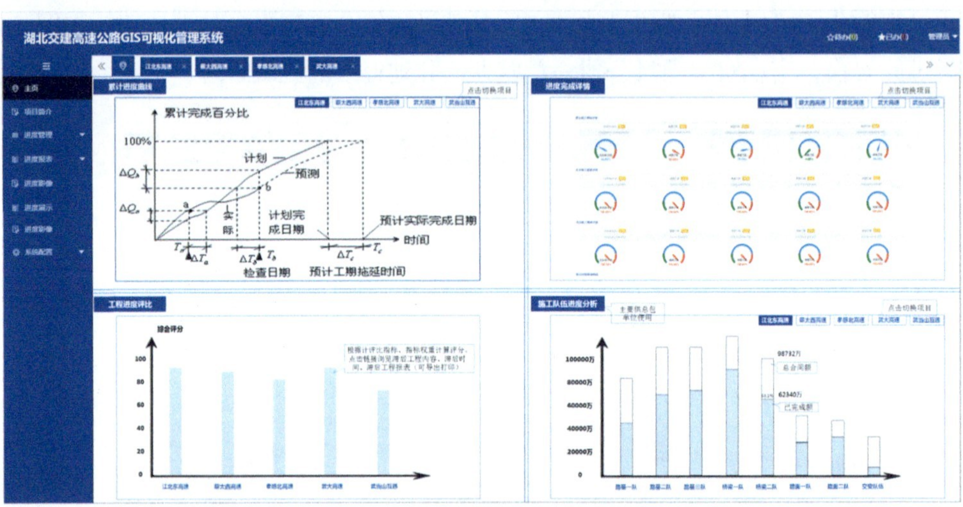

图 5-2 项目进度总览

2）项目基础信息管理

（1）项目简介。

项目简介界面如图 5-3 所示。

图 5-3 项目简介界面

（2）参建单位。

参建单位界面如图 5-4 所示。

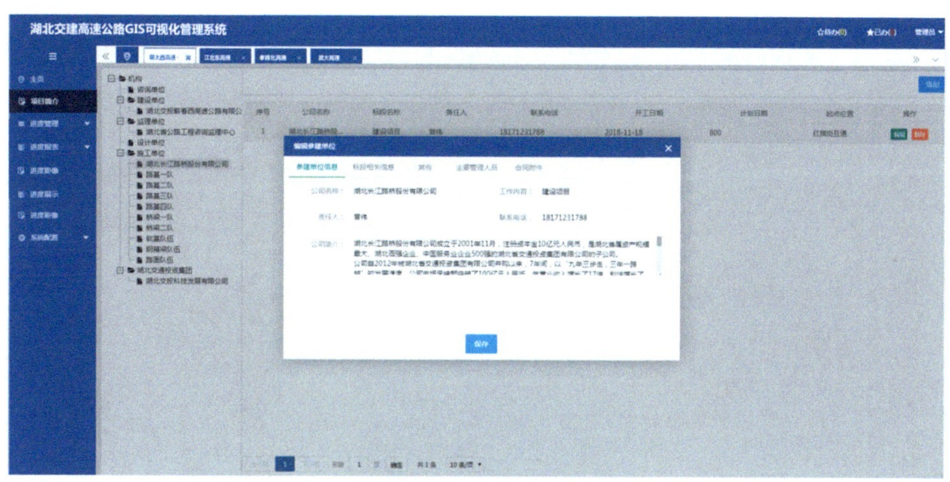

图 5-4　参建单位界面

（3）电子图纸。

电子图纸界面如图 5-5 所示。

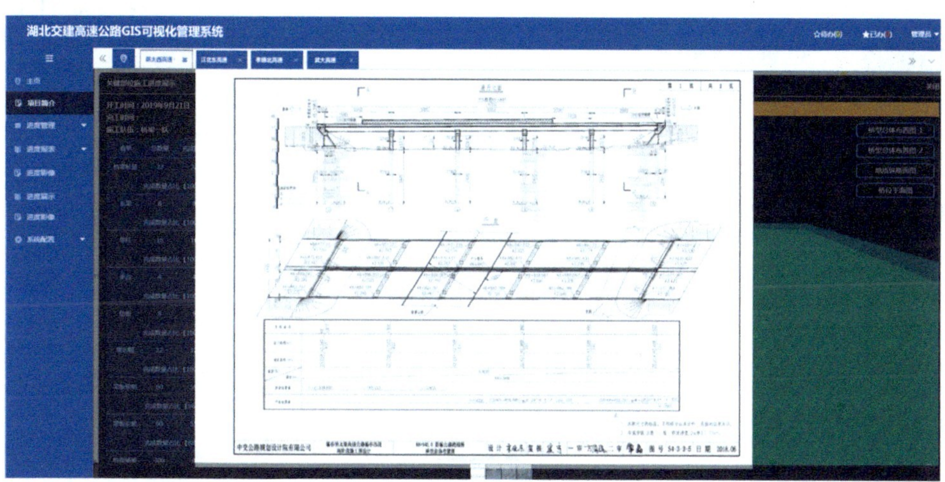

图 5-5　电子图纸界面

3）GIS 项目进度可视化

分级展现在建项目列表，提供基于 GIS（Geographic Information System，地理信息系统）的项目概况信息、标段信息、控制性节点工程等汇报内容，如图 5-6、图 5-7 所示。

（1）项目路线及控制性工程。

（2）航测影像进度概览。

（3）控制性工程进度详览。

（4）控制性节点视频监控。

4）进度分析与辅助决策

（1）进度信息管理。

对进度管理的基础信息进行登记和设置，按照预设流程对计划/进度进行审批，审批完成后自动汇总统计。

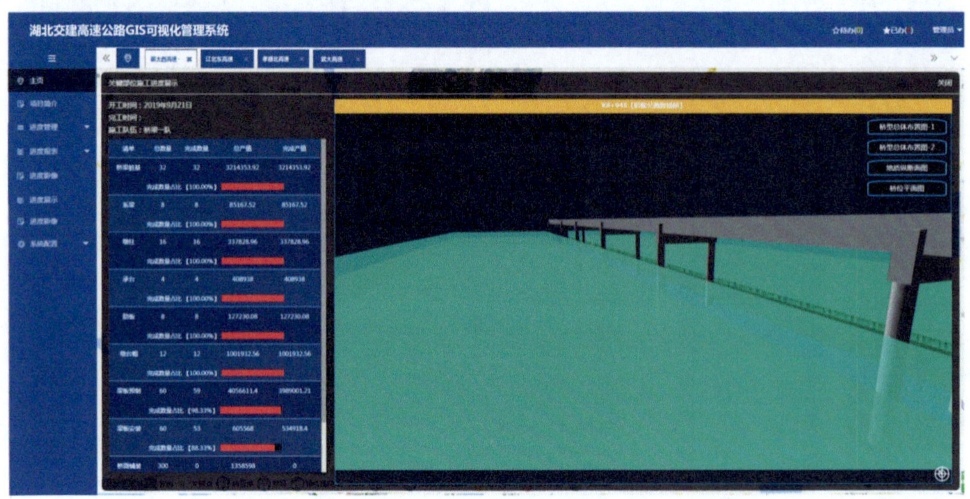

图 5-6　GIS 项目进度可视化界面

图 5-7　GIS 项目视频监控界面

（2）进度计划编制。

用户根据设置工程量清单，可编制具体进度计划。

（3）定期进度填报。

按照一定数据精细维度和固定模式，定期填报完成的进度数据，如图 5-8 所示。

（4）进度统计分析。

根据填报的进度数据，对工程进度情况进行实时统计，如图 5-9 所示。

（5）进度辅助决策。

对滞后的进度进行偏差分析和智能预警，同时提供基于历史数据的进度预测，如图 5-10 所示。

图 5-8　进度分析与辅助决策界面

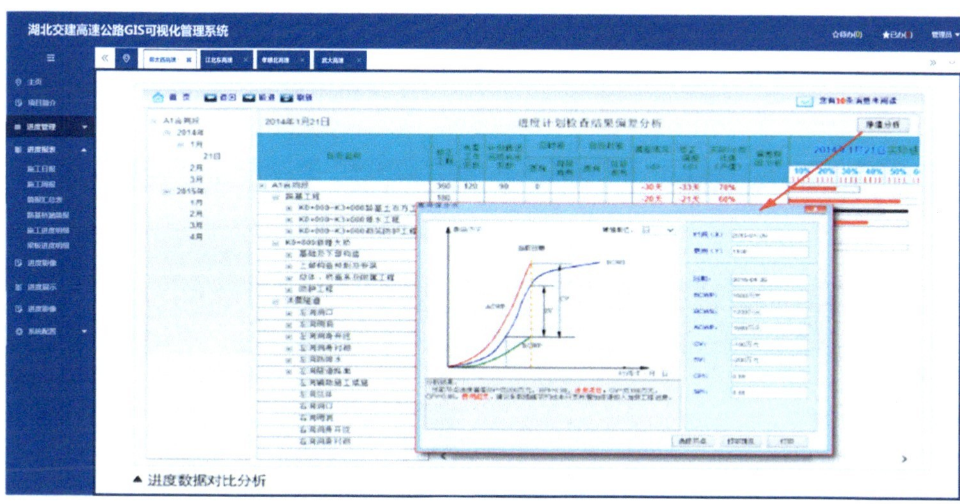

图 5-9　进度分析参数输入界面

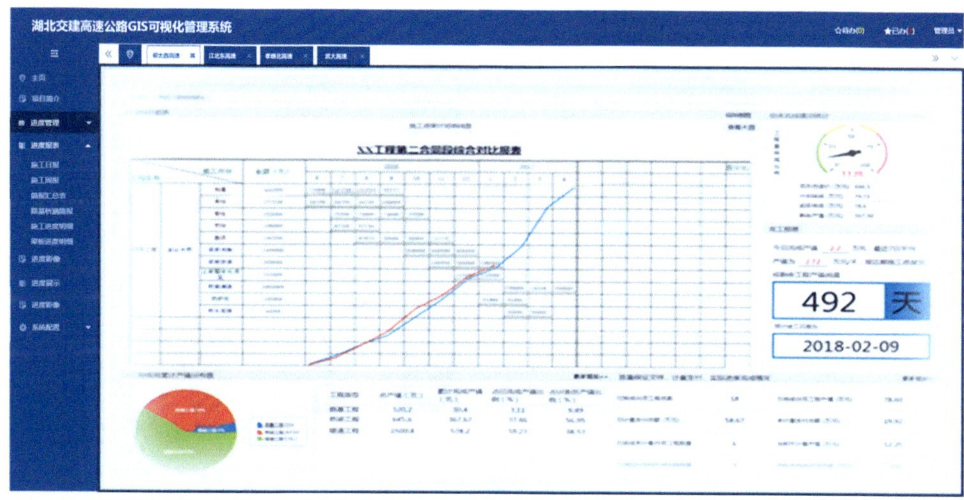

图 5-10　进度分析界面

（6）移动进度跟踪。

同步开发系统 App，管理者可通过手机端实时查看各种进度信息、进度计划和完成情况，如图 5-11、图 5-12 所示。

图 5-11　进度跟踪界面

图 5-12　进度分析与辅助决策界面

5.4.5　概算管理子系统

1）概算分段定义

概算管理子系统如图 5-13 所示。项目初始化，需要按业主的概算划分对项目进行概算分段设置，如图 5-14 所示。

概算分段定义
概算范本编制
分段概算编制
分段施工图编制
标段预算编制
概算分摊设置
对应分项范本
对应清单范本
对应支付证书
对应费用类别
对应标段汇总清单
对应合同
概算统计分析
项目（分段）概算动态执行统计
标段预算动态执行统计

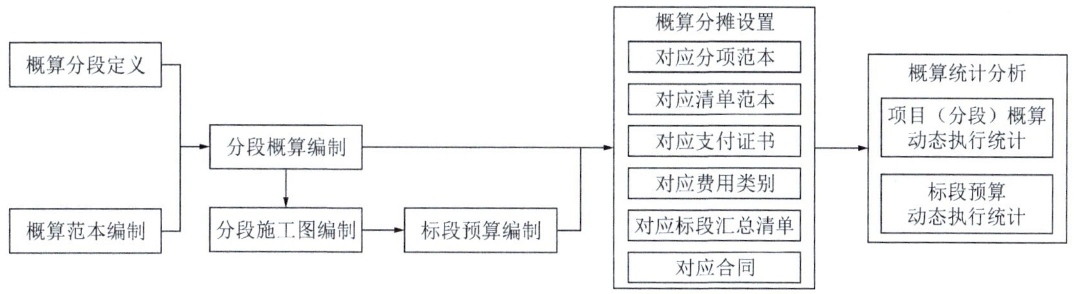

图 5-13　概算管理子系统

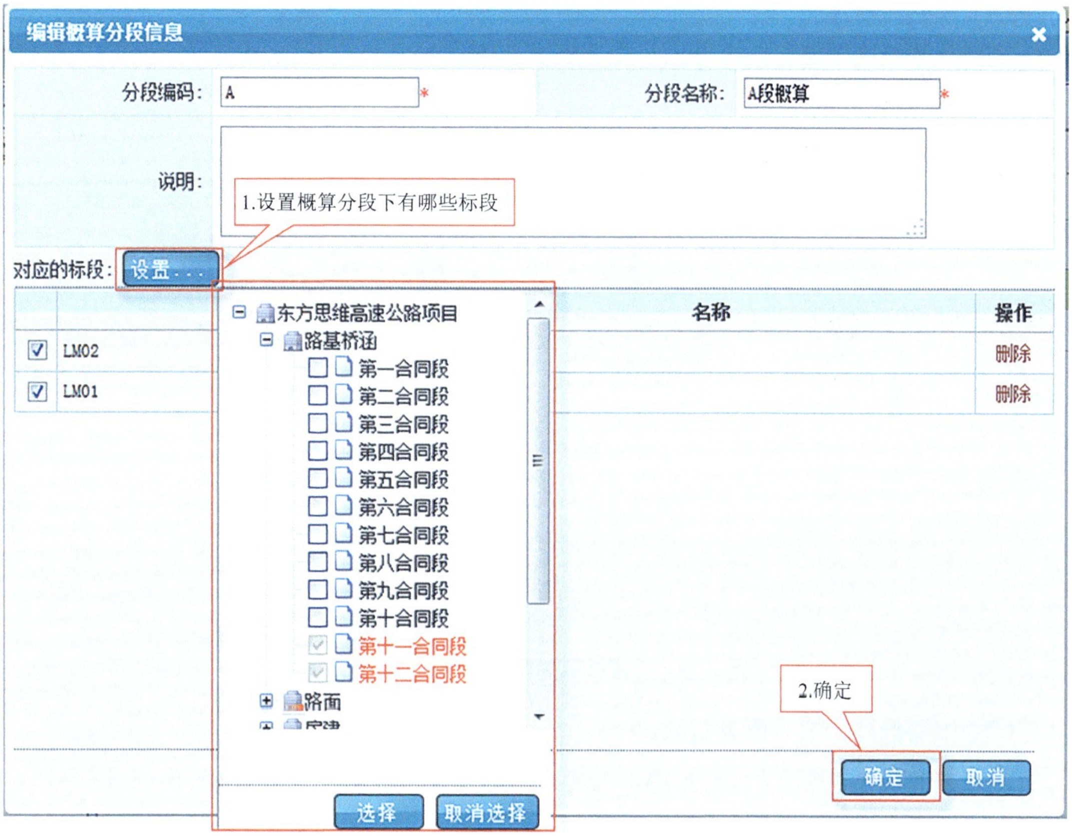

编辑概算分段信息
分段编码：
A
分段名称：
A段概算
说明：
1.设置概算分段下有哪些标段
对应的标段：
设置...
LM02
LM01
名称
操作
删除
删除
东方思维高速公路项目
路基桥涵
第一合同段
第二合同段
第三合同段
第四合同段
第五合同段
第六合同段
第七合同段
第八合同段
第九合同段
第十合同段
第十一合同段
第十二合同段
路面
选择
取消选择
2.确定
确定
取消

图 5-14　概算分段定义

2）概算范本编制

（1）概算范本浏览。

概算范本浏览界面如图 5-15 所示。

（2）新建概算条目。

支持手工增加一条或多条概算条目。

图 5-15　概算范本编制——概算范本浏览界面

（3）生成概算范本。

支持从系统内置概算范本导入，生成概算范本。

3）分段概算编制

（1）从范本导入（图 5-16）。

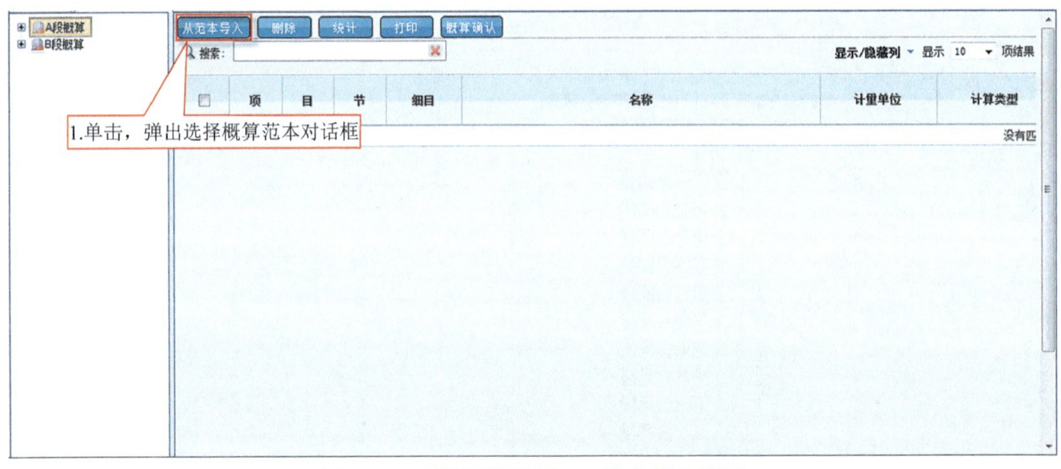

图 5-16　分段概算编制——范本导入界面

（2）编制概算，填写概算数值。

导入完分段概算条目后，即可填写概算条目的具体申报量与批复量（图 5-17、图 5-18）。

（3）概算统计。

提供概算统计功能。

（4）概算确认/取消确认。

万一用户发现概算存在不正确需修正的，则可通过系统提供的“取消确认”的功能，恢复到未确认时的状态，即可再次修改概算。

4）分段施工图预算编制

功能包括填写预算数值、预算统计、预算确认/取消确认等，如图 5-19 所示。

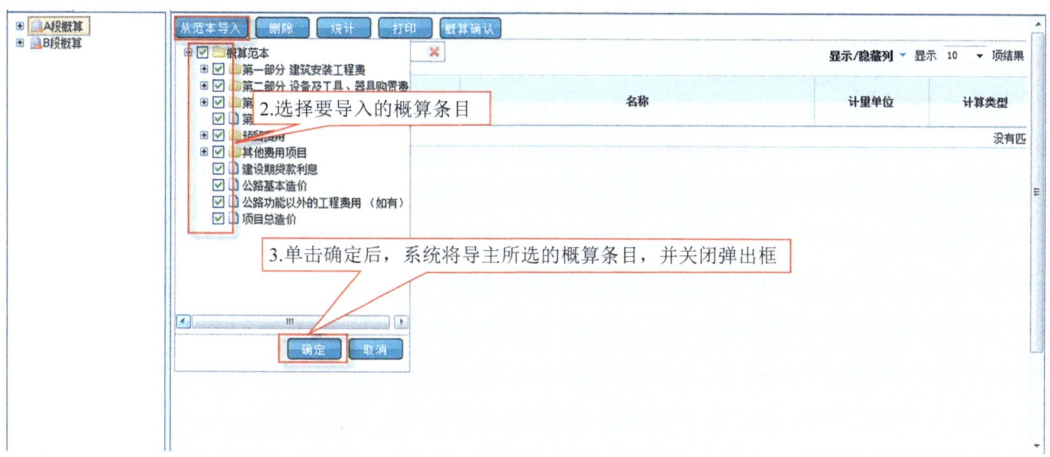

图 5-17　分段概算编制——选择概算条目界面

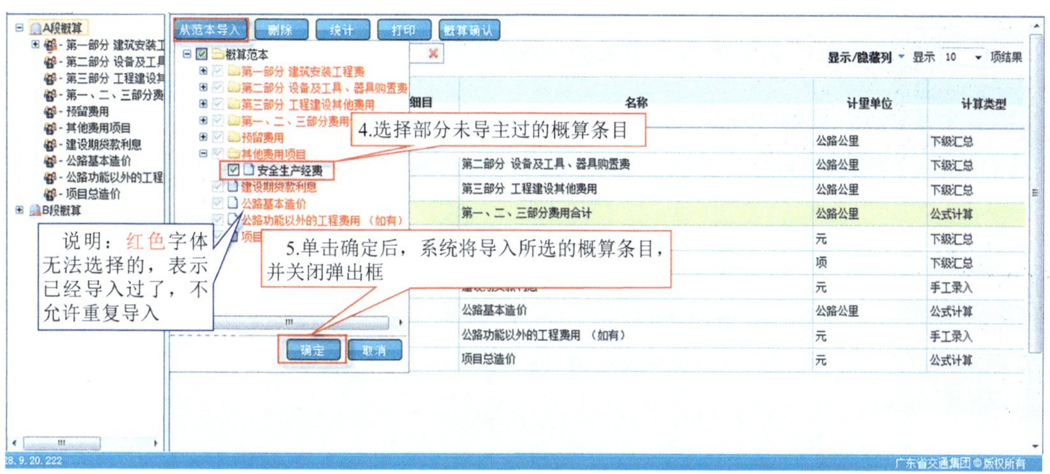

图 5-18　分段概算编制——导入条目界面

统计成功！

统计　打印　预算确认

1.点击统计，逐级汇总统计各概算条目的预算数量与金额

2.统计成功后，系统给出提示

显示 10 项结果

项	目		名称	计量单位	计算类型	数量1	数量2	预算金额	预算经济指标
				公路公里	下级汇总			21976000	
一			临时工程	公路公里	下级汇总			21976000	
	1		临时道路	km	下级汇总	98		6201890	63284.59
		1	临时便道的修建与维护	km	手工录入	55		5634234	102440.62
		2	原有道路的维护与恢复	km	手工录入	43		567656	13201.30
	2		临时便桥	m/座	手工录入	55443	12	9985433	180.10
	3		临时轨道铺设			23321		5788677	248.22
	4		临时电力线路						
	5		临时电讯线路						
	6		临时码头						

显示第 1 至 10 项结果，共 301 项　　首页 上页 1 2 3 4 5 下页 末页

显示全部下级

3.下级汇总类型的概算条目，数量1、数量2、预算金额与经济指标字段的值将自动算出

图 5-19　分段施工图预算编制界面

5）标段预算编制

功能包括导入预算、编制预算填写预算数值、预算统计、预算确认/取消确认等，如图 5-20 所示。

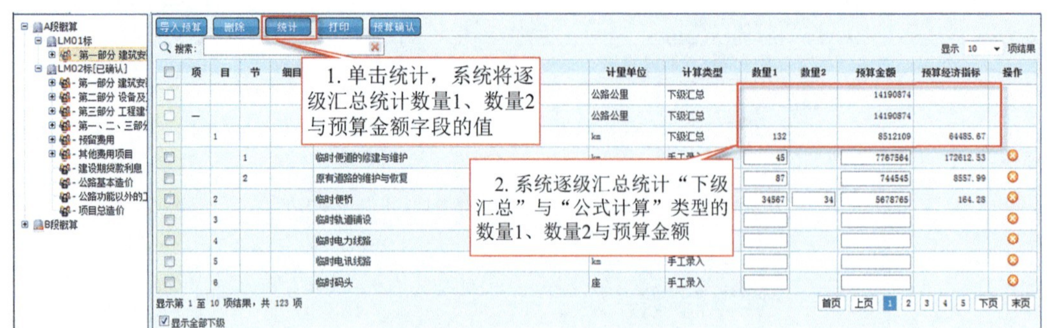

图 5-20　标段预算编制界面

6）标段分摊设置

（1）对应分项范本。

对应分项范本界面如图 5-21、图 5-22 所示。

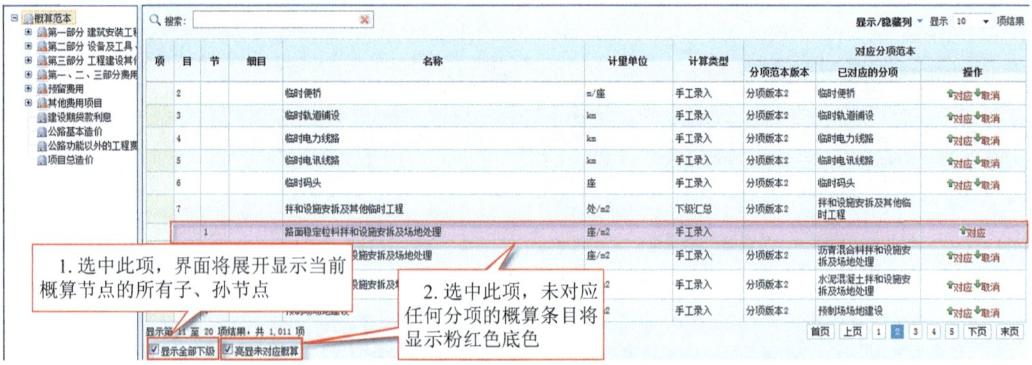

图 5-21　对应分项范本界面（一）

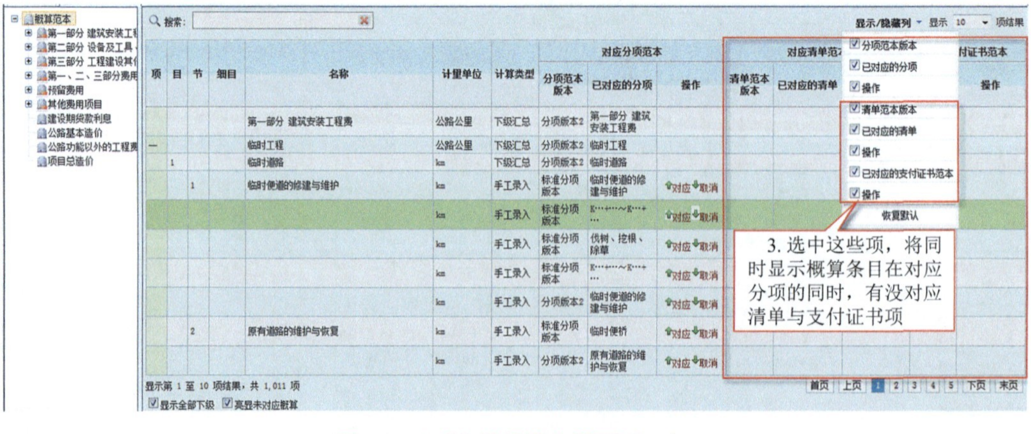

图 5-22　对应分项范本界面（二）

（2）对应清单范本。

对应清单范本界面如图 5-23、图 5-24 所示。

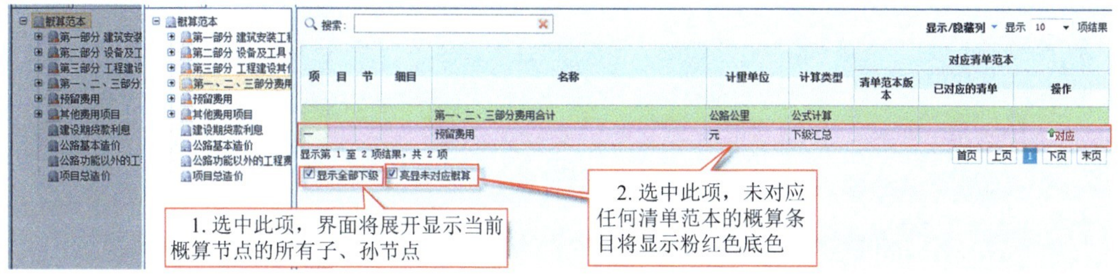

图 5-23　对应清单范本界面（一）

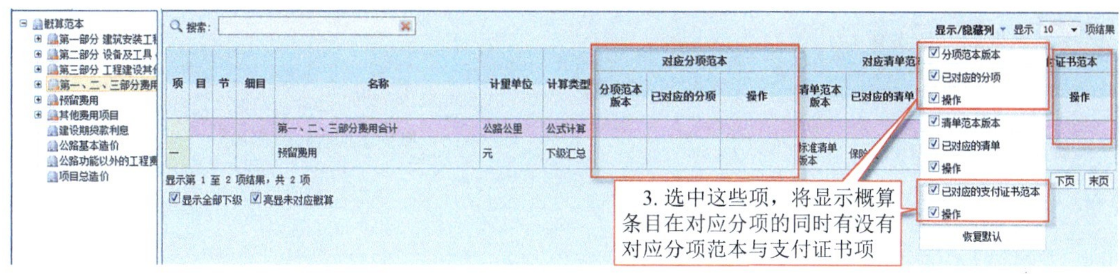

图 5-24　对应清单范本界面（二）

（3）对应支付证书。

对应支付证书界面如图 5-25、图 5-26 所示。

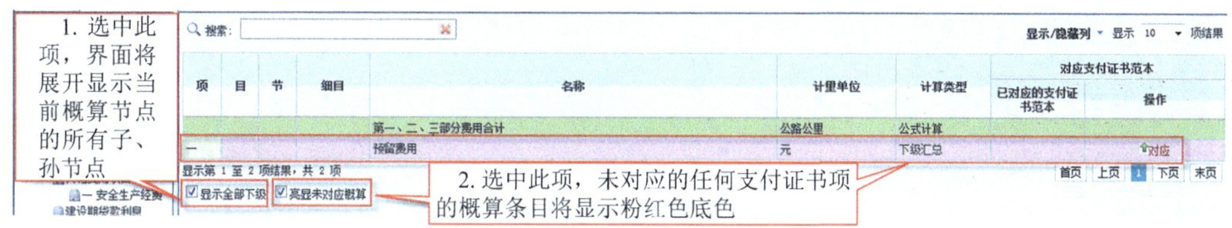

图 5-25　对应支付证书界面（一）

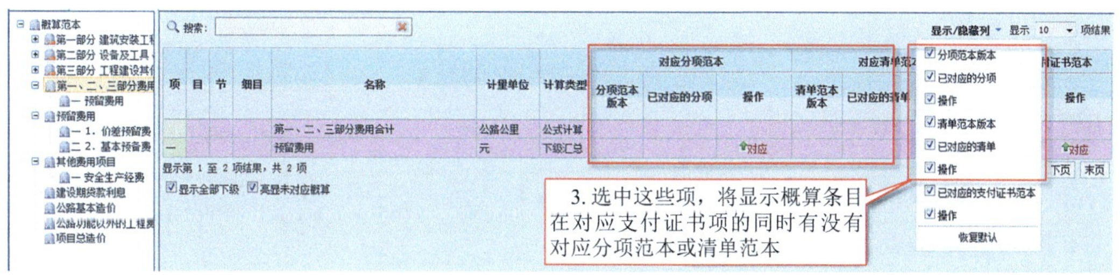

图 5-26　对应支付证书界面（二）

（4）对应合同。

对应合同界面如图 5-27 所示。

（5）对应费用类别。

对应费用类别包括对应费用类别、取消与费用类别的对应等功能，如图 5-28 所示。

（6）对应标段汇总清单。

对应标段汇总清单包括浏览界面、对应标段汇总清单、取消与标段汇总清单的对应等功能，如图 5-29 所示。

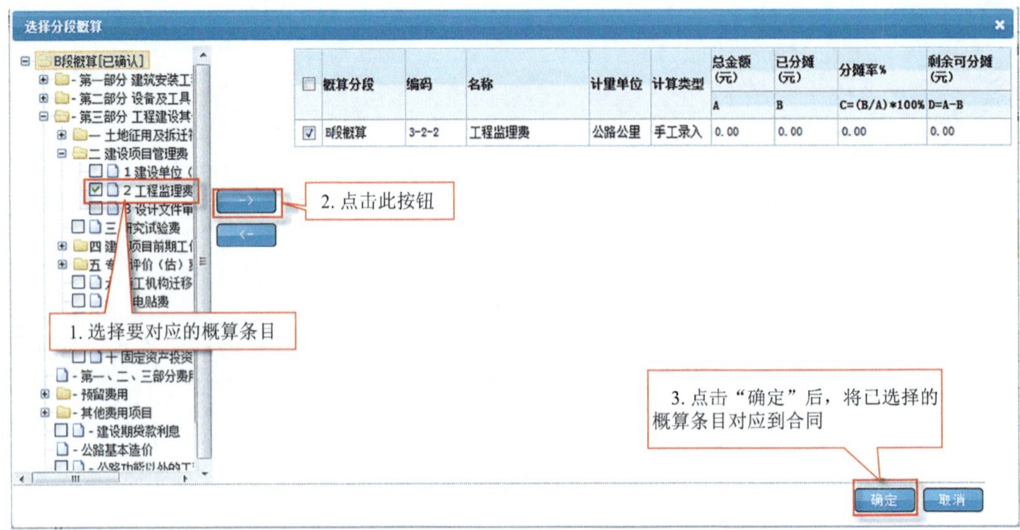

图 5-27　对应合同界面

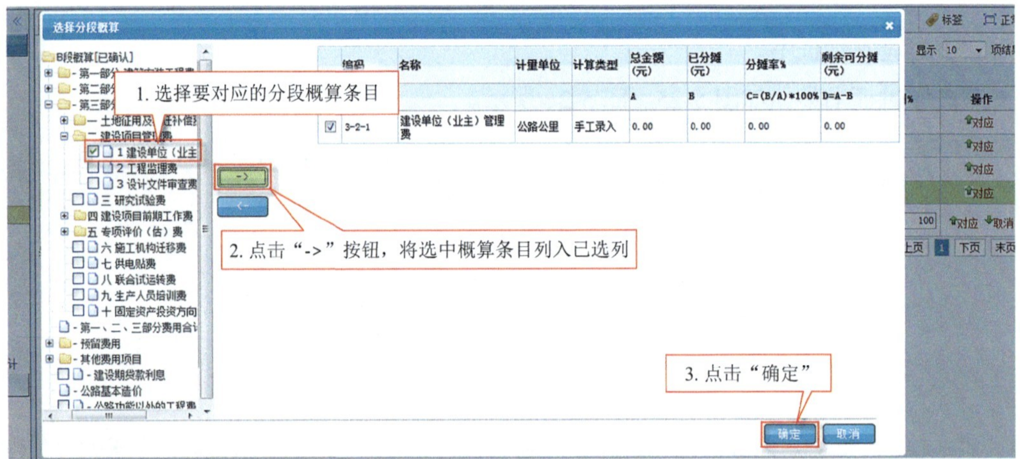

图 5-28　对应费用类别界面

标段：　☐显示章统计类型汇总项

搜索：　显示 10 项结果

1.默认不显示章统计类型的标段汇总清单，勾上此选择，将显示标段所有的汇总清单

2.可以只选择部分标段的汇总清单

☐	标段	章节		金额(元)	对应分段概算		
					概算分段	分段概算名称	操作
☐				0			对应
☐				0			对应
☐			计日工	0			对应
☐		104	合同价	0			对应
☐	LM01标	101	1~900章合计	91690391			对应
☐		102	预备金（第200至900章清单合计的5%）	4359024.55			对应
☐		103	计日工	0			对应
☐		104	合同价	96049415.55			对应
☐	LM02标	101	1~900章合计	1230			对应
☐		102	预备金（第200至900章清单合计的5%）	0			对应

显示第 1 至 10 项结果，共 54 项　　首页 上页 1 2 3 4 5 下页 末页

图 5-29　对应标段汇总清单

5.4.6　合同管理子系统

合同管理子系统（图 5-30），可为建设业主及其上级主管部门提供合同信息与合同文本管理、合同签署过程、合同执行过程与合同结算、合同支付等业务的管理。

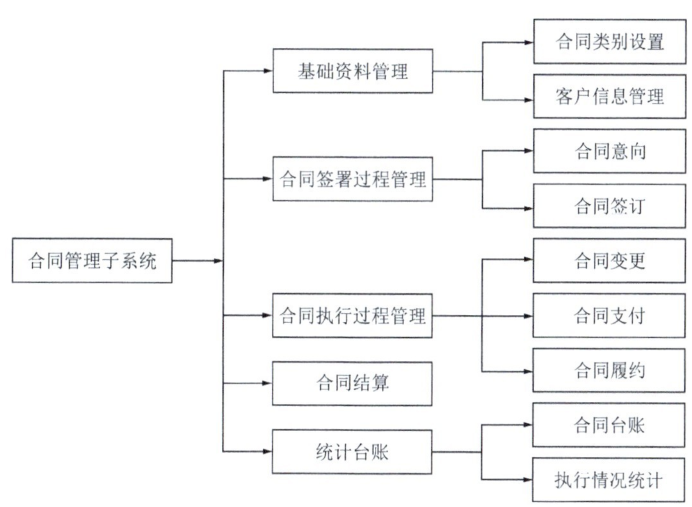

图 5-30　合同管理子系统

5.4.7　征地拆迁管理子系统

征地拆迁系统提供强大的征拆过程进度跟踪，直观形象的地图方式展示征地的实时情况，实时准确的征地拆迁台账方便领导决策，如图 5-31 所示。通过应用本子系统，可以简化、方便拆迁补偿工作，提高征地拆迁工作负责部门的办事效率、降低工作量、减少与缓解纠纷，实现征地拆迁工作的规范化、高效化与科学化。

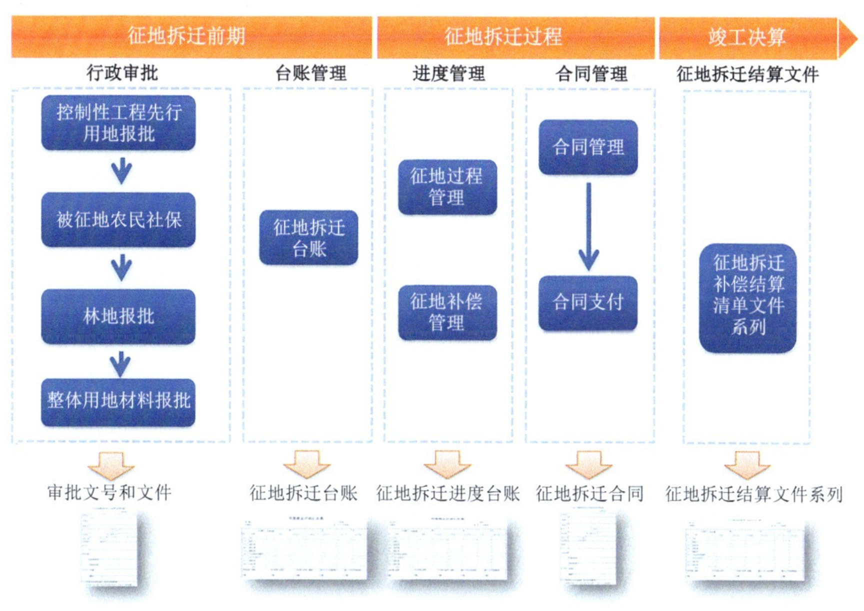

图 5-31　征地拆迁管理子系统

5.4.8 公路工程监理规范子系统

按照最新版《公路工程监理规范》要求，开发相应的信息化管理功能，对工程质量、安全、环保、费用、进度实施监督管理。

1）工程检查

工程检查模块通过 App 实现工程检查，可以应用在项目中的多种管理过程，如图 5-32 所示，包括“质量管理”“材料管理”“安全管理”“变更管理”“进度管理”等。

图 5-32　公路工程监理规范子系统——工程检查界面

2）绿色施工监控

应用端软件平台可实时显示温度、湿度、PM2.5、PM10、噪声、风向、风速等数据，如图 5-33 所示。生成趋势分析图（图 5-34），根据管理方要求发送数据，并可设定预警机制通过短信报警给相关人员，如图 5-35 所示。

中成华瑞　地图定位　统计数据　DTU列表　用户管理▾　后台管理

返回　报表

时间：开始时间 ~ 结束时间　数据状态：--全部--　查 询

时间	温度	湿度	PM2.5	PM10	噪声	风向	风速
2017-08-17 12:57:54.25	50.0 ℃	15.7 %	25 μg/m³	48 μg/m³	82.0 dB	西北风	5 m/s
2017-08-17 12:56:54.317	49.5 ℃	16.1 %	28 μg/m³	57 μg/m³	84.2 dB	北风	1 m/s
2017-08-17 12:55:54.277	49.3 ℃	16.9 %	27 μg/m³	45 μg/m³	82.9 dB	西北风	0 m/s
2017-08-17 12:54:33.62	49.0 ℃	17.4 %	28 μg/m³	53 μg/m³	80.8 dB	西北偏北风	1 m/s
2017-08-17 12:53:54.26	48.9 ℃	16.9 %	29 μg/m³	49 μg/m³	84.0 dB	西北偏北风	3 m/s
2017-08-17 12:52:54.607	48.9 ℃	17.8 %	28 μg/m³	59 μg/m³	69.7 dB	北风	3 m/s
2017-08-17 12:51:54.2	48.5 ℃	17.8 %	28 μg/m³	51 μg/m³	76.3 dB	东南风	6 m/s
2017-08-17 12:50:33.807	48.4 ℃	18.5 %	27 μg/m³	54 μg/m³	73.2 dB	东南偏南风	4 m/s
2017-08-17 12:49:54.3	48.4 ℃	18.2 %	27 μg/m³	45 μg/m³	76.1 dB	西北风	2 m/s
2017-08-17 12:48:54.54	48.4 ℃	18.4 %	29 μg/m³	52 μg/m³	75.1 dB	西北风	4 m/s

首页　上一页　1　2　3　4　5　6　7　下一页　末页　共 1509页　1　转至

图 5-33　公路工程监理规范子系统——指标显示界面

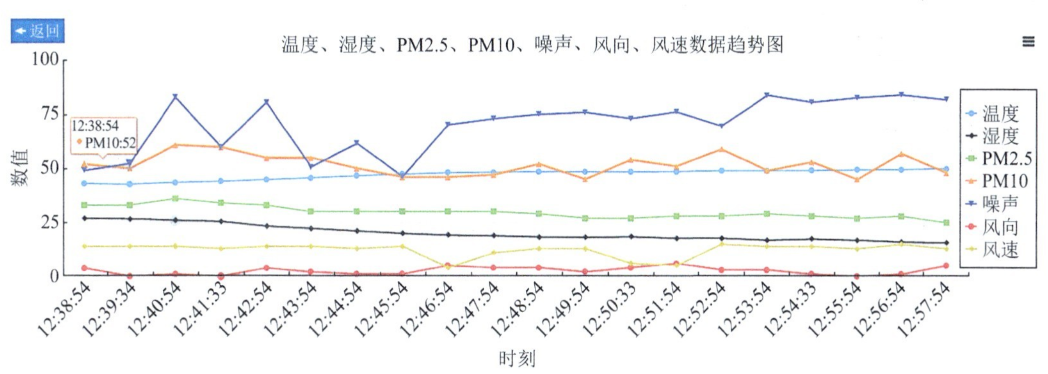

图 5-34　公路工程监理规范子系统——指标分析图表

3）监理文件与资料管理

（1）监理管理文件与资料。

（2）质量监理文件与资料。

（3）施工安全监理与环保监理文件。

（4）费用监理文件与资料。

（5）进度监理文件与资料。

（6）合同管理文件与资料。

（7）工程监理月报。

（8）监理工作报告。

预警信息设置

预警设置　批量设置

数据类型	最大值	最小值	操作
温度	100	-100	编辑　保存
湿度	100	-100	编辑　保存
PM2.5	100	-100	编辑　保存
PM10	100	-100	编辑　保存
噪声	100	0	编辑　保存
风速	100	0	编辑　保存

关闭

图 5-35　公路工程监理规范子系统——预警界面

4）隧道安全管理

（1）门禁考勤。

门禁系统有多方案可选，自动识别包含动态人脸识别和远距离自动感应，如图 5-36 所示。此外，还有传统刷卡进出方案，系统对所有进入隧道施工人员进行实名登记发卡，做到“一人一卡”。

图 5-36　公路工程监理规范子系统——门禁考勤

（2）精确人员定位。

①人员发卡与权限管理。

权限管理与人员信息输入界面如图 5-37、图 5-38 所示。

②人员进出考勤查询和报表导出。

考勤查询界面如图 5-39 所示。

③人员定位地图显示。

人员定位地图显示界面如图 5-40 所示。

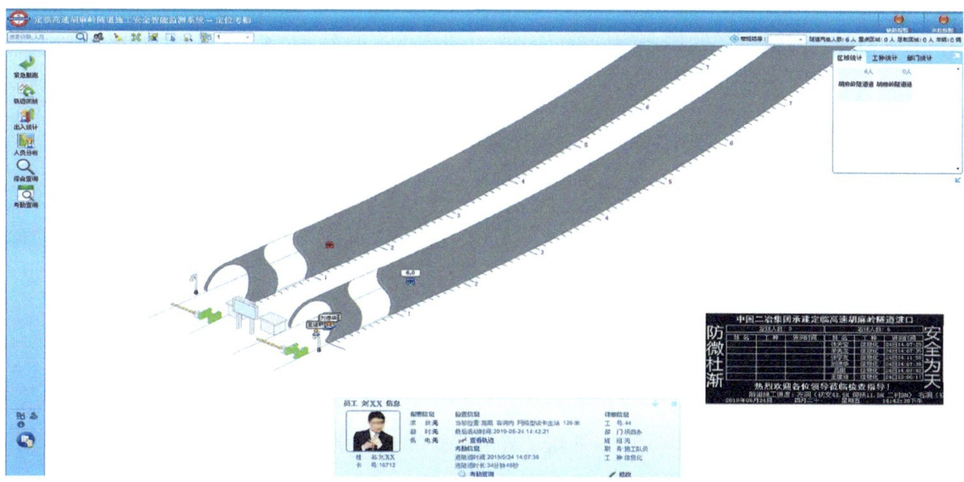

图 5-37　公路工程监理规范子系统——权限管理界面

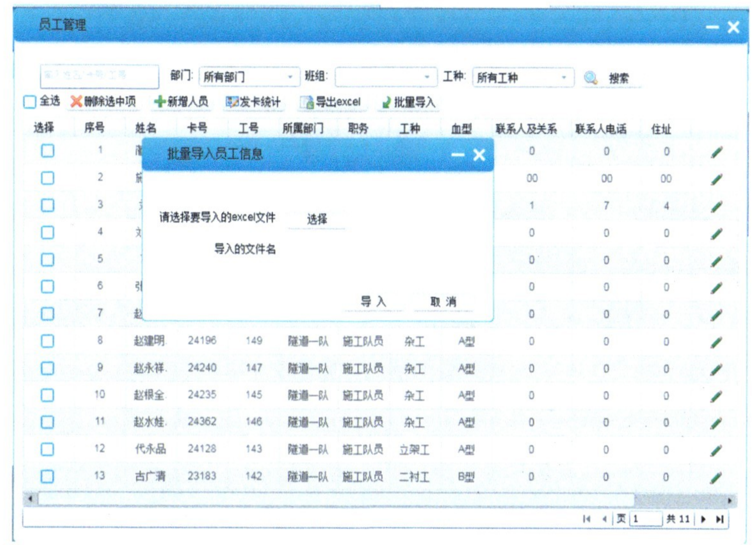

图 5-38　公路工程监理规范子系统——信息输入界面

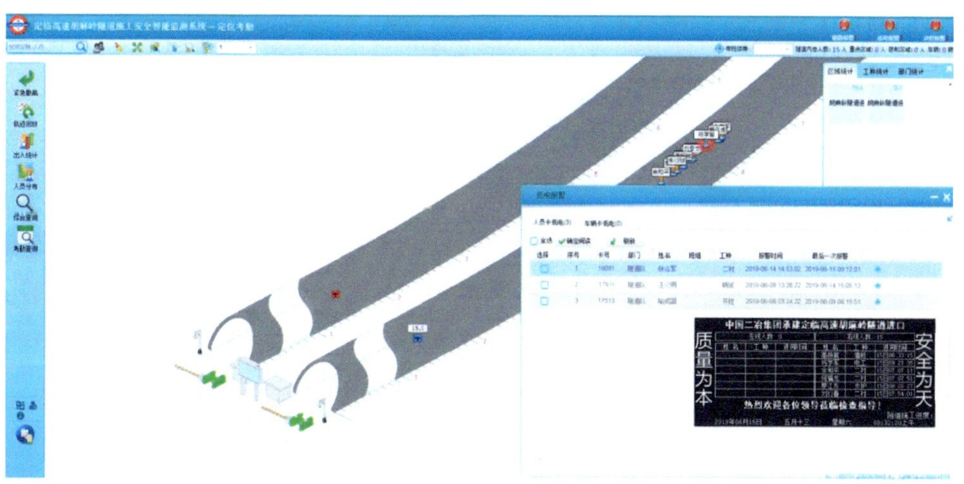

图　5-39

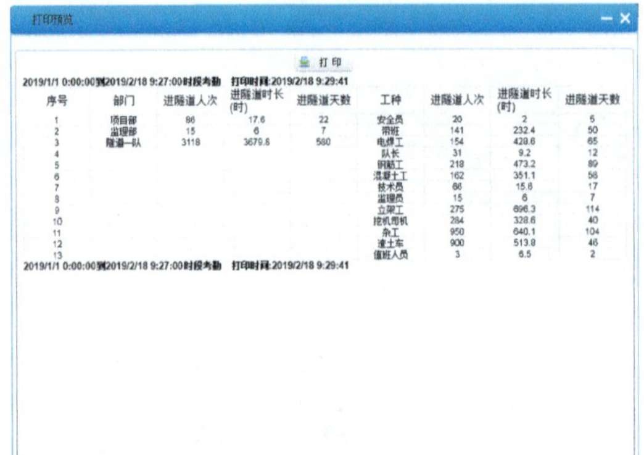

打印预览

打 印

2019/1/1 0:00:00到2019/2/18 9:27:00时段考勤　打印时间:2019/2/18 9:29:41

序号	部门	进隧道人次	进隧道时长(时)	进隧道天数	工种	进隧道人次	进隧道时长(时)	进隧道天数
1	项目部	86	17.6	22	安全员	20	2	5
2	监理部	15	6	7	带班	141	232.4	50
3	隧道一队	3118	3679.6	580	电焊工	154	428.6	65
4					队长	31	9.2	12
5					钢筋工	218	473.2	89
6					混凝土工	162	351.1	58
7					技术员	66	15.6	17
8					监理员	15	6	7
9					立架工	275	696.3	114
10					挖机司机	284	328.6	40
11					杂工	950	640.1	104
12					渣土车	900	513.8	46
13					值班人员	3	6.5	2

2019/1/1 0:00:00到2019/2/18 9:27:00时段考勤　打印时间:2019/2/18 9:29:41

打印预览

打 印

2019/1/1 0:00:00到2019/2/18 9:30:00时段考勤　打印时间:2019/2/18 9:30:36

序号	日期	姓名	卡号	部门	班组	职务	工种	进隧道次数	时长
1	2019/1/1 0:00:00	王明华	23224	隧道一队		施工队长	带班	1	188.5
2	2019/1/1 0:00:00	王棚	24104	隧道一队		施工队员	钢筋工	1	108.7
3	2019/1/1 0:00:00	王怀高.	24226	隧道一队		施工队员	杂工	21	301.1
4	2019/1/1 0:00:00	蒲光庆	24103	隧道一队		施工队员	电焊工	1	222
5	2019/1/1 0:00:00	吴发应	24230	隧道一队		施工队员	带班	1	163.6
6	2019/1/1 0:00:00	程飙江	24289	隧道一队		施工队员	立架工	1	222.2
7	2019/1/1 0:00:00	马金虎	24032	隧道一队		施工队员	渣土车	7	582.1
8	2019/1/1 0:00:00	杨召	24022	隧道一队		施工队员	渣土车	19	674.7
9	2019/1/1 0:00:00	郭二超	24050	隧道一队		施工队员	渣土车	21	500.9
10	2019/1/1 0:00:00	罗贤宏.	22991	隧道一队		施工队长	带班	2	35.3
11	2019/1/1 0:00:00	韩理何	23079	隧道一队		施工队长	队长	1	136.9
12	2019/1/1 0:00:00	秦晶	23127	隧道一队		施工队员	挖机司机	2	174.8
13	2019/1/1 0:00:00	樊磊	23116	隧道一队		施工队员	挖机司机	15	1397.6
14	2019/1/1 0:00:00	赵忠瑜	24123	隧道一队		施工队员	钢筋工	3	292.2
15	2019/1/1 0:00:00	罗小文	24255	隧道一队		施工队员	电焊工	3	353.9
16	2019/1/1 0:00:00	罗世玉	23006	隧道一队		施工队员	立架工	2	301

图 5-39　公路工程监理规范子系统——考勤查询界面

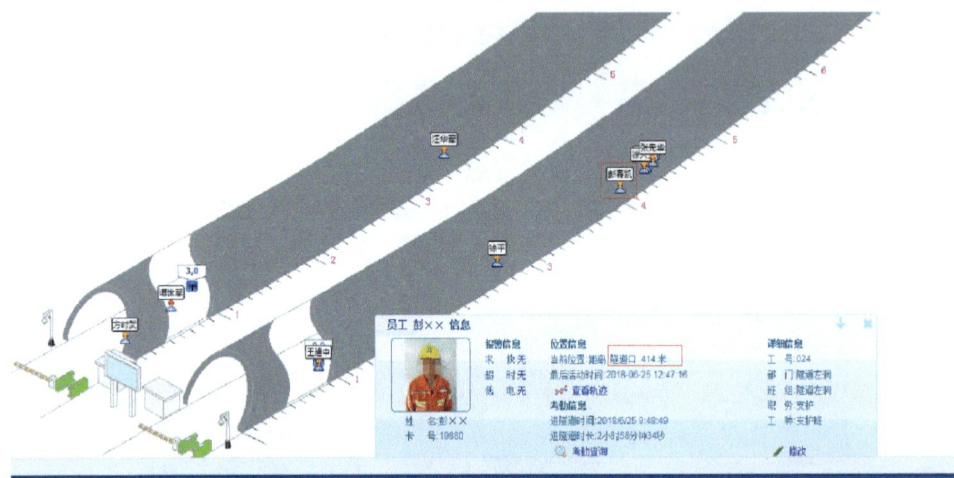

a)

b)

图 5-40　公路工程监理规范子系统——人员定位地图显示界面

④轨迹查询。

人员轨迹查询界面如图 5-41 所示。

图 5-41 公路工程监理规范子系统——人员轨迹查询界面

（3）隧道气体监测。

气体检测系统可以连续自动地将洞内相应气体转换成标准电信号输送给关联设备，并具有就地显示气体浓度值、超限声光报警、断电功能及超高浓度断电保护载体催化元件等功能，如图 5-42 所示。

a)

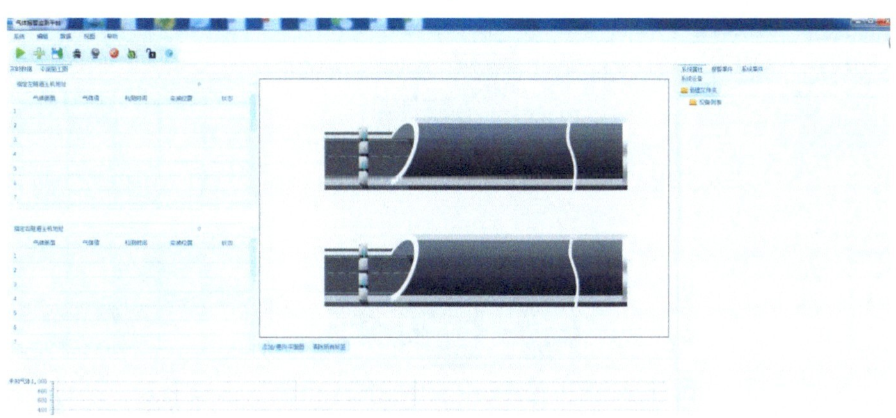

b)

图 5-42

c)

图 5-42　公路工程监理规范子系统——气体监测界面

（4）智能监控量测。

从隧道监控量测及施工管理工作的实际需要出发，针对测量员、施工单位管理人员、业主、监理、主管单位等工程参与方的不同关切，提供一套完整、高效、智能、高性价比的解决方案，在提高现场监测效率及数据准确性的同时，达成隧道施工过程规范管理、安全风险预警管控、数据信息智能共享的目的，具体监控如图 5-43 所示。

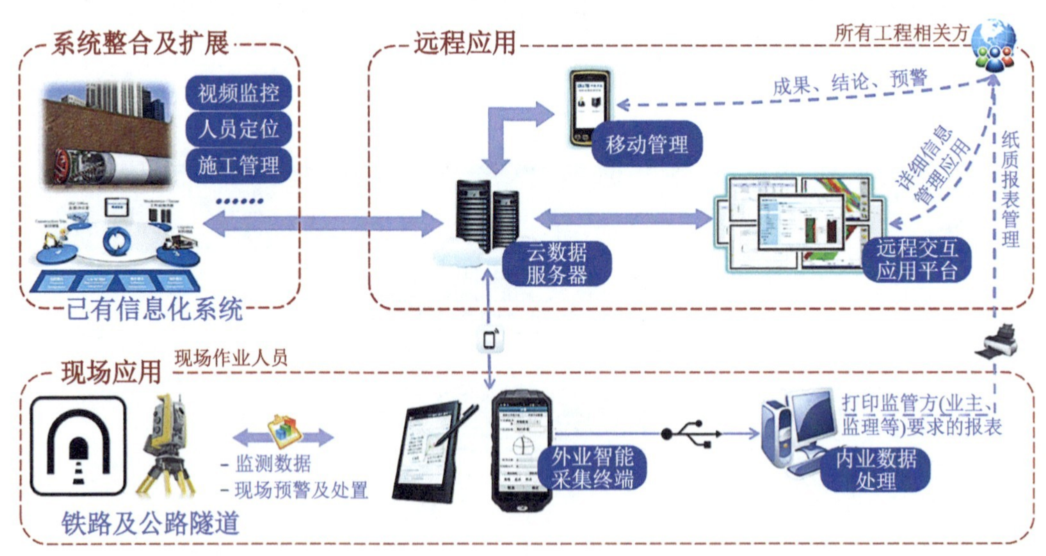

a)

图　5-43

统计概览　报警管理　报警规则　断面测点　变形曲线　报表导出　工作考核　xbtladmin

日期范围： 2018-09-1 ~ 2018-12-1　状态筛选： 未关闭

#	工点	断面（围岩级别）	测点/线	测量时间	速率(mm/d)	累计(mm)	报警级别	状态	处置数	操作
1	高坡隧道斜井进正洞小里程	DK305+480 (围岩V级)	S1	2018-11-20 09:35:00	44.07	-1.80		未关闭	0	查看 处置
2	高坡隧道斜井进正洞小里程	DK305+480 (围岩V级)	S2	2018-11-20 09:33:09	119.11	8.51		未关闭	0	查看 处置
3	高坡隧道斜井进正洞小里程	DK305+480 (围岩V级)	S2	2018-11-19 11:51:21	-12262.66	-99.17		未关闭	0	查看 处置
4	高坡隧道斜井进正洞小里程	DK305+480 (围岩V级)	S1	2018-11-19 11:49:10	-4377.48	-41.76		未关闭	0	查看 处置
5	新高坡2号斜井进正洞小里程	DK306+335 (围岩V级)	S1	2018-10-23 10:01:05	88.51	7.49		未关闭	0	查看 处置
6	新高坡2号斜井进正洞小里程	DK306+335 (围岩V级)	S1	2018-10-22 15:31:08	-86606.48	-60.73		未关闭	0	查看 处置
7	新高坡1号斜井	DK0+014 (围岩V级)	S2	2018-10-18 16:23:48	-1207.36	23.75		未关闭	0	查看 处置
8	新高坡1号斜井	DK0+014 (围岩V级)	S2	2018-10-17 13:09:27	1473.58	1394.06		未关闭	0	查看 处置

b)

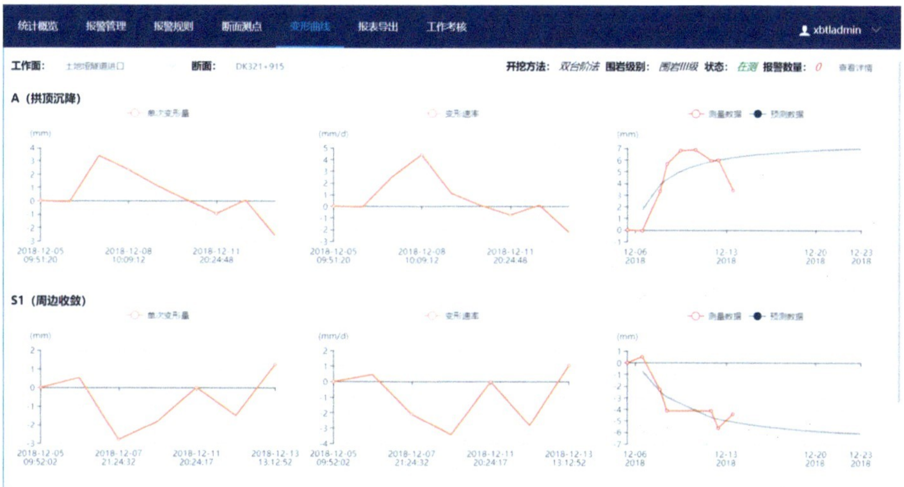

c)

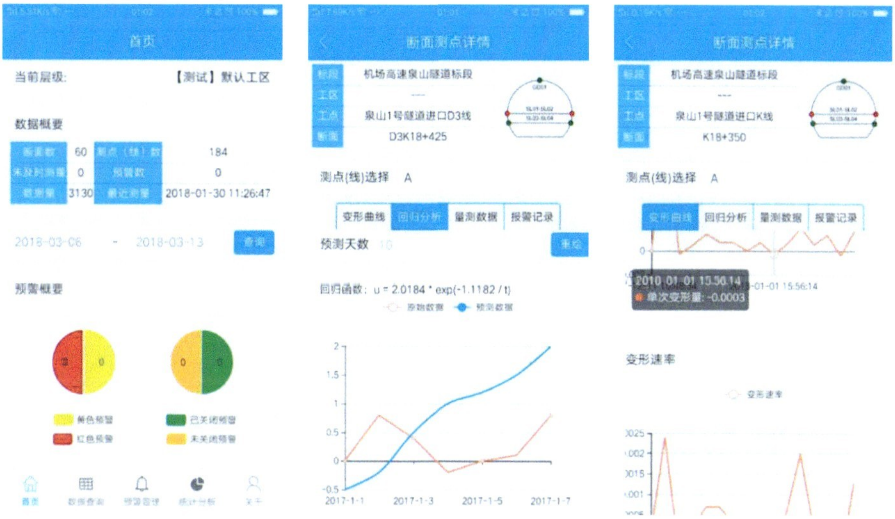

d)

图 5-43　公路工程监理规范子系统——智能监控界面

通过上述的工程实体状况评价子系统、集采材料计划管理子系统、进度计划管理子系统、概算管理子系统、合同管理子系统、征地拆迁管理子系统、公路工程监理规范子系统的开发，建立交通基础设施综合管理平台，使建设工程项目在成本管理、进度管理、质量监控、安全监控、辅助支持等方面实现全新的管理模式，提高工作效率与工作质量，全面提升工程项目管理水平。

第 6 章

质量、安全、环水保管理体系

十巫高速公路鲍溢段项目，在质量、安全和环水保管理方面取得了卓越成效：①健全质量体系，强化管理提品质。按照平安百年品质工程的要求，全面落实标准化施工，加强质量教育培训，强化监理履约职责和现场质量管理，进一步规范材料管理，狠抓质量通病预防治理活动。通过强化措施，精细管理，实现整体工程质量稳中有升，工程的分部、分项工程合格率实现 100%，没有发生质量事故，质量管理总体形势较好。②压实责任，履职尽责促安全。持续以“平安工地”创建为抓手，以安全标准化建设为载体，大力宣贯《中华人民共和国安全生产法》，积极开展“安全生产月”活动，狠抓全员安全教育培训工作，全面加强对重点部位、重点工序安全管理，确保项目建设平稳、有序推进，安全管理工作突出。③主动作为，强化措施抓环保。按照“绿水青山就是金山银山”的理念，做到工程建设与生态保护同步推进，环水保工作与主体工程“同安排、同部署、同落实”，持续贯彻环水保网格化管理制度，层层压实环水保管理职责，将环水保管控重点延伸到一线施工班组，严格管控施工队伍。通过加大绿化投入、加强生态恢复治理、严控弃渣场管理等措施，全面打造绿色环保示范工程。

因此，由于质量、安全、环水保管理体系等方面的保障，十巫高速公路鲍溢段项目，工程保质、安全、绿色有序运行直至建设完工。

6.1 组织机构

十巫高速公路鲍溢段项目组织机构包括质量管理体系、安全管理体系和环水保管理体系三个部分，具体组织机构体系框图如图 6-1 所示，每个体系均由项目经理担任组长，保障项目的顺利进行。

6.1.1 质量管理体系

十巫高速公路鲍溢段项目经理部，成立了以项目经理为组长，总工、质量分管副经理为副组长，其他项目领导、质检部长、科学技术部部长等相关部门负责人为成员的质量管理领导小组，对工程质量负全面领导责任。

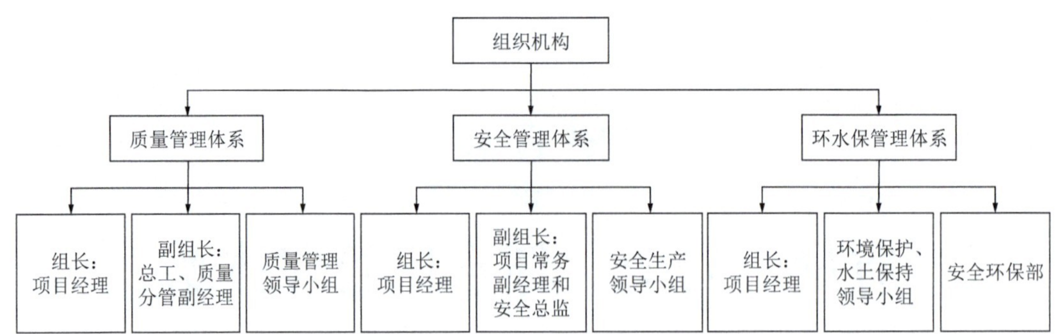

图 6-1　组织机构体系框图

项目质量管理领导小组的主要职能是：贯彻执行上级方针、目标、质量管理办法和制度；制定项目具体的质量计划和管理制度、措施；制定各级责任目标，层层分解，责任到人；强化全员质量意识，严格实行质量奖罚制度；全面落实质量责任制，组织质量事故的调查、分析工作，查处质量事故并制定整改措施及跟踪验证；领导和组织作业队成立质量自检小组和各 QC（质量控制）小组，开展保证工程质量的各项攻关和管理活动。

质检部是本项目工程实施过程中质量管理的执行机构，按照质量管理法规、湖北省及集团公司质量管理规定、施工合同及中交路桥建设有限公司质量管理要求开展质量管理工作。在进行质量专检的同时，对质量管理制度、标准和规定的执行情况进行监督、检查，实行质量管理“一票否决权”。

项目经理是本项目工程第一质量责任人，项目经理委托分管质量副经理分管项目质量工作。分管质量副经理是质量否决权的执行人，对项目质量工作负总责。

6.1.2　安全管理体系

项目经理部成立以项目经理为组长，项目常务副经理和安全总监任副组长，其他项目领导和部门负责人为成员的安全生产领导小组，全面负责本项目经理部安全管理工作。在项目经理的领导下，行使对安全生产的研究、计划、布置、指导、协调、总结、评比、奖惩权，组织对职工的安全生产、机械损坏、火灾等重大事故/一般事故的调查处理及大型的专项安全活动。

6.1.3　环水保管理体系

项目经理部成立以项目经理为组长的环境保护、水土保持领导小组，由安全环保部负责环水保工作。各职能部门加强检查和监控工作，使生态环水保工作层层落实，贯穿施工的全过程。建立、完善环境保护、水土保持工作制度和责任追究制度，并逐层分解，将环水保责任落实到人。

6.2 管理制度

6.2.1 质量管理

十巫高速公路鲍溢段项目为确保工程质量，确立“百年大计，质量第一”的质量管理方针；提高全员业务素质，使全体员工树立“工程在我心中，质量在我手中”的观念，增强质量意识，调动职工积极性，人人各司其职，用全员的工作质量来确保工程质量；确立创优工程目标，积极开展争创优工程活动。项目设质检部作为项目日常质量管理机构，实行项目经理部、施工队（或班组）两级及外部监理工程师督促、检查相结合的质量管理体系和横向规范的质检、测量、试验三大内部保证体系。在施工中坚持实行“三检制”，实行工程质量全员、全方位、全过程、全要素的管理。开工前进行质量策划，编制项目质量计划，开展日常质量活动，并通过内部和外部质量审核，保证质量体系有效运行，以达到工程质量创优规划及质量目标的实现。结合该项目以往从事类似工程的经验，从经济保证、控制保证、技术保证、组织保证、思想保证等五个方面，建立符合本工程项目的质量保证体系，如图 6-2 所示。

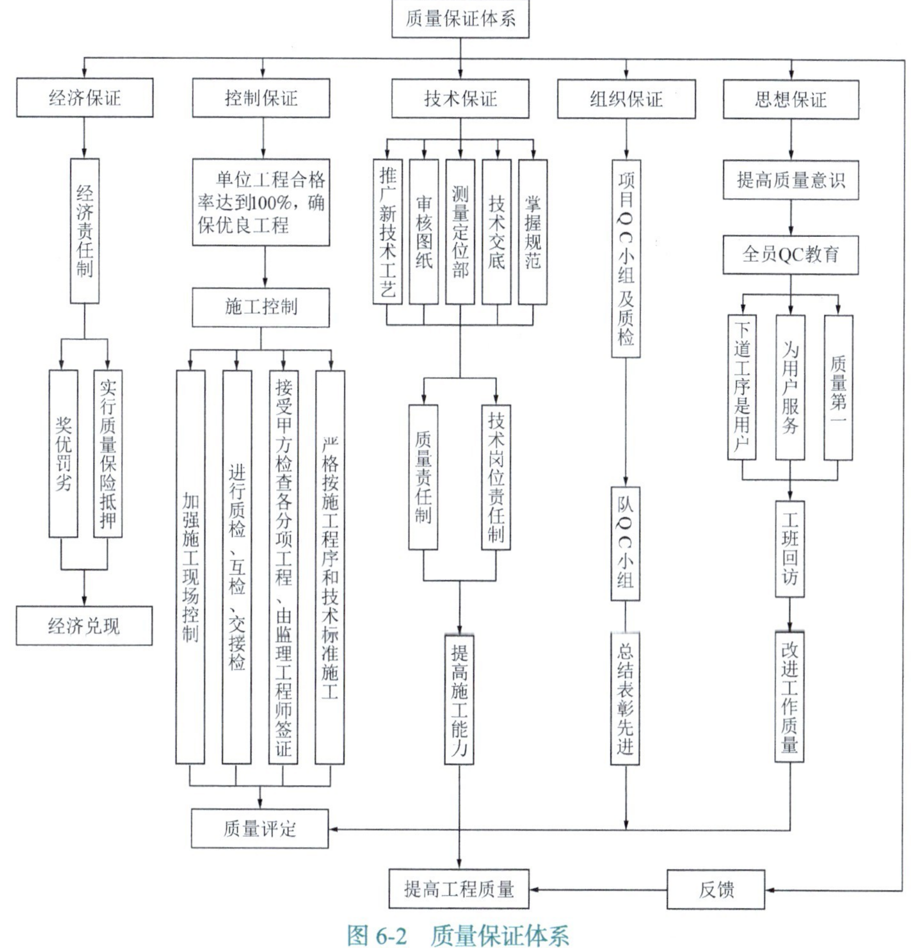

图 6-2　质量保证体系

6.2.2 安全管理

十巫高速公路鲍溢段项目坚持“安全第一、预防为主、综合治理”的方针，建立健全安全保证体系，完善各项安全措施和操作规程，强化安全教育培训，严格落实“管业务必须管安全，管生产必须管安全”，构建“党政同责、一岗双责、失职追责、齐抓共管”的责任体系；全面实施安全生产标准化。安全保证体系如图 6-3 所示。

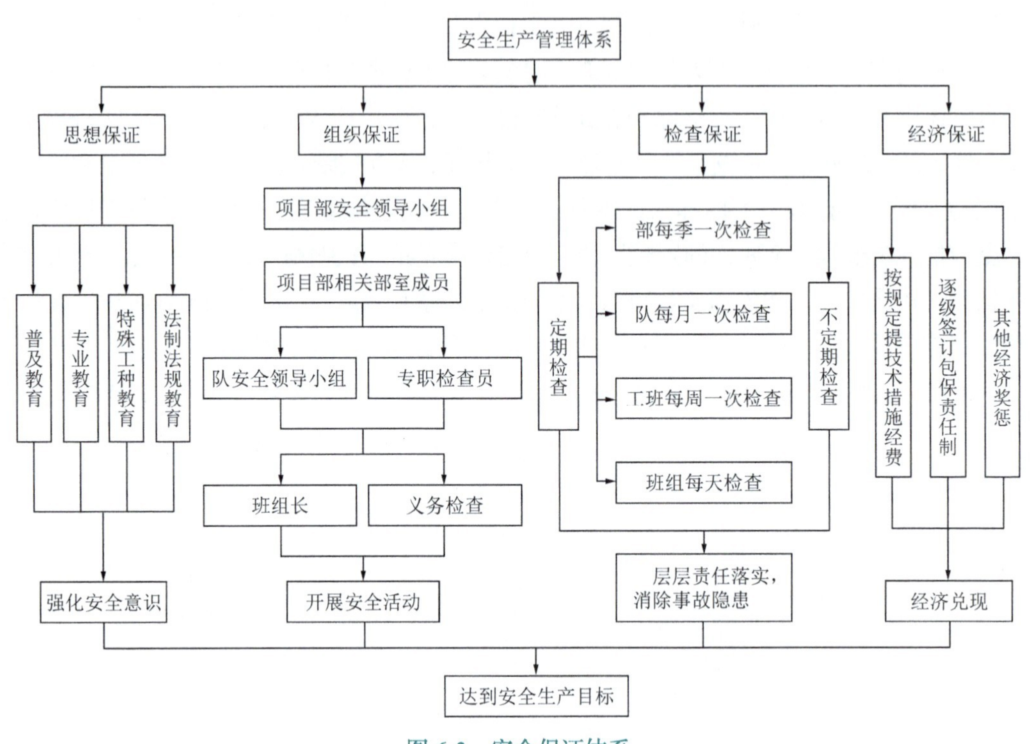

图 6-3 安全保证体系

6.3 运行机制

6.3.1 质量管理运营机制

1）质检体系

在施工过程中，十巫高速公路鲍溢段项目部将严格控制以下环节，保障措施得到有效落实：施工工艺质量符合性评审；编制质量管理关键控制点计划；制订质量保障措施计划并严格落实到具体负责人。

施工过程中每完成一道工序，现场技术人员必须填写相关记录表格，并和项目质检人员一起进行自检；合格后请监理工程师一起进行复检。

每完成一个工程部位，现场技术员和质检人员进行自检并填写好相关记录表格，自检合格后请监理工程师一起检查成品，检查成品合格之后及时检查该项工程的各项资料是否齐全、内容是否正确、数据是否准确、签证手续是否完备等。

每月由项目质检人员组织以项目总工程师为首的质量检查小组对外、内业进行一次全面检查，对存在的问题做好记录并及时提出解决方案，落实实施。作业班组实行上下工序交接检查制度，并对主要项目、关键工序实行跟踪检查，做到预防为主，把质量事故隐患消灭在萌芽之中。

质量检查组织机构采用定期和不定期相结合的工作方式开展质量检查工作，质量检查程序如图 6-4 所示。

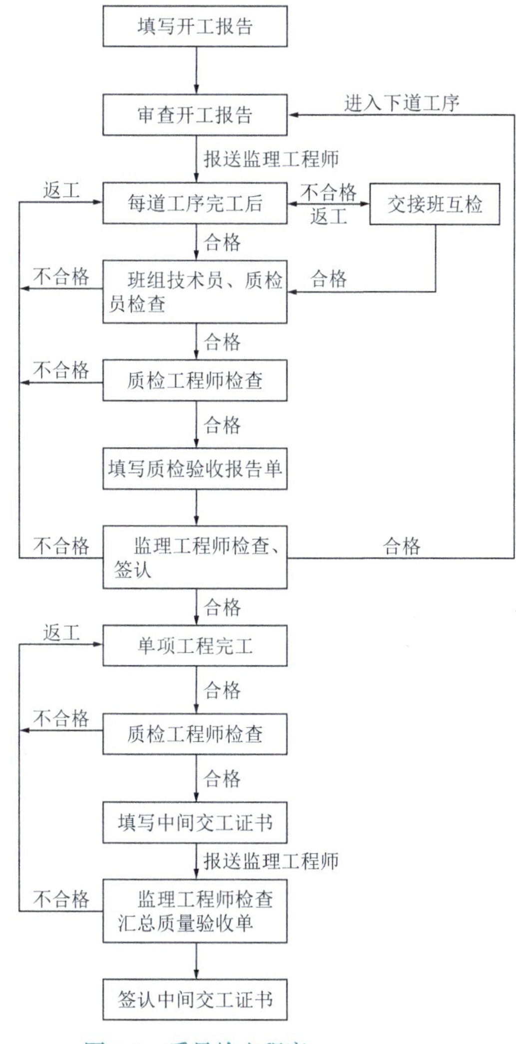

图 6-4　质量检查程序

2）测量监控体系

施工控制网是施工测量的重要组成部分，全线的施工控制网在开工前提交，在监理工程师的协助下对控制网进行全面复测。为了满足施工要求，对原控制网进行加密建网、严格平差，保证施工要求和施工精度。同时，根据隧道施工进度在洞内加设导线点和水准点，并组织复测，保证测量精度。为保证隧道洞身开挖施工的精度，购买两台激光断面测量仪，用于开挖及二次衬砌施工精度的检查。

测量人员熟悉施工图纸、相关文件规范后进行计算，采用最优的测量方法进行施工放样，测量过程中，必须按照公司制度进行换手复核测量，关键部位的放样要采取一种方法放样，多种方法复核。严格按照设计图纸、相关文件、规范进行计算、精确放样，确保测量结果满足设计要求。对现场施工进行检验，对测试成果、精度进行正确分析，采取相应措施，确保测量精度。

施工测量严格按照规范操作，定期检校仪器，做好施工观测记录，填好相应的测量成果资料，确保施工测量程序有效进行，保证产品质量。测量工作控制流程如图 6-5 所示。

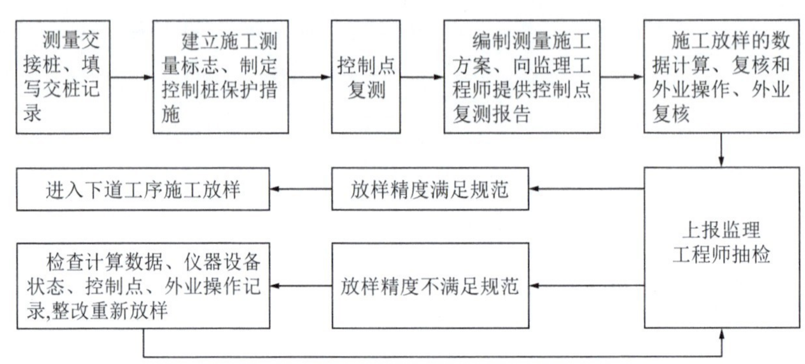

图 6-5　测量工作控制流程

3）试验检测体系

实验室配备与其相适应的仪器、设备保证满足于工程试验需要。实验室严把施工材料进场关，任何结构用材，进场前必须携带厂家出具的产品质量合格证，在施工现场抽检合格并取得监理工程师签证批准后，方准进场。严格执行试验规程，使每项工程开工前有标准数据，以充分反映结构物内部质量状况。

对进场原材料严格把关按规范或标书要求进行抽检试验，而且要求厂家必须提供相应的质量保证书并及时向监理报验。进行挂牌标识，确保不误用未经检验合格的材料。对于隧道施工用混凝土的原材料必须严格把关，优化混凝土配合比，确保混凝土质量。

试验仪器设备按质量体系程序文件要求和计量部门管理规定，按期进行校验并保留记录和证书，确保试验仪器的精度和试验数据的可靠。

4）组织保证

（1）成立以项目总工为首的 QC 领导小组，班组建立 QC 小组，并建立质量全过程控制相关制度，设立专职质检工程师，按合同条款及技术规范要求在施工的全过程中进行检查和控制质量，质检工程师行使否决权并执行监理工程师指令，以保证施工质量。

（2）质量管理领导小组负责对图纸、施工工艺、施工技术进行交底并根据技术规范解决图纸上的问题，拟定施工方案和安排工程进度，施工方案必须切实可行，保证质量和安全，以最佳的施工方案和进度进行施工。

（3）在施工中对各种原材料先进行试验和检验，合格后再进场，进场中随机抽样检查，不合格材料不准使用，并搬移出施工现场。施工中的各种配合比及各种数据必须符合规范并经过监理工程师的批准后方可进行。作业施工中严格把守各个质量关，以保证工程质量与优良等级。

（4）实行以质量副经理为首的领导小组质量负责制，质检工程师实行否决权，有权停工返工纠正，严把质量关。

5）制度保证

（1）建立健全各种质量管理的规章制度和制定质量标准及操作工艺，并通过质量监督检查工作贯彻落实。每月公布工程质量情况，介绍经验，表彰先进，指出不足，鞭策落后。实施全面质量管理工作；不断推进新技术、新工艺、新材料、新设备、新标准的应用，不断提高施工工序质量的控制能力，保证工程质量达到优质标准，实现创优目标。

（2）分阶段确定本标段质量攻关项目，创优目标层层分解，层层落实质量责任。把创优目标同参建职工的利益挂钩，使创优管理工作走向制度化、标准化、程序化。

（3）严格执行项目质量管理制度。制订项目质量目标、项目质量策划、质量控制要点、质量检验及控制、质量检查与考评、质量信息管理、工程预验收和交竣工验收等。

（4）坚持技术交底制度。开工前根据施工组织计划编写作业指导书，并向全体施工人员进行全面技术交底，明确该项工程的设计要求、技术标准、施工方法、与其他工程的关系和施工注意事项。

（5）坚持“三检制”及执行保证本工序质量，检查上工序质量、服务下工序质量“三工序制度”。做到上道工序不清，不准进入下道工序施工，工序交接时，必须有明确的质量交接意见，检查和交接都持有互相签认字据，为施工分析留下证据。

（6）坚持材料检验制度。材料进场前检验验收或取样送检，防止不合格材料进入现场。主要材料应具备“三证”。通过检验合格的才能使用。

（7）坚持施工过程质量检验制度。施工过程的质量控制通过“跟踪检测、复测、抽样检验”三级检测制度来实现，对工班作业检测由专业人员跟踪检测，实验室进行复测和抽样检测。通过对施工过程的质量检验达到及时解决问题的目的，全过程控制质量。

（8）坚持质量事故报告制度。如施工中发生质量事故，按照质量事故报告和处理流程进行报告。实事求是确定事故等级，并采取措施，防止事故扩大。对事故的责任人严肃处理，做到事故原因未查清不放过、责任人或群众未受教育不放过、没有防范措施不放过。

（9）坚持持证上岗制度。无论是优秀的员工还是新招募的工人必须通过培训经考试合格后持证上岗。

（10）保证施工质量必须遵守施工程序。

6）技术措施保证

（1）建立施工图会审和现场工程地质核实制度，保证设计文件的正确性和准确性。

（2）编制鲍家店隧道巫溪端进洞施工专项方案，由于十巫高速公路 SWBY-2 项目的鲍家店隧道存在浅埋、区域地质构造和Ⅳ、Ⅴ级围岩占比超过 10%，所以按照《公路工程施工安全技术规程》《公路水运工程施工安全标准化指南》及地方法律法规的规定进行专家评审会，及时组织专家评审。

（3）坚持工程首件制度和施工测量复核制度。

（4）成立隧道通病治理小组，召开隧道质量通病治理会议，对可能出现的隧道通病进行预防。

7）质量事故处理

工程质量事故发生后，项目经理部应根据事故具体情况，进行处理：

（1）发生特别重大质量事故，发生单位必须在 2h 内报公司安全质量环保监督部，并填报《工程质量事故快报表》，24h 内提交书面正式报告。

（2）发生重大质量事故，发生单位应在 24h 内报公司安全质量环保监督部，并填写《工程质量事故快报表》，48h 内提交书面正式报告。

（3）发生较大质量事故，发生单位应在 24h 内报公司安全质量环保监督部，并填报《工程质量事故快报表》，48h 内提交书面正式报告。

（4）发生一般质量事故，按照《中交路建质量月报情况表》和《中交路建质量信息报表》报公司安全质量环保监督部。

（5）质量事故书面报告应当包含以下主要内容：

①工程项目名称，地点，项目负责人，设计、施工、监理单位名称；

②事故发生的时间、部位及现场情况；

③质量事故发生的简要经过、工程损伤状况、伤亡人数和直接经济损失的初步估计；

④事故发生原因的初步分析判断；

⑤事故发生后采取的措施及事故控制情况；

⑥向相关单位及行政主管部门报告的情况；

⑦报告单位、负责人及联系方式；

⑧其他应当报告的情况及相关支持性资料。

（6）质量问题和质量事故调查处理必须坚持实事求是、尊重科学，按照“四不放过”原则（即：事故原因没查清不放过、责任人员没受到处理不放过、整改措施没落实不放过、有关人员没受到教育不放过），及时、准确地查清质量事故经过和原因，总结吸取教训，提出整改措施，做好责任追究和警示教育。

6.3.2 安全管理运营机制

1）隧道工程施工保证措施

（1）总体要求。

①根据隧道的围岩级别、水文地质、施工环境以及长度、埋深、纵坡、工期等条件，确定掘进、支护、出渣、通风、供电、衬砌的施工方案以及特殊地质条件下的应对措施。

②隧道工作面照明和所有手持灯具全部采用 36V 以下的安全电压供电。

③加强地质预报工作，根据围岩及地下水的变化情况，及时调整施工方案。

④做好洞口仰坡的喷锚防护工作，确保进出洞口人员、设备的安全。

⑤严格按照“先排水、短开挖、弱爆破、强支护、快衬砌、多检查、勤量测”组织施工，避免坍塌事故的发生。

⑥隧道施工人员进洞作业前，先了解相邻工作面的进展情况，检查支护是否牢固，拱顶、边墙是否稳定，清除安全隐患，在确认安全后再进行正常作业。

⑦洞内爆破作业做到统一发出指挥信号，人员撤离到安全距离外，不受有害气体冲击。

⑧爆破后必须经过通风排烟，且其相距时间不少于 15min，并经过各项检查和妥善处理后，其他工作人员才准进入工作面。

⑨认真做好各项监控量测和预报分析工作，发现险情及时组织人员、设备撤离到安全地段。

⑩洞内行车设置专职调度，统一行车管理，洞内行车按规定限速行驶。

⑪每个隧道洞口均设置门禁系统，严格执行进出隧道人员、设备登记制度。

（2）钻孔施工安全措施。

①钻眼前，首先检查工作面是否处于安全状态，灯光照明是否良好，支护、顶板及两帮是否牢固，有无松动的岩石，如有松动的岩石及时进行支护或清除；检查加固操作平台，确保钻眼平台不变形、不垮塌。

②凿岩机钻眼时，采用湿式凿岩机。

③风钻钻眼前，对设备工具进行下列检查，对不合格的设备工具立即修理或更换：机身、螺栓、卡套、弹簧、支架是否完好；管路是否良好，连接是否牢固；钻杆有无不直、带伤以及钎孔是否有堵塞孔现象。

④使用支架的风钻钻眼时，确保将支架安置稳妥。站在渣堆上钻眼时，注意石碴的稳定，防止操作过程中滑塌伤人。

⑤严禁在残眼中继续钻眼；严禁在工作面拆卸修理钻孔工具。

⑥进洞施工人员必须戴安全帽、防护手套，穿工作服；电工和电钻工穿绝缘鞋和戴绝缘手套。

（3）装渣与运输安全措施。

①运输车辆严禁人、料混装。

②机械装渣时，坑道断面尺寸必须满足装渣机械安全运转，并符合下列要求：装渣不准高于车厢；装渣机与运渣车之间不准有人；为确保运渣车就位良好和安全进出，派专人指挥。

③运输车辆限制速度执行相关规定。

④洞口、平交道口和狭窄的施工场地，设置“缓行”标志，必要时安排人员指挥交通。

⑤车辆行驶遵守下列规定：严禁超车；同向行驶车辆保持 20m 的距离，洞内能见度较差时，加大距离；车辆起动前必须瞭望与鸣喇叭；驾驶室不得搭载其他人员；车辆不得带故障运行。

⑥车辆在洞内行驶时，施工人员必须遵守下列规定：不准与车辆机械抢道；不准扒车、追车和强行搭车。

⑦洞内倒车与转向，必须开灯、鸣笛，并派专人指挥。

（4）临时支护安全措施。

遵照公路隧道施工安全规则及相应的规范，为确保安全，还应采取以下措施：

①施工期间现场负责人会同有关人员对各部位支护定期检查。在不良地段，每班指定专人检查，当发现支护变形或损坏时，立即修整加固。

②严禁将支撑放在虚碴或软弱的岩石上，软弱围岩地段底面加设垫板或垫梁，并加木楔塞紧。

③洞内水平坑道与辅助坑道连接处，加强支护或及早进行永久衬砌。

④对开挖后自稳程度很差的围岩或喷射混凝土尚未达到一定强度即趋失稳的围岩或喷锚后变形量超过设计允许值以及发生突变的围岩，采取及时加强临时支护措施。

⑤对洞内拱顶和地表布置的测点定期观测，发现洞内和地表位移值等于或大于允许位移值，以及地面或洞内出现裂缝时，必须立即通知作业人员撤离现场，待制订处理措施后再施工。

⑥对喷锚地段的危石及时处理完毕，脚手架、防护栏杆、照明设施确保符合安全要求。

⑦喷射机械定机、定人、定岗，认真执行安全操作规程，坚持交接班，并做好记录。

⑧针对长大管棚施工特点和要求，参照有关安全规则制定安全规章制度。

⑨加强对围岩进行动态监控量测，实行信息化管理，科学组织施工。

⑩拆卸钻杆时，要统一指挥，明确联络信号，扳钳卡钻方向应正确，防止管钳及扳手打伤人。

⑪钢管内注浆时，操作人员应戴口罩、眼镜和胶手套。

（5）衬砌施工安全措施。

①衬砌工作台上应设置不低于 1m 的栏杆，跳板、梯子应安装牢固防滑，工作台的任何部位不得有钉子露头或突出的尖角。

②工作台、跳板、脚手架的承载重量，应在现场挂牌标明。

③吊装拱架、模板时，作业场所应设专人监护。

④在2m以上的高处作业时，应符合高处作业规程。

⑤检查、维修混凝土机械、压浆机械管路时，应停机并切断风源、电源。

⑥拱墙模板架及台车下应留足施工净空，衬砌作业点应设明显的限界及缓行标志。

⑦拆卸混凝土输送管道时，应先停机。

（6）洞内通风与防尘安全措施。

①隧道施工的通风设专人管理。

②通风机运转时，严禁人员在风管的进出口附近停留。

③通风机停止运转时，任何人不准靠近通风软管行走和在软管旁边停留，不准将任何物品放在通风管或管口上。

④风管与掌子面距离不得大于30m。

⑤喷射混凝土采用湿喷，严禁在隧道中使用干式凿岩机。

（7）洞内防火与防水安全措施。

①施工区域设置有效而足够的消防器材，放在易取的位置并且设立明显标志。各种器材做到定期检查补充和更换，不得挪用。

②洞内严禁明火作业与取暖。

③在雨季前进行防洪及洞顶地表水检查，防止洪水灌入洞内。

④对地表水丰富和地质条件复杂的地层，在施工时制订妥善的防排水措施，备足排水设备。

（8）软岩隧道施工安全保证措施。

①按照“预支护、短开挖、快喷锚、勤量测、早衬砌”的施工原则，制定切实可行的洞室开挖施工方案和安全措施。

②采用超前钻孔并辅以TSP203、地质雷达等物探手段进行超前地质预报，探明前方地下水的含量、压力、分布等，提前发现涌水、涌泥、塌方的可能性及征兆，针对不同的情况采用相应的技术措施。

③断层破碎带采用拱部超前大管棚或小导管注浆预加固地层，短台阶法分步开挖后及时施作喷锚支护，钢架支撑等初期支护。同时，二次衬砌要及时施作，仰拱提前完成及早形成封闭，确保隧道结构物及施工人员的安全。

④隧道成拱性差地段，施工时采用预裂爆破超前释放地应力，适当加长拱部系统锚杆，减短边墙锚杆，加强支护，保证隧道拱部开挖的稳定安全。

⑤加强围岩监控量测频率，随时注意围岩动态。严格按设计规定进行锚喷支护，控制围岩的变形量，防止坍塌。

⑥派专人负责，加强安全警戒措施，防止突发事件发生。

2）爆破施工安全措施

（1）爆破作业时统一指挥：根据施工条件，洞内每日放炮次数，齐头开挖作业循环时间明确规定；警戒要统一行动；多工作面放炮相互影响时，首先要保证齐头掘进的需要，起爆顺序应由里向外，里面的人员未撤出前，外面禁止放炮。

（2）爆破时所有的人员应撤至不受有害气体、震动飞石伤害的地点。

（3）爆破器材加工，在洞外远离洞口 50m 以外的加工房工作台上操作。除洞外土石方用电雷管外，洞内用非电雷管。装配起爆管时必须先试验。计算引线长度，每批分卷进行。导爆管凡有过粗、管体压扁、破损锈蚀、加强帽歪斜者，严禁使用。加工好的起爆管分段装入木箱内，防止混段（不准把段数标签失落）。

（4）人工运送炸药，每人一次运送量不超过 20kg 或原包装一箱。运送爆破器材前后30m 应有专人防护，严禁中途逗留。

（5）汽车运送爆破器材时应遵守下列规定：炸药与雷管应分别由木板车厢运入洞内，车厢应垫胶皮，只准平放一层。必须由爆破工专人护送，其他人员不得搭乘。运送途中要显示红灯与鸣喇叭。汽车排气孔应加防火罩。炸药与雷管不准同车运送。

（6）装药时严禁火种，无关人员和机具等均应撤离到安全地点。周边眼间隔装药，用胶布包扎在竹片上固定牢实。

（7）洞内大断面开挖，雷管段数量、装药量大时，爆破指挥人员应先明确分工，自上而下分区分段装药各负其责，防止混段和漏装，禁止超量装药。

（8）遇有下列情况禁止装药：作业面照明不足；工作面岩面破碎未及时支护；可能有大量涌水的地段。

（9）装药完毕，工作面所有的机具、材料撤离，经检查无漏装，炮口堵塞完后进行网络连接（采用簇连），网络连接好后，应专人检查是否合格，经确认连接无误，人员机具已撤至安全地带即可起爆。

（10）其他注意事项：

①洞内严禁明火点炮，洞内所有爆破、导爆索长度均不少于 2.0m。

②起爆后必须通风排烟 15～30min 后才准工作人员进入工作面，并经下列各项检查和处理后，其他工作人员才准进入工作面：有无瞎炮及可疑现象；有无残余炸药及雷管；顶部、两端有无损坏及变形。

③进行爆破器材加工和爆破作业的人员，严禁穿化纤衣服。

④爆破器材的领取必须由有合格证的人员办理，一定要账、物相符；双方签字。每次装药完毕后未用完的爆破器材立即退回库房，并办理清库签字手续。

3）高空作业安全措施

（1）高处作业前，应系好安全带，戴好安全帽，穿好防滑软底鞋，扎紧袖口，衣着灵便；凡从事 2m 以上高处作业人员，须定期进行体检，凡不适合高处作业者，均不得从事高处作业。

（2）高处作业前，应检查作业点行走和站立处的脚手板、临空处的栏杆或安全网，上、下梯子，确认符合安全规定后，方可进行作业。

（3）作业过程中，如遇需搭设脚手板时，应搭设好后再作业。如工作需要临时拆除已搭好的脚手板或安全网，完工后应及时恢复。

（4）高处作业所用的料具，应用绳索捆扎牢靠，小型料具应装在工具袋内吊运，并摆放在牢靠处，以防坠落伤人，严禁抛掷。

（5）使用吊篮作业时，应使用安全带，安全带应拴在牢靠处。

（6）搭设悬挂的梯子，其悬挂点和捆扎应牢固可靠，使用时应有人定期检查，发现异常及时处理。

（7）如必须站在移动梯子上操作时，应离梯子顶端不少于1m，禁止站在梯子最高一层上作业，站立位置距离基准面应在2m以下。

（8）禁止在杆件构架上攀登，严禁利用起重机、提升爬斗等吊送人员。

（9）严禁在尚未固定牢靠的脚手架和不稳定的结构上行走和作业，严禁在平联杆件和构架的平面杆件上行走，特殊情况下必须通过时，应以骑马式的方式向前通行。

（10）安全带应挂在作业人员上方的牢靠处，流动作业时随摘随挂。

（11）施工区域的风力达到六级及以上时，应停止高处和起重作业。

（12）在易断裂的工作面作业时，应先搭好脚手架，站在脚手架上作业，严禁直接踩在工作面上操作。

4）支架施工安全措施

（1）钢管脚手架用外径48mm，壁厚3.5mm，无严重蚀、弯曲、压扁或裂纹的钢管。

（2）钢管脚手架的杆件连接使用合格的钢扣件，不得使用铅丝和其他材料绑扎。

（3）外脚手架立杆间距钢管不得大于1.8m，大横杆间距不得大于1.8m，小横杆间距不大于1.5m。

（4）脚手架按高度与结构拉接牢固，拉接点垂直距离不得超过4m，水平距离不得超过6m。拉结所用的材料强度不得低于双股8号铅丝的强度。高大架子不得使用柔性材料进行拉结。在拉结点处设可靠支顶。

（5）脚手架的操作面满铺脚手板，离建筑物不得大于200mm，不得有空隙和探头板、飞跳板。脚手板下层兜设水平网。操作面外侧应设两道护身栏杆和一道挡脚板或设一道护身栏杆，立挂安全网，下口封严，防护高度应为1m。严禁用竹芭作脚手板。

（6）脚手架保证整体结构不变形，凡高度在20m以上的脚手架，纵向设置剪刀撑，其宽度不得超过7根杆，与水平面夹角应为45°～60°。高度在20m以下的，设置正反斜支撑。

（7）特殊脚手架和高度在20m以上的高大脚手架，要有专项设计方案。

（8）在建工程（含脚手架具）的外侧边缘与外电架空线路的边线之间的水平和垂直距

离不应小于 3m。

（9）各种脚手架在投入使用前，由施工负责人组织有支搭和使用脚手架的负责人及安全人员共同进行检查，履行交接验收手续。特殊脚手架，在支搭、拆装前，要由技术部门编制安全施工方案，并报上一级技术领导审批后，方可施工。

5）模板施工安全措施

（1）模板施工前须进行模板支撑设计，编制切实可行的施工方案。模板支撑设计不仅要有设计计算书，还要有细部构造的大样图，并详细说明材料规格、尺寸、接头方法、间距纵横向拉杆及剪刀撑设置等细节问题。模板支撑杆件应满足强度、刚度和稳定性的要求。

（2）模板安装操作人员严格按施工方案进行施工，不得随意更换支撑杆件的材质，减小杆件规格尺寸，如发现设计中存在问题或施工中有困难，向工地技术负责人提出并经模板设计审核人员同意才可更改。模板上的施工荷载不得超过设计规定，模板上堆料均匀，在模板上运输混凝土时铺设走道板，走道板铺设牢固。

（3）模板拆除须等到混凝土达到设计强度后方可申请拆模，并经有关部门验收合格后才可进行拆模。拆模前应清除掉模板上堆放的杂物，在拆除区域设置警戒线，张挂安全警戒标志牌，设专人监护，对工人进行技术交底。按照后装先拆，先拆侧模，后拆底模；先拆非承重部分，后拆承重部分的原则逐一拆除。拆模应彻底，严禁留有未拆除的悬空模板。

（4）模板起吊要做好防护，就位后要支撑稳固。起吊过程中要有专人指挥，严禁超重起吊，所用钢丝绳应经常检查并及时更换。

（5）组立拆除模板要有足够的人力，作业时必须戴安全帽。遇到六级及以上的大风停止组立拆除模板作业，并将已拆除未及时起吊的模板固定后，方可停止作业。

（6）当支立大块模板未穿设拉杆固定前，必须采用稳固的支撑方式固定，以免倒塌伤人。

6）施工临时用电安全措施

（1）制定电气安全操作规程、电气安装规程、电气运行管理规程和电气维修检查制度，做好交接班、电气维修作业、接地电阻、手持电动工具绝缘电阻、漏电开关测试等记录。

（2）施工现场的电气设备必须符合建设部《施工现场临时用电安全技术规范》（JGJ 46—2005），输电线路采用三相五线制和“三级配电二级保护”，电线（缆）按要求架设，不可随地拖拉，各类电箱均应安装在适当位置，并设有重复接地保护措施，重复接地电阻值不得大于 10Ω。严格执行“一机、一闸、一箱、一保护”制。

（3）在施工现场专用的中性点直接接地的电力线路采用 TN-S 接零保护系统，接地电阻不得大于 4Ω，电气设备的金属外壳与专用保护零线相连接。

（4）变配电室符合“四防一通”要求，建立相应的管理制度，配置好必要的安全防护用品。

（5）电气设备及输电线路安装完毕后，经质检部门验收合格后方可运行。夜间施工设有电工值班，节假日或工作完毕后要切断电源。

（6）现场的手持电动工具和小型电气设备设有专人负责管理。电气设备进出仓库均认真检查和验收，做好日常的检查、维修和保养工作，不准带病运转。

（7）低压线路架设和使用必须符合有关规定，照明线路、灯具等安装要符合规定高度。

（8）电工作业时必须穿戴好个人防护用品，并严格执行电气安全操作规程，做到持证上岗。电工作业必须严格贯彻“装得正确，用得安全，修得及时，拆得彻底”的十六字方针。夜间电工值班必须两人同时上岗，一人作业，一人监护。

7）机械作业安全措施

（1）严格执行国家颁布的《建筑机械使用安全技术规程》（JGJ 33—2012），严禁违章指挥、违规操作。各种专用机械必须有可靠的安全防护装置，由使用者专门负责。

（2）各种机械操作人员和司机，必须经过培训并通过考试取得操作合格证，对机械操作人员建立档案，由专人管理。

（3）机械作业前须进行详细检查和能力鉴定，严禁机械设备带病作业，超荷载作业。

（4）定期组织机电设备、车辆安全大检查，对检查中查出的安全问题，按照“四不放过”的原则进行调查处理，制订防范措施，防止机械事故的发生。

8）起重作业安全措施

（1）起吊作业前，应详细分析吊物的吊运轨迹，在该轨迹下方严禁人员作业和通过。

（2）作业时周边应设置警戒区域，设置醒目的警示标志，防止无关人员进入。

（3）起重机司机必须持证上岗，并经过岗前培训。

（4）吊装过程必须有专人指挥，指挥人员和司机均配备对讲机。

（5）在进行承台施工前，必须对所有作业人员进行安全作业交底，强调该项作业的危险源及注意事项。

（6）安全人员、作业人员及现场技术员应经常检查起吊设备的运转情况，发现异常应立即停止作业；作业班组在每班上班前和下班后均应检查设备状态，并记录在案。

（7）必须严格遵循“十不吊”原则：①吊物重量超过机械性能允许范围不准吊；②信号不清不准吊；③吊物下有人不准吊；④吊物上站人不准吊；⑤埋在地下物不准吊；⑥斜拉、斜挂不准吊；⑦散物捆扎不牢不准吊；⑧零杂物无容器不准吊；⑨吊物重量不明确、吊索具不符合规定不准吊；⑩遇有大雨、大雪、大雾和六级及以上大风等恶劣天气不准吊。

（8）夜间作业必须有足够的照明设备。

（9）对于重大吊装项目，作业前应详细讨论其吊运方法，明确分工，互相协作，防止混乱。

（10）所有人员进入施工区域后，必须穿戴好个人防护用品，特别是安全帽和救生衣。

（11）吊物应捆绑牢固，禁止单点起吊。

6.3.3 环水保管理运营机制

1）隧道工程施工环保措施

（1）洞口开挖前认真制订维护洞口稳定的具体措施，对边仰坡进行妥善防护或加固，及时做好截、排水沟，避开雨季和融雪期。

（2）隧道施工中对地下水环境有一定的影响，隧道工程通过采用防水混凝土、帷幕注浆等工程措施来控制施工涌水，并且通过施工期实时监测，随时补充、完善堵水设计，并积极采取防护措施有效控制工程引起的地下水漏失，采用的注浆堵水材料不能对水造成污染和危害。

（3）隧道施工排出的废水，多为水泥浆、泥浆，流经沉淀池处理后再加以利用，防止施工废水污染地表水。

（4）隧道喷射混凝土采用湿喷工艺，减少粉尘产生；隧道内降尘措施，采用水幕降尘。

2）废水、废渣处理措施

（1）施工机械维修产生的含油废水、施工营地住宿产生的生活污水经生化处理达到排放标准后排入不外流的地表水体，不得在附近形成新的积水洼地，严禁将生活污水排入河流和渠道。施工废水按有关要求进行处理达标后排放，不污染周围水环境。

（2）废水处理采用多级沉淀池过滤沉淀，废水处理的工艺流程为：废水→收集系统→多级沉淀池→沉淀净化处理→排入业主指定位置。在施工时，对天然排水系统加以保护，不得随意改变，必要时修建临时水渠、水沟、水管等。

（3）冲洗拌和站、沉淀池中的废渣及施工人员产生的生活垃圾集中弃往指定渣场。

3）防止空气污染及扬尘措施

（1）混凝土拌和站、工程材料存放场地、施工便道和生产、生活区道路采取硬化处理，施工过程中应经常洒水，防止扬尘对施工人员造成危害和对周边农作物产生影响。

（2）在运输易飞扬的散料（垃圾等）时，采取防风遮盖措施（加遮挡板、篷布覆盖等），避免运输、装卸过程中和刮风时扬尘。

4）施工噪声控制措施

（1）对施工机械和运输车辆安装消声器并加强维修保养，降低噪声。钢筋加工、混凝土拌和、构件预制等场地选择尽量远离居住区。车辆途经施工生活营地或居住场所时应减速慢行，不鸣喇叭。适当控制机械布置密度，条件允许时拉开一定距离，避免机械过于集中形成噪声叠加。在靠近村庄和居住区较近的地方，对噪声较大的机械设备修建隔音棚或隔音墙，减少对居民的干扰。

（2）在比较固定的机械设备附近（空气压缩机房、搅拌机、送风机等），修建临时隔音屏障、加设隔音罩等措施，减少噪声传播。合理安排施工作业时间，尽量降低夜间车辆出入频率，夜间施工尽量不安排噪声很大的机械施工。

5）施工水土保持措施

（1）合理安排施工用地，对施工场地范围内的树木进行移植，保护施工场地和临时设施附近的植被。临时用地范围内的裸露地表植草或种树进行绿化。及早施作防护工程、排水工程和裸露地表的植被覆盖，防止水土流失。

（2）临时工程设施修建应不切割、阻挡地表径流的排泄，不允许在临时工程附近形成新的积水洼地或负地形。对施工人员加强保护自然资源的教育，在合同施工期内严禁随意砍伐树木。

（3）洞口清表前，选好清表土的集中堆放地，四周做好防护措施，将挖除的表层耕植土（或腐殖土）集堆，并用挖掘机装车运至指定地点规则堆放。

（4）施工废水必须经沉淀处理，达标后排放。施工废渣和建筑垃圾按设计和建设单位要求堆放和运至指定位置，并采取防护工程措施。杜绝随意排放和倾倒。

（5）加强施工机械管理，注重日常保养，按照要求进行操作。防止油品存放和机械在使用、维修、停放时油料泄漏、渗漏，污染水体。

6）施工后期的场地恢复

（1）通过采取有效的水土保持措施使边坡稳定，避免水土流失对工程本身的危害。

（2）通过弃土场进行综合治理，使做好公路绿化工程，使生态环境明显改善。

第 7 章

智慧工地整体解决方案

十巫高速公路鲍溢段项目的智慧管理体系，通过现代项目管理思想和信息技术，按照“统一标准、统一平台、统一数据交换接口、统一通信协议”的原则，建立了一套智慧工地系统，使十巫高速公路鲍溢段项目在成本管理、进度管理、质量监控、安全监控、辅助支持等方面实现全新的管理模式，提高工作效率与工作质量，全面提升工程项目管理水平。

7.1 系统架构

智慧工地系统基于统一工程结构体系和零号台账分解的工程项目信息集成，在结构上具有数据互联、结构完整、逻辑清晰的特点。根据系统的应用要求，从应用支撑到分析决策共分为五层，即应用支撑层、统一数据层、一体化管理层、分析决策层。

（1）应用支撑层。

应用支撑层包含协同及行业应用平台、GIS + BIM 三维展示平台、数据分析与展现平台。

（2）统一数据层。

基于统一工程结构体系和统一零号台账，对建设工程项目如下数据信息进行集成：

①进度数据：计划进度、实际进度、进度预警。

②计量数据：合同清单、计量变更、计量凭证。

③质量安全数据：报检资料、隐患数据、人员/设备数据。

④第三方数据：视频监控数据、物联监测数据（视频监控设备采集数据、环境监测设备采集数据、质量自动监测设备采集数据）。

⑤多项目管理平台。

（3）一体化管理层。

一体化管理层包含项目管理系统和多项目管理平台。

①多项目管理平台。

多项目管理平台主要功能为实现数据有源可溯，满足精细化管理需要，尽量不增加相关单位额外的工作量，满足本部管理需要。

②项目管理系统。

项目管理系统基于统一工程结构体系和零号台账分解的工程项目信息集成，面向业主单位、项目部、施工单位、监理单位，建立项目前期、施工期、竣工期全生命周期的信息化管理平台，通过手机端发起工序报检，将质量监控、安全监控、进度管理、成本管理、辅助支持五大类业务管理模块全面集成，打造建设工程项目全过程、一体化应用，实现各参建方的信息共享、管理互通，提高协作水平，达到精细化、智能化、可视化管理的目的。

（4）分析决策层。

分析决策层包含智能分析、项目监控、可视化全局管理。

7.2 平台建设

7.2.1 综合决策指挥中心

综合决策指挥中心将作为十巫高速公路鲍溢段项目的总控、管理和展示中心，支持领导或者管理人员进行施工集中管控及应急指挥调度，满足施工总控、监控管理、视频会议、应急指挥及内控管理的需要。

7.2.2 综合管控平台

在确保能够完成项目建设目标的基础上，力争少花钱多办事，充分利用现有资源，使各操作单位已有的各种软、硬件资源能够在本方案中得到充分利用，并且最大限度减少企业的投入，实现最佳的性能价格比。智慧工地应用系统建设内容见表 7-1。

智慧工地应用系统建设内容　　表 7-1

序号	任务名称			功能描述
1	综合指挥平台	指挥地图	—	将建设工程项目管理过程中产生的质量数据、安全数据、进度数据、成本数据等进行有机整合，形成集所有数据为一体的信息化数据统计分析平台
		BIM 中心	—	对创建完成的 BIM 模型及地理信息模型进行自动解析，将海量的数据进行分类和整理，形成一个包含三维结构和地理模型的多维度、多层次数据库
		形象进度	—	包括项目进度总览、产值完成情况总览、产值完成情况详情以及实时更新的施工进度日报等
		质量监控	—	监测内容包含拌和站产能监测、实验室监测、绿色施工监控、质量隐患统计及实时上报查看、工序上报统计及实时上报查看等
		安全监管	—	包含车辆监控、安全隐患统计及实时上报查看等
		成本管理	—	集成计量变更系统及资金管理系统，对项目的计量支付情况及资金使用情况进行多角度统计展示

续上表

<table>
<tr><th>序号</th><th colspan="3">任务名称</th><th>功能描述</th></tr>
<tr><td>1</td><td>综合指挥平台</td><td>实时监控</td><td>—</td><td>对铁路跨线桥、架桥机现场、互通、梁场、拌和站、小构预制场等特殊节点架设视频监控</td></tr>
<tr><td rowspan="14">2</td><td rowspan="14">项目管控平台</td><td rowspan="3">质量环保管理系统</td><td>智能生产管理</td><td>包括拌和站自动监测喷雾系统、混凝土拌和站生产监测管理、实验室设备生产监控、智慧梁场管理、梁场预应力智能张拉监控、梁场智能压浆监测、智慧钢筋厂管理</td></tr>
<tr><td>施工作业管理</td><td>包括路基压实管控和路面摊铺监控管理，在最大限度地节省了施工成本的同时保证了路面压实质量</td></tr>
<tr><td>施工现场管理</td><td>包括劳务实名制管理、特种设备管理、二维码构建管理、工序报验、质量隐患整改、绿色施工监控管理，从而强化有序监管、提升行业素质、保障合法权益，确保工程质量和安全生产</td></tr>
<tr><td rowspan="2">智慧沙盘及数字分析展现大屏</td><td>智慧沙盘</td><td>包含三维结构和地理模型的多维度、多层次数据库，有针对性地解决建设项目全生命周期的一体化管控</td></tr>
<tr><td>数字分析展现大屏</td><td>将建设工程项目管理过程中产生的质量数据、安全数据、进度数据、成本数据等进行有机整合</td></tr>
<tr><td rowspan="6">安全管理系统</td><td>施工现场视频监控</td><td>在重点部位设置视频监控点，通过远程视频监控系统可以及时了解现场的工作情况，实现日常视频巡检，发现问题第一时间进行解决</td></tr>
<tr><td>施工车辆动态监管</td><td>实现对车辆的定位、追踪、轨迹查看、监听、监视等功能，并且可以把数据等相关信息导出作为车辆行驶的历史依据，帮助车辆调度管理人员掌控车辆的在途信息，提升车辆管理效率</td></tr>
<tr><td>VR（Virtual Reality，虚拟现实）安全体验馆</td><td>结合VR配套设备、电动机械，全面考量工地施工的安全隐患，以三维动态的形式虚拟仿真出工地施工真实场景和险情，实现施工安全教育交底和培训演练的目的</td></tr>
<tr><td>安全隐患整改</td><td>安全隐患整改包括隐患上报、分派整改人、整改、复查销项等多个环节，进而实现对工程安全检查的全过程闭环管理</td></tr>
<tr><td>隧道安全管理</td><td>包括门禁考勤、全户外LED（Light Emitted Diode，发光二极管）信息显示、车辆分流门、隧道视频监控、精准人员定位、隧道气体检测、智能监控测量、安全步距监控、超前地质预报，保证隧道施工安全</td></tr>
<tr><td>现场安全管理</td><td>包括现场人员安全帽定位与工作区域设置结合，现场人员历史轨迹，实时了解现场工人施工情况</td></tr>
<tr><td>成本管理</td><td>计量变更管理</td><td>（1）清单管理、计量管理、变更管理。
（2）自动生成计量结算申请表、中间计量结算单、支付证书等签字报表，完成线上审批</td></tr>
<tr><td>计划进度管理</td><td>计划进度管理</td><td>（1）项目进度总览、GIS项目进度可视化、进度分析与辅助决策。
（2）主要节点提醒。
（3）计划、实际双维数据统计、对比。
（4）动态形象展示进度。
（5）与BIM模型相关联，实时显示三维进度形象</td></tr>
<tr><td>协同管理</td><td>工程信息管理</td><td>包括项目信息管理、组织机构管理、用户管理、设计文档管理、施工文档管理、监理文档管理、建设文档管理等</td></tr>
</table>

7.3 应用示范

7.3.1 综合决策指挥中心

综合决策指挥中心覆盖项目建设管理全过程的信息化数据分析展现及施工现场视频监控，横向整合各施工项目部线下资源，强化集中数据资源，主要包括监控大屏及视频会议系统。

7.3.2 设计概述

综合决策指挥中心拟为圆桌会议室构造，建设内容包括监控大屏以及监控台等配套设施，监控室设计图如图 7-1 所示，效果图如图 7-2～图 7-4 所示。

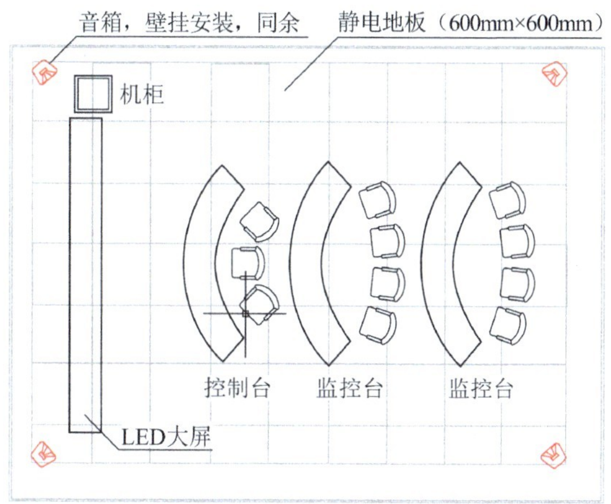

图 7-1 监控室设计图

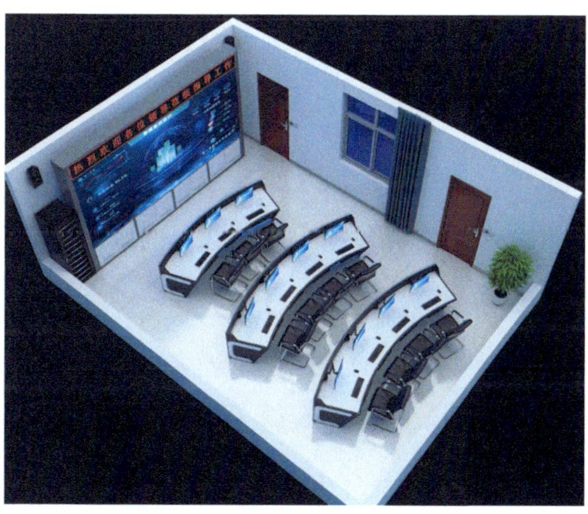

图 7-2 监控室效果图（一）

图 7-3　监控室效果图（二）

图 7-4　监控室效果图（三）

7.3.3　监控大屏

会议室使用 55 寸 LED 小间距拼接显示屏。LED 小间距拼接具体尺寸设计如下（根据场地勘查情况调整）:

屏体实际尺寸：$4.8m \times 2.4m = 11.52m^2$。

监控大屏展现平台，主要提供基于 GIS 的项目概况信息、质量信息、安全信息、成本信息、进度信息、劳务信息、合同结算信息、设备监控信息、生产信息等内容，并结合视频监控、环境监测等技术手段，将原有纸质版汇报材料转换成形象、直观、丰富的可视化动态汇报界面，便于远程查看、汇报展示。

7.3.4　视频会议系统

通过视频会议平台可以召开全高清多点视频会议，例如日常会议、培训会议和演练汇报等。通过多接入方式（硬件、PC、Ipad）参与指挥调度，扩大视频指挥系统的应用场景。

7.3.5　综合管控平台

1）综合指挥平台

为实现工地管理信息化、自动化，让生产达到安全、高效的目的，智慧工地系统解决方案通过“云计算、大数据、物联网、移动应用、智慧建造 + BIM”等先进技术和综合应用，将施工过程中涉及的质量数据、安全数据、进度数据、成本数据进行实时、动态采集，有效支持现场作业人员、项目管理者提高施工质量、安全、进度和成本管理水平，保证工程项目成功，形成一个以进度为主线、以成本为核心的智能化施工流水作业线，实现更准确及时的数据采集、更智能的数据挖掘和分析及更智慧的综合预测。

2）指挥地图

整合项目管控平台、智慧工地各子系统及数字化建造子系统，建立集数据采集、加工处理、存储管理和多维度查询等功能于一身的大数据平台，将建设工程项目管理过程中产生的质量数据、安全数据、进度数据、成本数据等进行有机整合，引入相关业务组件，形成集所有数据为一体的信息化数据统计分析平台，为项目公司及项目部决策层/领导层/管理层提供项目的整体管理指标，监控项目关键目标执行情况及预期情况，展示项目应用成果。创新融合三维倾斜摄影 + GI + 与 BIM 技术，运用 GIS 技术和倾斜摄影技术，将项目的路线走向、边坡防护等设计详情根据地理坐标加载到谷歌地图。

3）BIM 中心

BIM 中心为所有已搭建 BIM 模型的控制性工程提供统一查看入口，可对创建完成的 BIM 模型及地理信息模型进行自动解析，同时对海量的数据进行分类和整理，形成一个包含三维结构和地理模型的多维度、多层次数据库，有针对性地解决建设项目全生命周期的一体化管控。

4）形象进度

项目管理层可以通过该模块随时随地及时了解项目的进展，包括项目进度总览、产值完成情况总览、产值完成情况详情以及实时更新的施工进度日报等，如图 7-5 所示。

图 7-5　形象进度

5）质量监控

质量监控聚焦施工质量，监测内容包含拌和站产能监测、实验室监测、绿色施工监控、质量隐患统计及实时上报查看、工序上报统计及实时上报查看等，如图 7-6 所示。

6）安全监管

安全监管模块主要功能包含车辆监控、安全隐患统计及实时上报查看等，如图 7-7 所示。

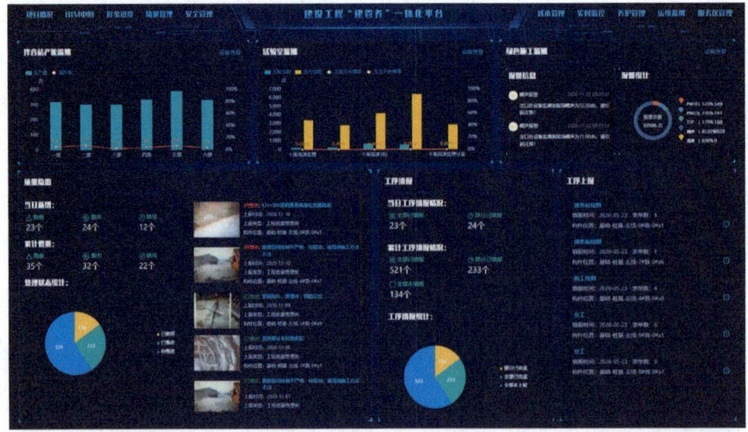

图 7-6　质量监控

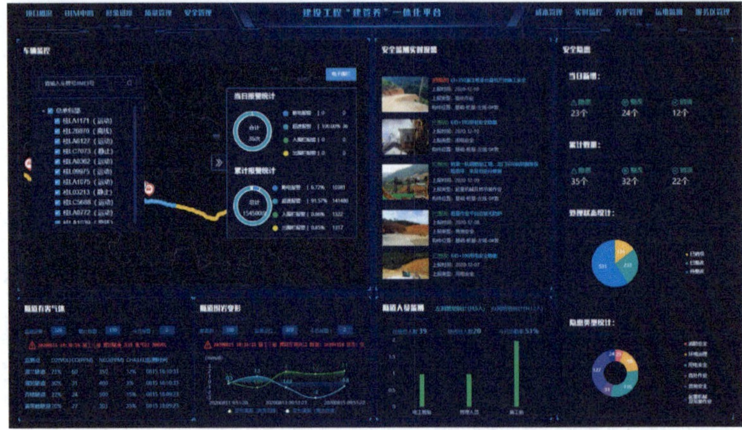

图 7-7　安全监控

7）成本管理

成本管理集成计量变更系统及资金管理系统，对项目的计量支付情况及资金使用情况进行多角度统计展示，如图 7-8 所示。

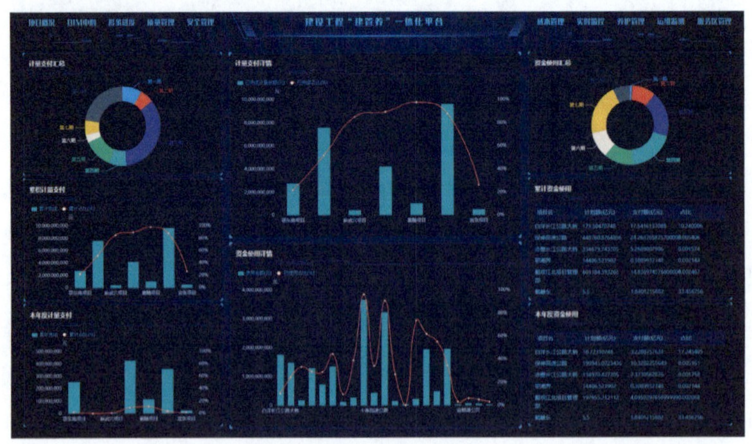

图 7-8　成本管理

8）实时监控

对铁路跨线桥、架桥机现场、互通、梁场、拌和站、小构预制场等特殊节点架设视频监控，采用 5G（第五代移动通信技术）通信无线传输，对现场情况实时监控，以便远程掌控现场进度和质量、安全管理情况；发现问题时，远程指示整改，如图 7-9 所示。

图 7-9　实时监控

7.3.6　项目管控平台

1）智慧沙盘及数字分析大屏

（1）智慧沙盘。

为响应建设单位“标准化、智能化、数字化、专业化、精细化”的建设理念，引入 BIM + 智慧工地技术，研究探索项目施工标段管理产品数字化、业务前端智能化，实现项目精细化管理。

系统可对创建完成的 BIM 模型及地理信息模型进行自动解析，同时将海量的数据进行分类和整理，形成一个包含三维结构和地理模型的多维度、多层次数据库，如图 7-10 所示，有针对性地解决建设项目全生命周期的一体化管控问题。

图 7-10　智慧沙盘——多维度、多层次数据库

智慧沙盘与质量管理系统、进度管理系统、成本管理系统集成应用，将项目进度、成

本、质量等业务数据与模型贯通。只需要在 BIM 模型中点击某个构件，就能查看此构件的相关质量数据、进度数据、成本数据等，如图 7-11 所示，实现项目全过程管理的数据标准化、管控可视化和业务一体化。

图 7-11　智慧沙盘——数据查看

电子沙盘实现了 BIM 模型的集成浏览，实现分专业/分高程过滤、视点、剖切、漫游等基本功能，净高分析、碰撞检测、管线综合等专业功能，如图 7-12、图 7-13 所示，大幅提高 BIM 模型的应用效率。

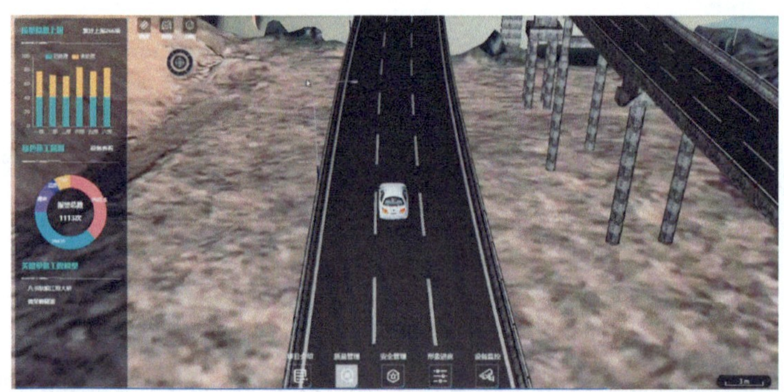

图 7-12　智慧沙盘——BIM 模型集成浏览分析

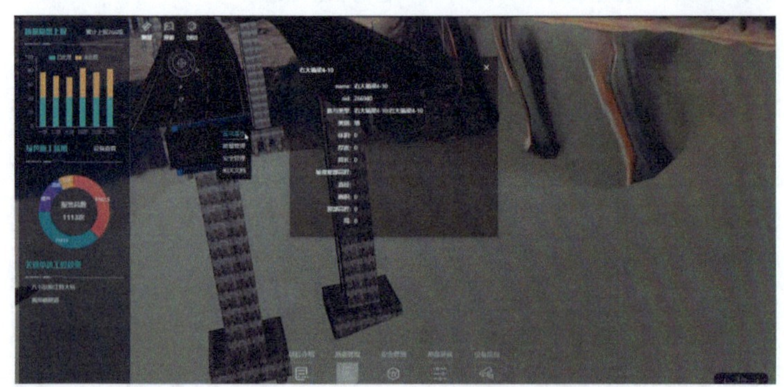

图 7-13　智慧沙盘——BIM 模型集成浏览数据

（2）数据分析展现平台。

数据分析展现平台建立了集数据采集、加工处理、存储管理和多维度查询等功能于一身的大数据平台，将建设工程项目管理过程中产生的质量数据、安全数据、进度数据、成本数据等进行有机整合，如图 7-14 所示，引入相关业务组件，形成集所有数据为一体的信息化数据统计分析平台。

数据分析展现平台主要实现集中存储在平台中的数据，如图 7-15 所示，通过先进的技术手段将离散数据进行关联，即：通过分析数据间的业务关系，建立关键数据之间的关联关系，将离散的数据串联起来，形成能表达更多含义的信息集合，形成基础库、业务库等数据集，并通过 PC 端数据门户、手机 App 及微信推送、数据可视化大屏、自动生成的数据文档等多种形式进行展现，为建设管理提供数据分析和决策参考。

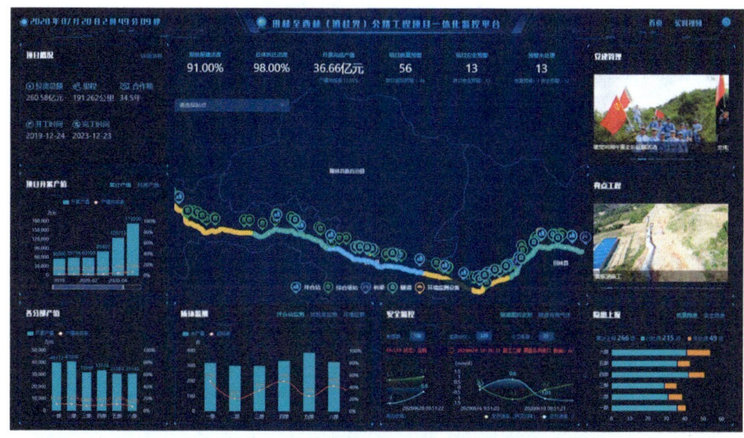

图 7-14 项目公司数据分析展现平台

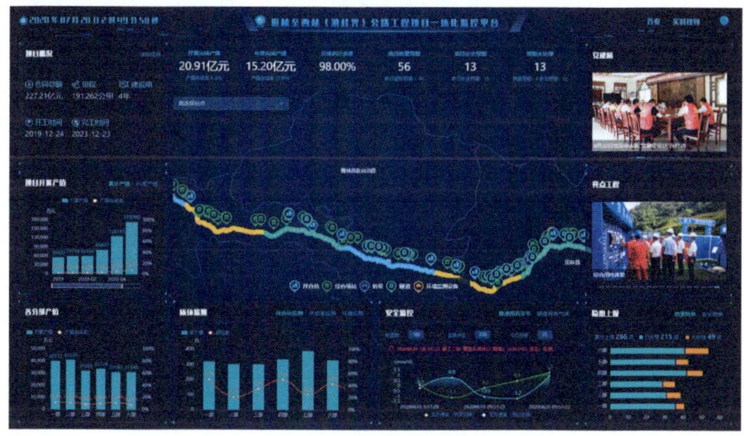

图 7-15 总承包部数据分析展现平台

2）质量环保管理系统

（1）拌和站——自动监测喷雾子系统。

在料仓棚内布设自动喷雾降温系统，根据监测的砂石料温度与大体积混凝土温控要求进行对比，对于温度超标的砂石料进行自动喷雾降温，降低砂石料温度，保证混凝土质量。同时，监测场区内粉尘浓度，过高时实现自动喷淋，结合冲洗设备减少场区内扬尘污染。拌和站——自动监测喷雾子系统如图 7-16 所示。

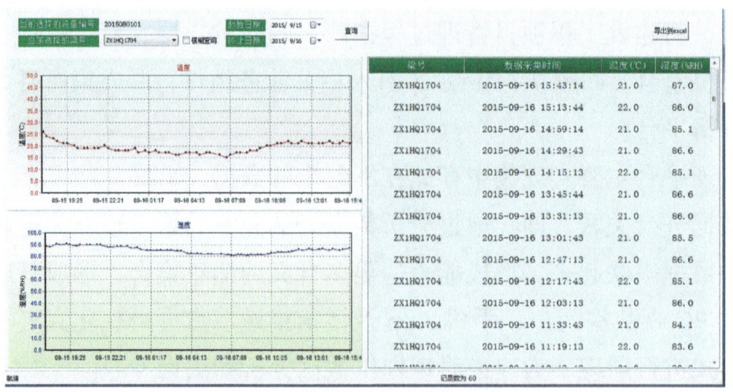

图 7-16 拌和站——自动监测喷雾子系统

（2）拌和站——混凝土拌和站生产监测管理子系统。

生产监测管理系统对整个混凝土生产过程进行智能管理，通过安装在拌和机控制计算机上的数据采集工具，具体如图 7-17 所示，将水泥/沥青混凝土拌和机生产数据进行实时采集（包括生产质量及原材料消耗数量等），同时支持对生产数据进行统计、分析、预警，并能生成相应产能报表、误差分析报表、物料消耗报表等。系统支持通过浏览器也可以在 PC 端对产量数据、材料用量、拌和时间、超标情况等进行查询。

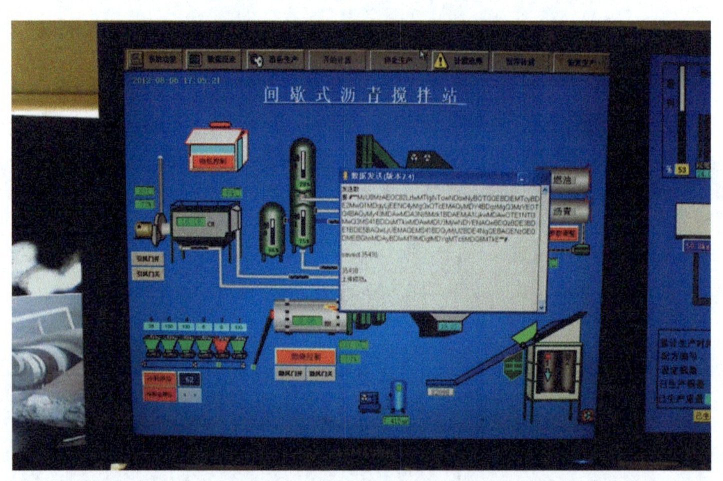

图 7-17 拌和站——自动监测生产检测管理子系统

①生产动态监控：包括拌和时间监控及拌和材料用量监控。

②生产数据统计分析：包括生产质量数据历史查询、产能分析、材料误差分析、产量统计、成本核算、超标查询、实时短信报警。

（3）实验室——实验室设备生产监控子系统

通过在实验室的压力机、万能机的控制主机上安装远程数据采集软件，实现对试验过程数据自动采集，自动绘制曲线图，自动生成格式统一的数字报告统计万能机的抗拉强度、屈服力强度、最大力、试验合格率，统计压力机的抗压强度、合格率，对不合格的试验进行预警。

将实验室中的压力机、万能机、沥青针入度仪、沥青软化点仪、沥青延度仪、车载试验仪、马歇尔试验仪进行了设备改造，通过 RS 232（或 RS 485）串口，直接读取设备试验数据，形成实验室——实验室设备生产监控子系统，如图 7-18 所示。采集的数据指标包括水泥混凝土的压力，钢筋的拉力、拉伸位移，沥青物理性能的针入度、延度、软化点，沥青混合料的沥青用量、动稳定度、稳定度和流值等。

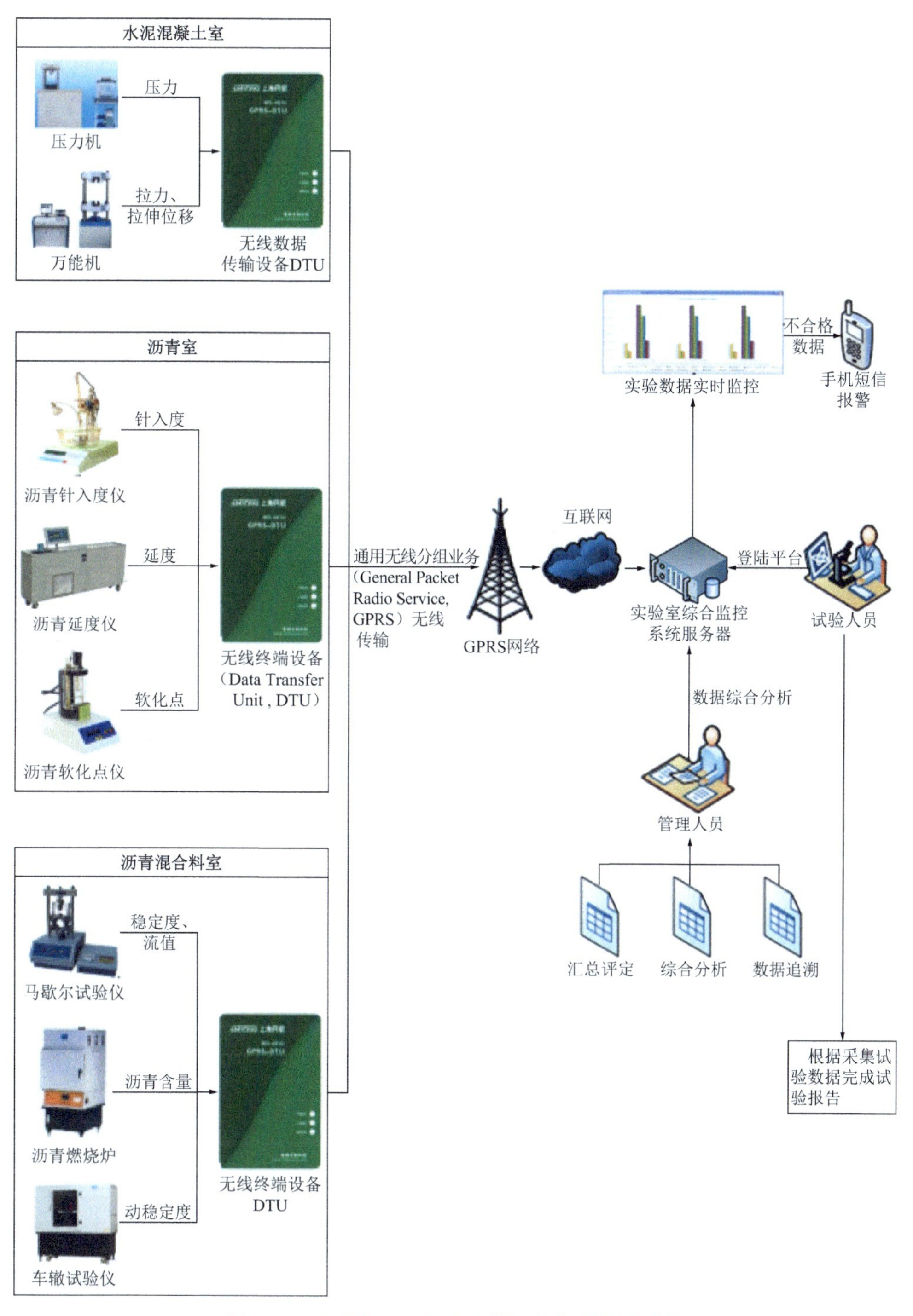

图 7-18　实验室——实验室设备生产监控子系统

（4）梁场——智慧梁场管理子系统。

智慧梁场具备如下功能。

①3D 可视化预制梁场管理。

借助 WebGL 技术，将设备、人员、半成品等构件模型准确定位，与现实梁场实物形成映射，将生产数据与台座、工序、设备模型挂接，最终实现预制场监管的三维可视化呈现，实时查看现场数据信息，经数据汇总分析后用于生产管理，与施工进度链接协同指挥、可视化监管，实时动态掌握现场预制梁生产进展实况，如图 7-19 所示。

图 7-19 梁场——智慧梁场管理子系统

扫描现场梁/台座二维码信息，即可进入工序生产界面，如图 7-20 所示。

图 7-20 3D 可视化预制梁场

②全过程追溯。

以每个预制构件为基本元素，以手机 App 为工具，在预制工厂化制造全过程“扫码 + 上传”，记录制造、检测信息，实时反馈生产进度，实现全生命周期质量溯源和责任溯源，如图 7-21 所示。

（5）梁场——预应力智能张拉监控子系统。

系统基于控制预制梁生产过程中的张拉施工工艺质量的动态控制，全天候对桥梁预应力施工质量进行控制，对张拉设备数据实时采集，通过网络实时上传到云平台服务器进行数据分析、处理，实现作业过程质量的动态监控，确保预制梁预制施工作业的质量管控。

图 7-21　全过程追溯

（6）梁场——智能压浆监测子系统。

系统基于控制预制梁生产过程中的压浆施工工艺质量的动态控制，全天候对压浆设备数据实时采集，通过网络实时上传到云平台服务器进行数据分析、处理，实现作业过程质量的动态监控，确保预制梁预制施工作业的质量管控。

（7）钢筋场——智慧钢筋场管理子系统。

智慧钢筋场功能如下。

①智能下料。

通过使用翻样产品，输出基于机械可识别的标准化料单，并上传到云平台中。智慧钢筋场云平台可针对料单进行统一管理，通过 APS（生产管理模块），输出断料最优的加工方案，并根据生产计划以及设备的产能情况快速进行排产。智能型数据加工设备通过无线传输方式接收智慧钢筋场云平台输出的数据，并依据加工方案进行加工，保证了加工数据的准确性以及产品质量，并能保障相对较高的原材出材率。加工过程中实时将加工数据反馈至智慧钢筋场云平台，为生产管理者提升产能、减少浪费提供数据支持。

a. 通过优化组合算法集群，依托于云计算的优势，输出优化范围内，出材率最高的加工方案，如图 7-22 所示，保证余废料最少。

b. 用最直观的方式呈现剪切方案，并依次传输至智能设备中，保证方案的落地执行。

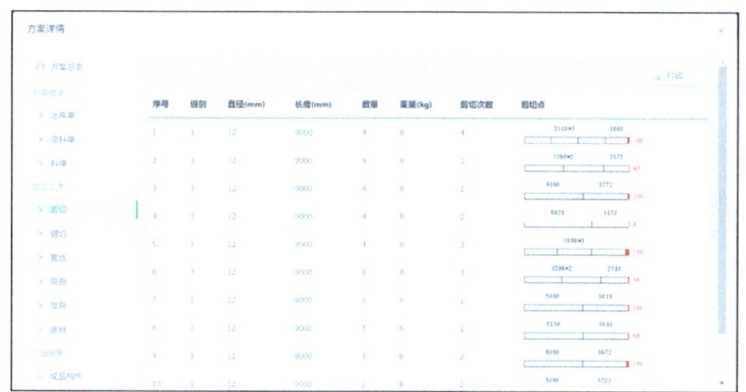

图 7-22　棒材剪切优化组合

②统计分析。

可实时查看生产加工情况，具体如图 7-23 所示。

a. 实时反馈各智能设备的加工数据，并统计原材出材率情况。

b. 各项目的原材进场量、库存量、配送量、余废料量一目了然。

c. 时刻累计加工数据量及按照年份统计人均单产，预估加工整体产能。

图 7-23　生产加工情况实时查看

可以对加工方案进行综合分析：

a. 针对每一份加工方案输出需要的原材详细用量、加工方案的出材率。

b. 分析加工方案的工艺细节，清晰每一步工艺的钢筋重量，提前做好计划准备，如图 7-24、图 7-25 所示。

图 7-24　加工方案综合分析一览表

方案总览

原　材	构件统计	出材统计（棒材）
总消耗量：61392kg 棒材消耗：44596kg 线材消耗：16795kg	总 重 量：60946kg 棒　　材：44150kg 线　　材：16795kg 料单数量：2份 构件数量：426个	出　　材　　率：99.00% 余　　废　　料：445kg 废料率（<0.5m）：0.68% 废　料（<0.5m）：302kg

料牌统计	工艺统计	
总　数　量：3701个 A4纸消耗约：308张	剪　　切：1597根 锯　　切：511根 套　　丝：2674个 弯　　曲：5660根 弯　　箍：25685根 原材转运：0根	26680kg 17915kg 17809kg 18346kg 16795kg 0kg

图 7-25　加工任务一览表

c. 输出加工后的理论余废料信息，方便进行余废料管理。

7.3.7 施工作业管理

1）路基压实管控子系统

对压路机进行改造，通过对安装了车载感应器的压路机所发出的信息进行采集和分析，第一时间把压实质量反馈成简单易懂的画面导航信息，并反馈到压路机驾驶室的电子屏幕上，如图 7-26 所示，给司机进行智能压实导航，从而避免了漏压、过压等问题的发生。该系统会分别采集和分析反馈压实轨迹遍数，路面压实速度等数据给司机参考导航，在最大化地节省了施工成本的同时又保证了路面压实质量，一举两得。

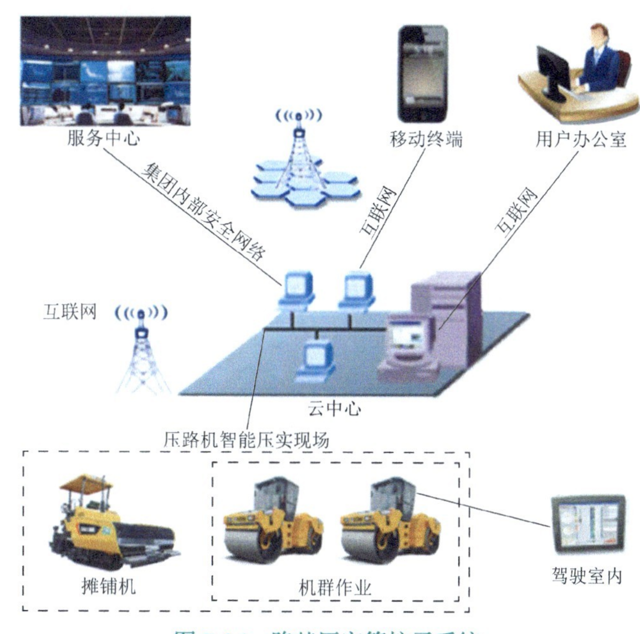

图 7-26 路基压实管控子系统

2）路面摊铺监控管理子系统

针对摊铺机进行数字化改造，在不破坏机器的前提下加装 GNSS（Global Navigation Satellite System，全球导航卫星系统）厘米级定位系统、温度传感器、平板电脑、视频监控系统等组件，实施监测摊铺温度、速度等质量数据，摊铺碾压后台界面记录和存储施工过程所有的数据，提供摊铺温度云图、位置、速度波动等数据，并为质量回溯提供数据支撑，如图 7-27 所示。

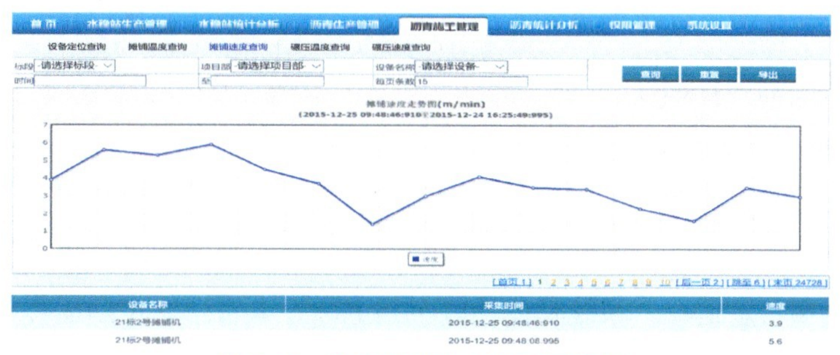

图 7-27 路面摊铺监控管理子系统

7.3.8 施工现场管理

1）劳务实名制管理子系统

劳务实名制管理子系统以信息化手段为支撑，以制度建设为保障，落实管理责任，重点构建统一建筑从业人员档案数据库和信息共享平台，实施实名制管理、考勤记录、技能培训、进退场管理、工资支付五个主要关键环节的监控，如图 7-28 所示，从而强化有序监管、提升行业素质、保障合法权益，确保工程质量和安全生产。

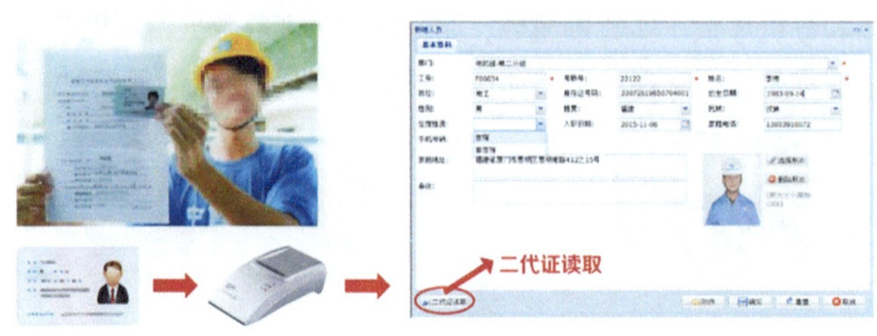

图 7-28　劳务实名制管理子系统

（1）建立农民工身份实名信息库。系统将在终端上形成与企业联网的实名信息库，利用第二代身份证识别技术归集农民工的基本信息、岗位资格信息及从业记录信息，现对施工单位及农民工的统一规范管理。

（2）建立了施工考勤管理台账。依托成熟的互联网、GPS 技术采集建筑工地人员的上下班考勤信息，并将考勤时间及时存储到本地数据库中，提供有效的出勤管理依据。同时，通过监控网络，保证项目部也能随时掌握工程施工人员考勤状态，确保了对施工人员的考勤管理。

（3）实现了在线技能培训。建立在线学习园地，通过网络教育及培训方式，彻底打破时空的限制，实现随时随地通过网络接受培训。

（4）实现了对农民工的进退场管理。系统将进退场的所有工人的个人基本信息进行采集，并自动对采集的数据进行检测，保证进退场场人员的基本信息真实有效，方便对工地现场进行管理。

（5）实现了对农民工工资的全方位监管。工资监管模块主要实现了对农民工工资支付执行情况的监控，从而有助于形成企业的信用评价。主要功能包括项目资金规划、工资支付管理及工资支付记录管理。

2）特种设备管理子系统

特种设备管理子系统如图 7-29 所示，它按照国家和行业要求对特定的特种设备进行管理，使管理更具有针对性和目的性，提高了特种设备在使用和管理过程中的安全性，保障了特种设备长时期稳定运行。系统具体功能包括上岗打卡管理、定期巡查与报警，确保施工安全、故障维修进展随时掌握等。

客户端访问	维护人员	领导	管理人员	
业务层	月检管理	年检管理	定检管理	安全附件管理 / 修理改造管理
	认证	授权	加密解密	
功能层	月检提醒	年检提醒	定检提醒	
	安全附件检验提醒	设备试验结果提醒	综合报警查询	
	月检结果维护	年检结果维护	定检结果维护	
	设备基本信息维护	设备技术参数维护	安全附件信息维护	
	系统配置	用户权限	系统日志	接口管理

图 7-29　特种设备管理子系统

3）二维码构件管理子系统

二维码管理实现了工程部位的信息化、网络化管理，降低了管理成本且便于跟踪查询。

（1）预制构件。

通过手机 App 扫描贴在预制构件或桥墩等部位的二维码，即可获取构件的名称、制作时间、脱模时间、施工时间、进度等信息，如图 7-30 所示，方便现场构件的灵活管理，对构件的质量把控起到良好的辅助作用。

图 7-30　预制梁板二维码管理

（2）设备信息二维码管理。

为每个设备配备专属二维码身份证，扫码即可查看对应的合格证、操作证等，如图 7-31 所示，可快速添加巡检记录，上传故障照片，帮助管理者加强设备监控，确保施工安全。

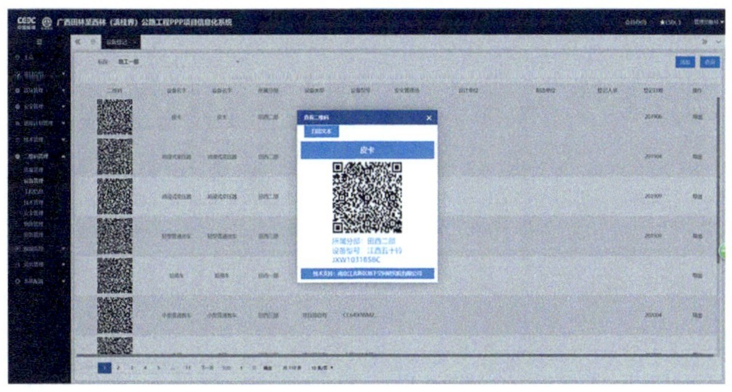

图 7-31　设备信息二维码管理

（3）工程信息二维码管理。

为每个工程配备专属二维码身份证，扫码即可查看对应的所属标段、负责人、工程概括等，如图 7-32 所示，并可上传相关附件，帮助管理者加强工程监控，确保施工安全。

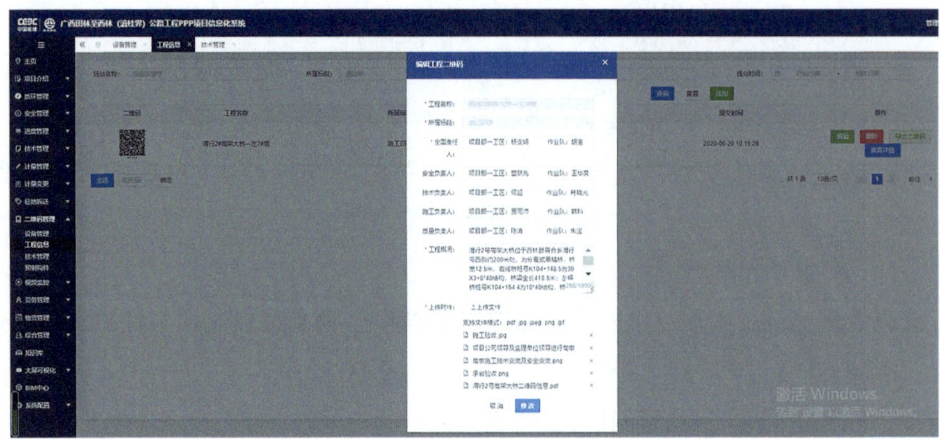

图 7-32　工程信息二维码管理

4）工序报检子系统

项目建设资料工序填报系统提供质量/安全信息查询和数据的汇总、分析，以便随时掌握工程质量/安全动态，达到对工程质量/安全实行全面全过程管理和控制的目的，为竣工资料的规范和整理做基础。

（1）资料填报。

①工序填报与查看。

分部分项树（全部未填报、部分已填报和全部已完成不同的状态）、表单填报（对每个分项下表单进行填报）、表单流程执行日志（每个表单流程执行日志）和我的待办等填报功能，如图 7-33、图 7-34 所示。

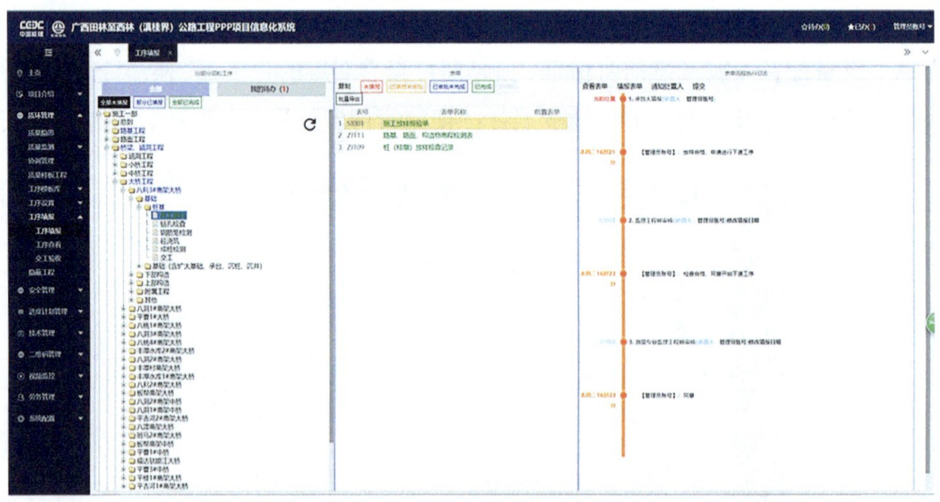

图 7-33　资料填报

SJ001

施工放样报验单

承包单位：　　　　　　　　　　　　　　　　　　合 同 段 ：

监理单位：　　　　　　　　　　　　　　　　　　本表编号：

致：

根据合同要求，业已完成

施工放样工作，清单如下，请予查验。

承包人：管理员账号　　　　日期：5/19/2020

桩号或位置	工程或部位名称	放样内容	备注
K34+950	左幅1号桥梁桩机	基坑放样	

附件：测量及放样资料

监理工程师意见：　　检查合格，同意开始下道工序　　签名：管理员账号

专业监理工程师结论：

同意

专业监理工程师：管理员账号　　日期：5/19/2020

图 7-34　资料填报样例

②交工验收。

按分部分项树进行交工和计量管理，如图 7-35 所示，对接计量管理系统接口。

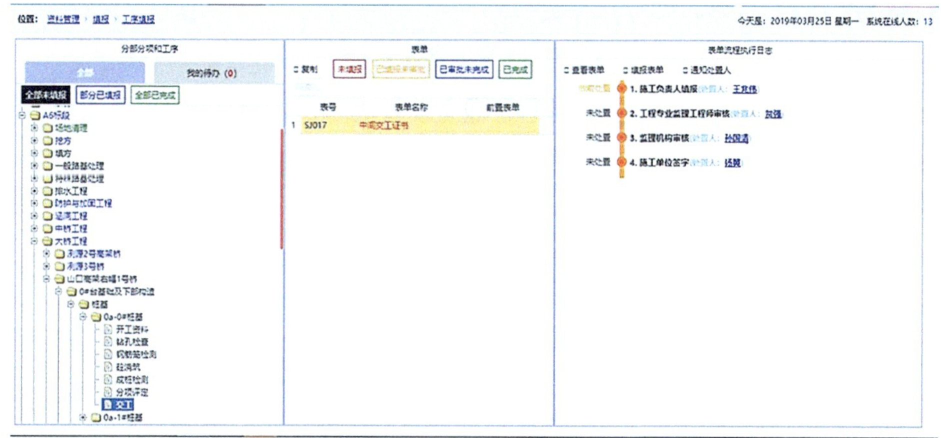

图　7-35

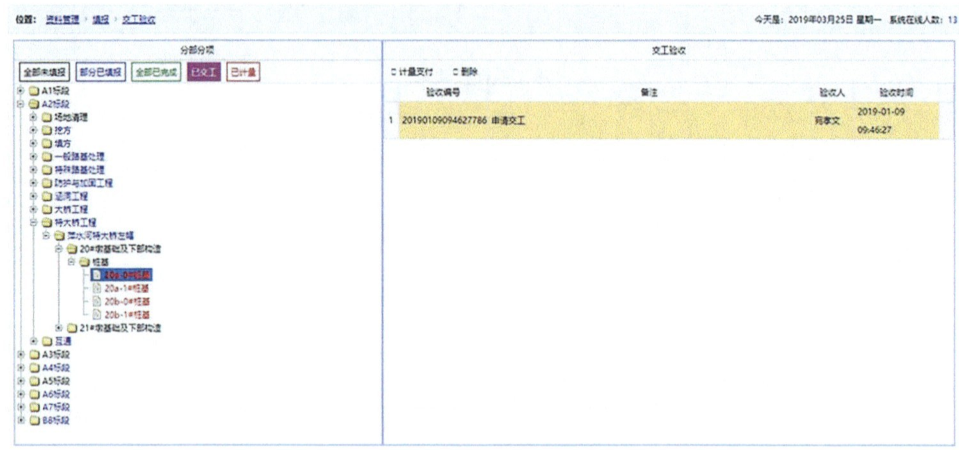

图 7-35 交工验收资料填报

（2）填报设置。

①工序和表单设置。

a. 按分部分项对工序和表单进行设置管理，包括增加、修改和删除工序，复制工序，导入工序和导入处置人，如图 7-36 所示。

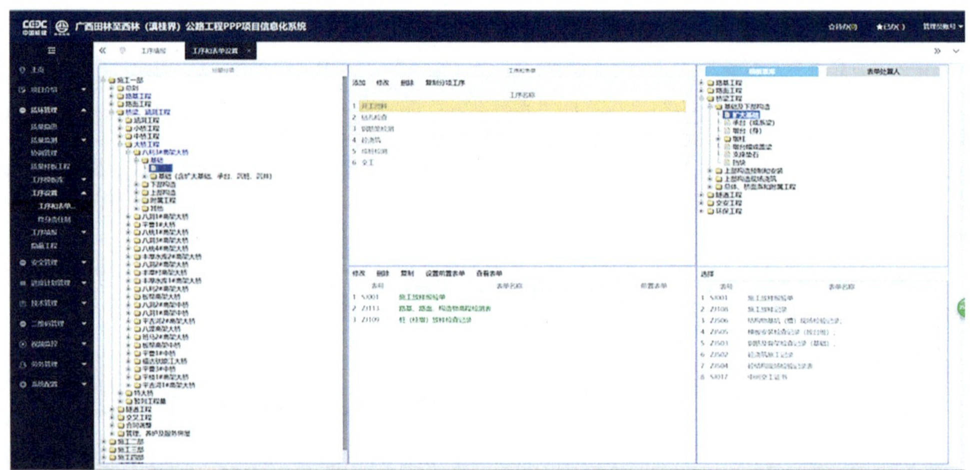

图 7-36 资料工序表单设置

b. 对表单进行增加、删除和修改管理。设置前置表单、查看表单和复制表单。

c. 表单模板库管理和表单流程处置人管理。

②超时未审核通知。

通知超时的未审核的表单填报，如图 7-37 所示。

（3）资料模板设置。

①分部分项模板。

分部分项目模板树管理。增加、删除、修改并可以导入，如图 7-38 所示，提供服务接口。

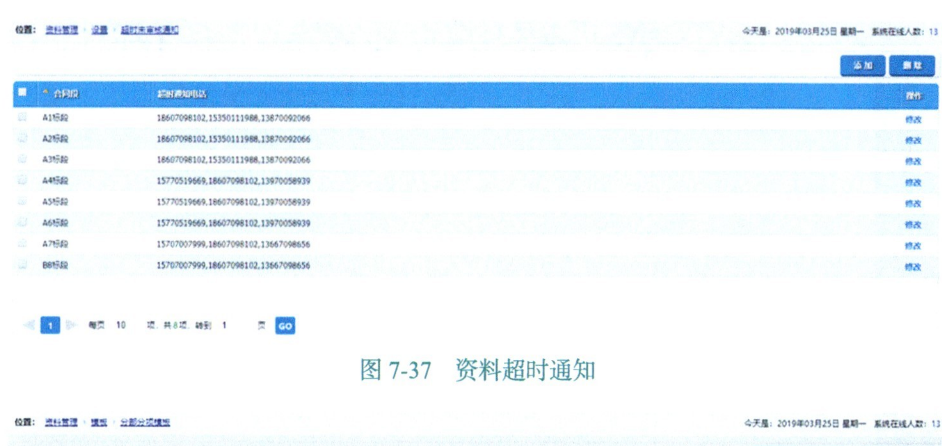

图 7-37　资料超时通知

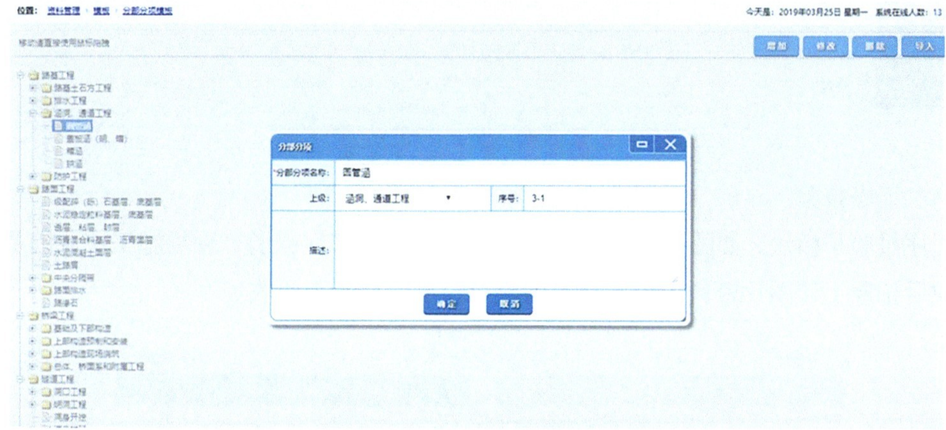

图 7-38　分部分项工程填报

②表单模板。

分部分项表单模板进行管理：增加、删除和修改，如图 7-39 所示。

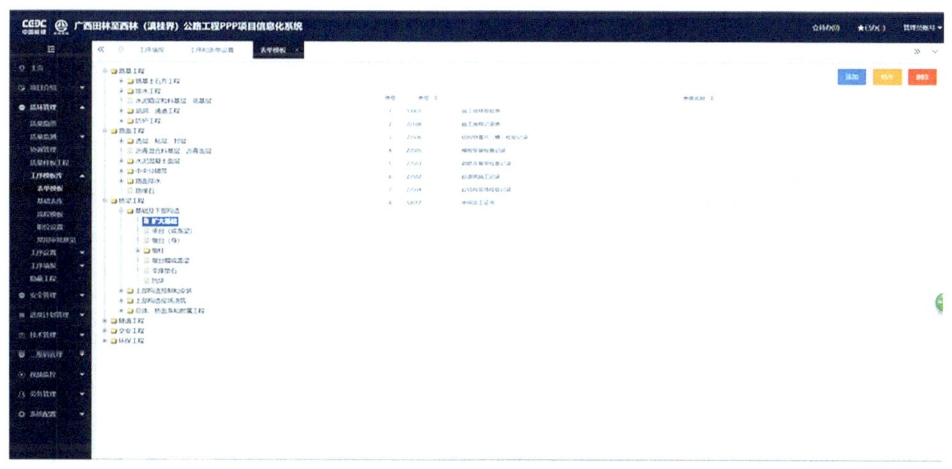

图 7-39　分部分项表单模板

③基础表库。

基础表单增加、查询、修改和批量更新、删除进行管理，如图 7-40 所示，并对表单审批流程进行控制设置。

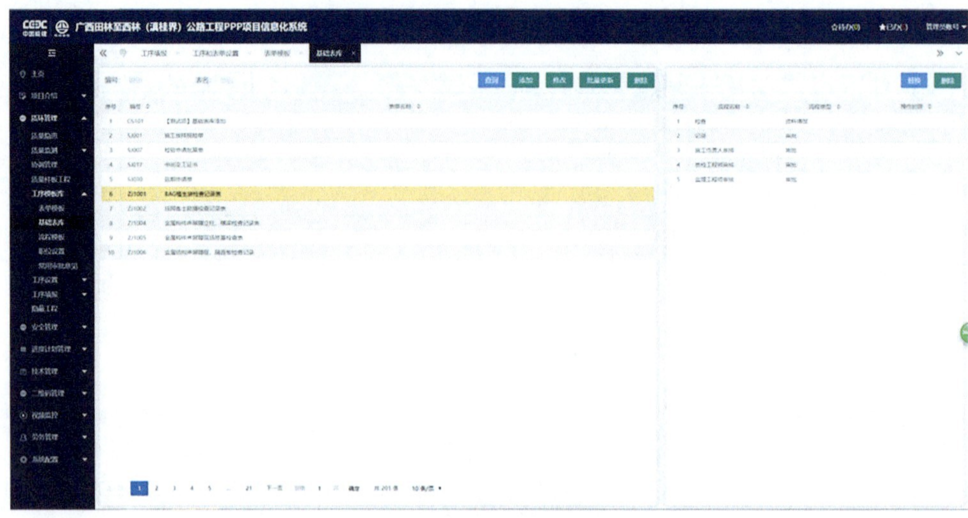

图 7-40　基础表单库

（4）工序报验。

工序报验子模块，如图 7-41 所示，包括隐蔽工程及工序报验，现场施工作业人员在工序完成后拍照上传图片资料，报质检员验收通过后，报监理验收。

图 7-41　工序报验界面

5）质量隐患整改子系统

质量/安全隐患整改包括隐患上报、分派整改人、整改、复查销项等多个环节，进而实现对工程质量/安全检查的全过程闭环管理，如图 7-42 所示。

质量/安全隐患整改支持离线功能，手机、iPad 端可自动存储数据，有 Wi-Fi 时自动上传。

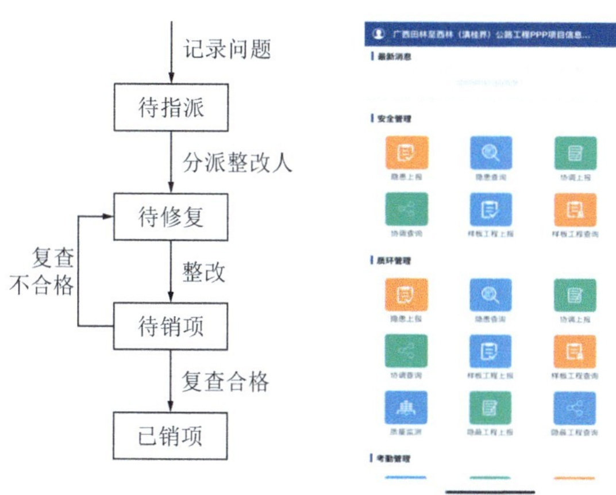

图 7-42　质量/安全隐患闭环管理

（1）隐患上报。

对检查过程中出现的隐患，直接通过手机拍照、简单点选的方式完整、有规范地记录，如图 7-43 所示，包括分派整改人、整改期限、问题描述、照片、语音、视频以及对应的检查项分类和位置。

（2）隐患整改。

整改人 App 收到任务提醒后，随时查看需整改内容，并及时反馈整改情况，如图 7-44 所示。

图 7-43　隐患上报界面　　　　图 7-44　隐患通知及整改

（3）隐患复查销项。

当整改人完成整改并提交后，有相关权限的检查人或监理，就可以根据问题反馈复查，对问题进行销项操作。

（4）全过程跟踪。

整个查验、整改、销项过程清晰记录，责任明确（图 7-45）。超期任务自动提醒，同时可按状态进行查询，如图 7-46 所示。

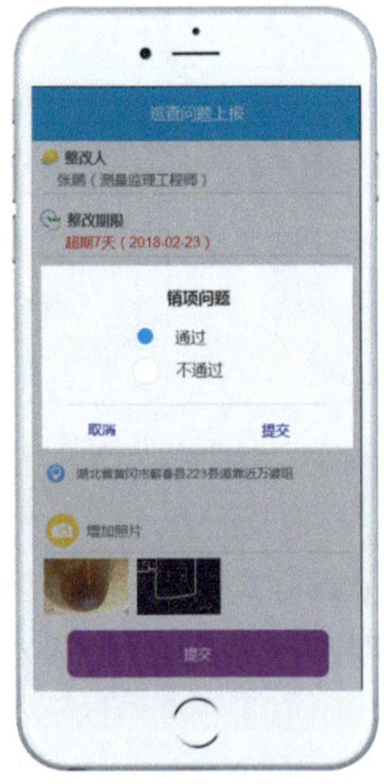

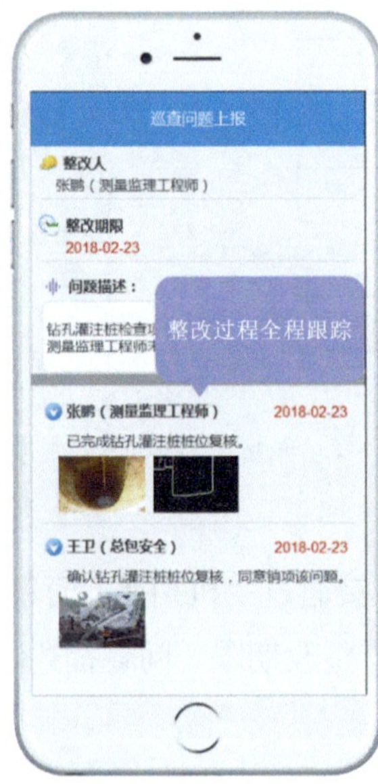

图 7-45　隐患复查销项

图 7-46　隐患过程跟踪

（5）隐患分析。

App 自动同步后台数据，自动统计整改完结率、待整改问题数、总问题数以及人员整改工作量，进而对项目质量/安全的全过程精细化把控，如图 7-47 所示。

图 7-47　隐患分析

6）绿色施工监控管理子系统

系统适用于施工工地现场实时数据的在线监测，其中监测的数据包括扬尘浓度、噪声指数、温度湿度、风向风速等数据。通过物联网以及云计算技术，实现了实时、远程、自动监控颗粒物浓度以及现场视频、图像的采集；数据通过网络传输，可以在计算机、手机、iPad 等多个终端访问。扬尘监控系统在工作的时候，对于一些数值超标的画面会进行自动抓拍，再通过网络将抓拍到的画面以及数据传输到服务器，实现可视性数据。并且具备自动报警功能，可以随时掌控环境发生的变化，进而告知有关部分进行整顿。扬尘监控系统具备报警联动信息输出功能，可以外接喷雾降尘设备，实现联动。

7.3.9　安全管理系统

1）施工现场视频监控子系统

在重点部位设置视频监控点，通过远程视频监控系统可以及时地了解现场的工作情况，查看是否有违规情况，实现日常视频巡检，发现问题第一时间进行解决。对现场的施工进行监督，可以抓拍现场视频以及图片作为不规范操作依据。杜绝现场施工安全隐患，提高安全风险意识，把施工风险降至最低，并为杜绝安全事故的发生提供有力的数据源支持，从而建立施工现场视频监控子系统，如图 7-48 所示，并支持手机 App 查看。

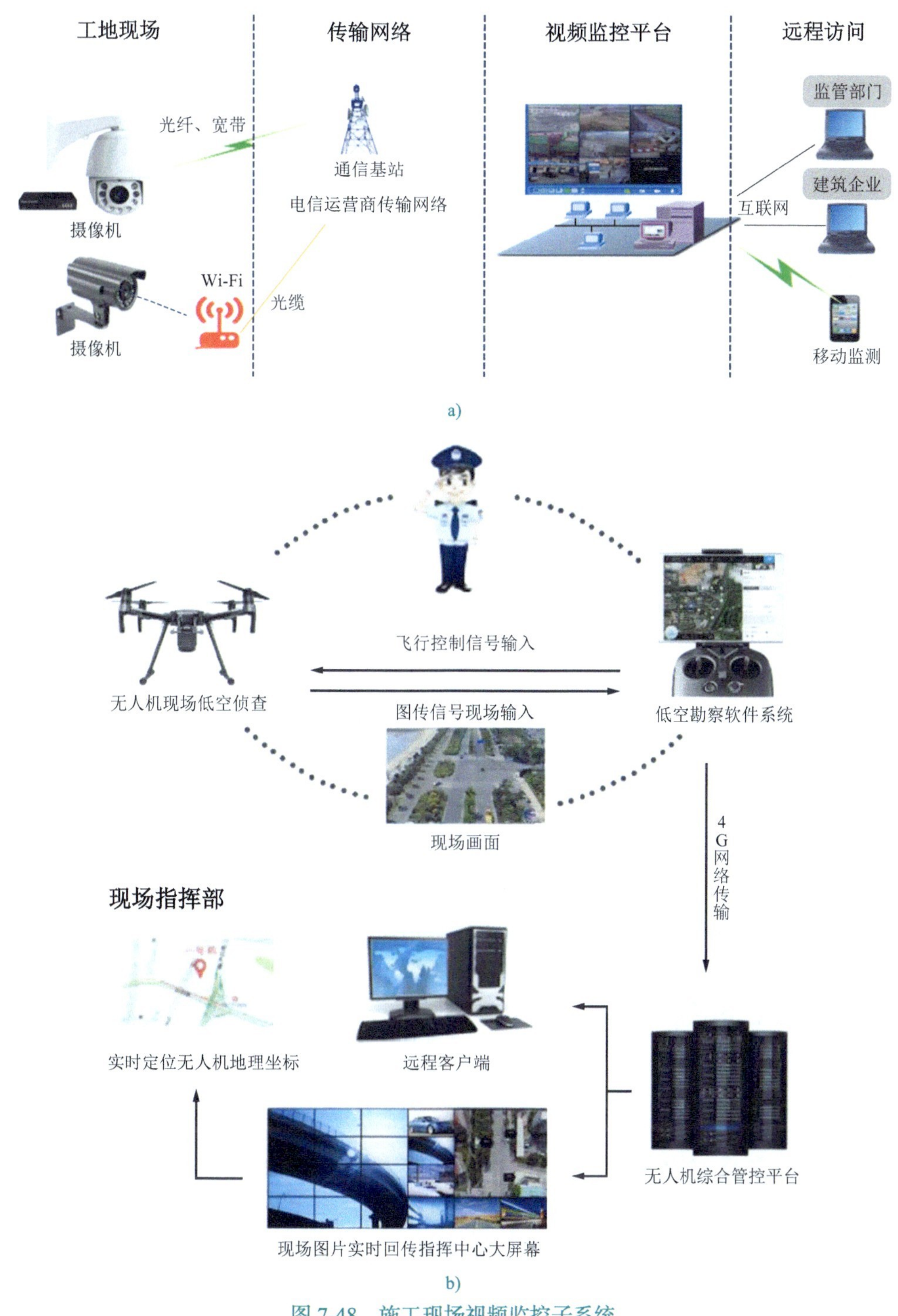

图 7-48 施工现场视频监控子系统

工地现场：安装摄像机和视频服务器。摄像机采用无线接入方式，本地配置视频服务器可存储视频 1 个月。

监控管理平台：可实现视频的调取、录像、存储、用户管理等功能。

远程访问：监管部门、建筑企业等授权用户均可用计算机、手机，通过互联网查看监控视频。

还可以通过多架无人机在项目范围内部署，实现重点区域全覆盖的无人机巡检。综合管控平台可以实现监控无人机的地理位置、航线轨迹，同时可以调取实时视频，便于管理中心进行实时决策。

视频监控子系统的作用包括智能定向、主动巡航、信息准确、效率提升。可安装在洞口、临边、塔式起重机、卸料平台、升降梯和进出口。

2）施工车辆动态监管子系统

施工车辆动态监控子系统可以将施工车辆（含材料运输车、移动式特种设备）的位置、状态等数据反馈给车辆管理人员，如图 7-49、图 7-50 所示，实现对车辆的定位、追踪、轨迹查看、监听、监视等功能，并且可以把数据等相关信息导出作为车辆行驶的历史依据，帮助车辆调度管理人员掌控车辆的在途信息，提升车辆管理效率。

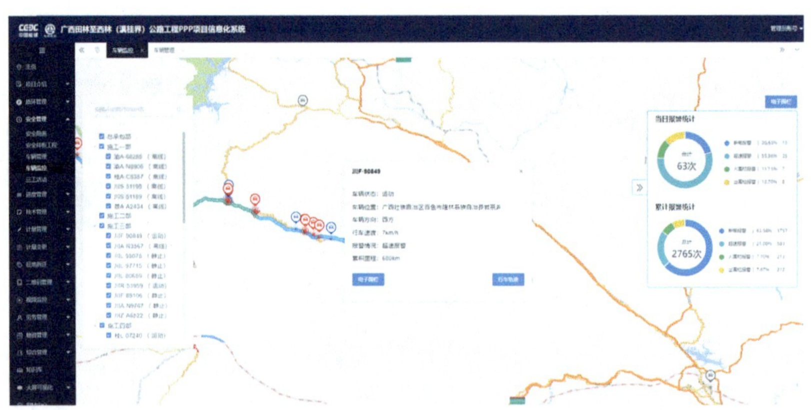

图 7-49　施工车辆动态监管子系统页面展示

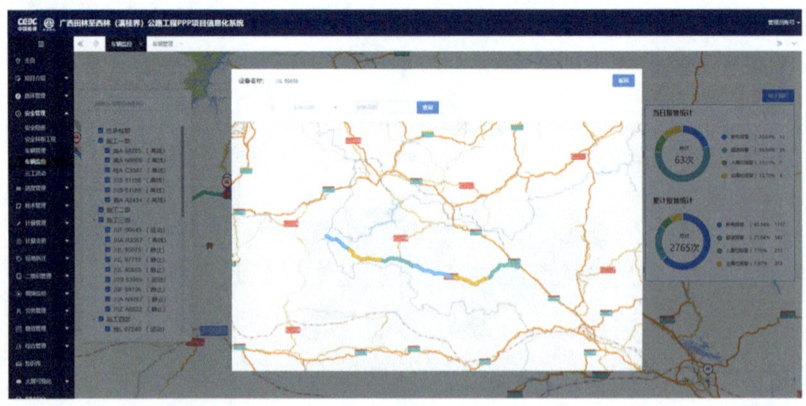

图 7-50　车辆行车轨迹

由 GIS、GPS（或北斗卫星导航系统）技术组成的车辆监控系统可分为三大功能模块，即：车载终端模块、移动通信系统与监控中心。车载终端通过 GPS（北斗卫星导航系统）接收机接收的卫星信号运算出定位数据（经度、纬度、时间、速度、方向）和状态数据等，经过计算打包处理，将数据信息通过无线通信网络（GSM/GPRS）发回到中心信息网关，中心信息网关接收来自车载单元回传中心的定位及状态数据，判断数据类型，将其中的 GPS（北斗卫星导航系统）定位数据、状态数据、服务请求等根据中心服务系统的车辆所属单位派发给相应的监控客户端，监控客户端软件根据上传的各车辆 GPS 定位信号中的经纬度坐标，在地理信息系统的支持下，经过电子地图匹配技术，在地图上实时显示车辆的位置、状态等信息，从而实现了车辆的实时监控管理。

3）VR 安全体验馆

VR（Virtual Reality，虚拟现实）安全体验馆采用成熟的 VR、AR（Augment Reality，增强现实）、MR（Mixed Reality，混合现实）等仿真技术，如图 7-51 所示，结合 VR 配套设备、电动机械，全面考量工地施工的安全隐患，以三维动态的形式虚拟仿真出工地施工真实场景和险情，实现施工安全教育交底和培训演练的目的，体验者可通过 VR 体验馆“亲历”施工过程中可能发生的各种危险场景，并掌握相应的防范知识及应急措施，从而避免现实中发生类似的事故。

图 7-51 VR 安全体验馆

4）安全隐患整改子系统

安全隐患整改包括隐患上报、分派整改人、整改、复查销项等多个环节，进而实现对工程安全检查的全过程闭环管理。具体功能包含隐患上报、隐患整改、隐患复查销项、全过程跟踪、隐患分析等。

5）隧道安全管理子系统

隧道安全管理子系统着重在综合隧道管理各项资源，在保证既定的系统功能正常应用的前提下，利用先进 ZigBee（紫蜂）技术对系统进行整合利用，如图 7-52 所示。本系统包含视频监控、人员考勤和实时精确定位管理、人员/车辆门禁系统、LED 大屏同步系统等，最大限度地利用资源将隧道工作、管理提升到更高水平的管理平台上。同时利用隧道三维建模，实时将隧道内人员车辆情况反映在平台上。

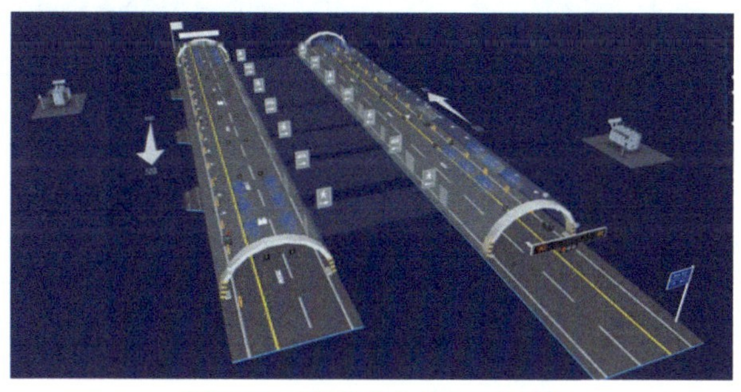

图 7-52 隧道安全管理子系统

6）门禁系统

门禁系统有多方案可选，自动识别包含动态人脸识别和远距离自动感应，该方案自动采集人员进出信息，无须人工刷卡，只需人员和以往一样正常进出隧道即可。系统对所有进入隧道施工人员进行实名管理，施工人员通过人脸识别或人员识别卡自动感应验证后，人行通道开门，施工人员方能进出通道，同时系统将自动记录人员姓名、工种、进入时间及人员数量，如图 7-53 所示。门禁管理软件通过统计后实时同步显示到 LED 显示屏上，实现对洞内人员进行实时统计。

图 7-53　门禁系统——人员管理

针对施工现场车辆进出频繁、难以管理的特点，该系统实行人走人道、车行车道，互不相扰，行人与车辆通道完全隔离，实现人车分流，进洞车辆和人员一目了然，洞口管理井然有序，安全保障品质升级（图 7-54）。人车分流及门禁系统的建立，有效提升了现场管理效率和品质，为隧道洞内施工安全提供了有力保障。车辆通过分流后也便于进出车辆统计，实现对洞内车辆具体数量实时掌控。同时做到进出洞口无须停车刷卡，全自动远距离识别。

图 7-54　门禁系统——车辆管理

将 LED 大屏幕安装在隧道口或值班室附近，以靠近值班室为佳，用于实时显示隧道内施工人员的统计信息、施工工序、安全公告及洞内各参数信息，同时还可以显示欢迎领导检查等内容；显示内容用户可根据需要自行调整。LED 显示屏的尺寸大小可以根据用户实际需要量身定制，能充分体现隧道施工项目部管理上的施工信息透明化、信息实时性、科学施工。

7）视频监控及人员定位

视频监控系统包括前端视频采集设备、通信传输设备，以及后端的视频处理服务器，如图 7-55 所示。该系统具有实时存储、回放、检索、查询功能，值班人员可时时关注洞内外施工情况，从而达到随时随地（可实现手机远程访问）及时准确地对其进行监管，为隧道安全施工保驾护航。

图 7-55　视频监控及人员定位

洞口视频监控点一般选择在洞口进方向和洞口出方向分别安装摄像头，如图 7-56、图 7-57 所示。洞内视频监控点一般选择在掌子面以及二次衬砌台车附近安装摄像头。

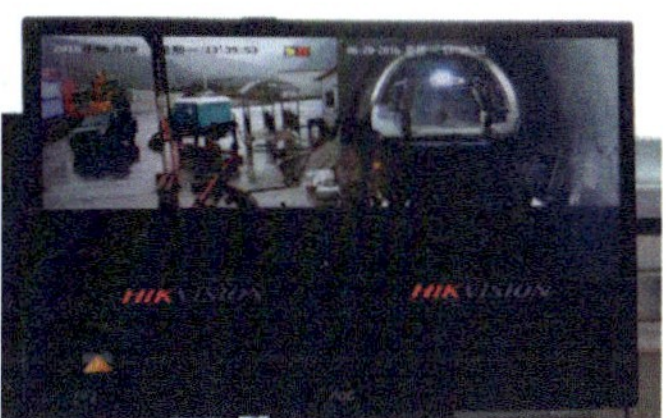

图 7-56　视频监控及人员定位

（1）人员实时定位：运用无线 ZigBee 识别技术实现对人员实时位路的监控。基于实时位路信息，实现人员实时管理。人员实时定位可提供人员实时位置信息，方便观察其在岗情况，或者方便寻找所需对象（图 7-57）；另可对区域进行分类管理，限制未经授权的人进入危险区域，防止意外事故的发生。

图 7-57　视频监控及人员定位统计

（2）人员考勤：通过给隧道人员佩带定位卡，地面监控人员可在隧道地图实时观测到所有隧道人员的真实分布情况、数量、姓名，可对人员进行定位，从而可进行人员考勤管理。

（3）人员轨迹回放：系统通过对采集的数据进行存储，形成了人员历史轨迹数据，该数据可动画显示人员历史行进路线，其主要作用在于为已发生的事故提供基础数据；另一个方便主要是为人员管理提供基础数据，如有无脱岗现象、巡查人员是否按时巡查等，以提升企业管理效率，提高服务水平。

（4）人员统计：人员定位系统具有数据实时统计功能，可实时统计出人员总数、各区域内人员数量及各班组的人员数量。该功能通过对人员分布的统计分析，为管理者对人员的合理调配提供基础数据。

（5）求救报警：当员工遇到紧急情况时，可按下定位卡上的求救报警按钮，报警信息可以立刻传送到监控室，并进行声光报警提示，管理人员可根据报警信息及报警位路，迅速作出响应。

（6）区域超时报警：系统根据监控区域的不同，可设路人员停留在监控区域的时间。如系统监控到员工在危险区域停留时间过长，可能会出现危险时，会向系统发出报警信息，以提示管理人员注意查看。

8）隧道气体检测

随着隧道开挖的深入，一些特定隧道会出现有毒有害气体，如甲烷、一氧化碳、硫化氢等易燃易爆有害气体。为加强隧道施工人员的安全管理，做好监测预防工作，气体检测系统在隧道系统的应用是有必要的。

该气体检测传感器，可以连续自动地将洞内相应气体转换成标准电信号输送给关联设备，并具有就地显示气体浓度值、超限声光报警、断电功能及超高浓度断电保护载体催化元件等功能，如图 7-58 所示。适宜在有危险的洞内开挖面固定使用。每一个传感器可独立使用（自带 LED 数值显示和监测值超限声光报警功能），也可以联机使用将检测到的气体数据推送到洞口值班室并同步到 LED 屏幕上。

a)

图 7-58

b)

图 7-58　隧道气体检测和显示

9）智能监控测量

隧道工程地质沉降与围岩监测智能采集监控子系统，如图 7-59 所示，从地下工程的特点及实际需要出发，针对施工单位现场作业人员及项目部管理人员、监理单位及建设单位管理人员等不同层级参与方对管理项目监测信息的不同关切，提供一套完整、高效、智能的平台级系统解决方案。

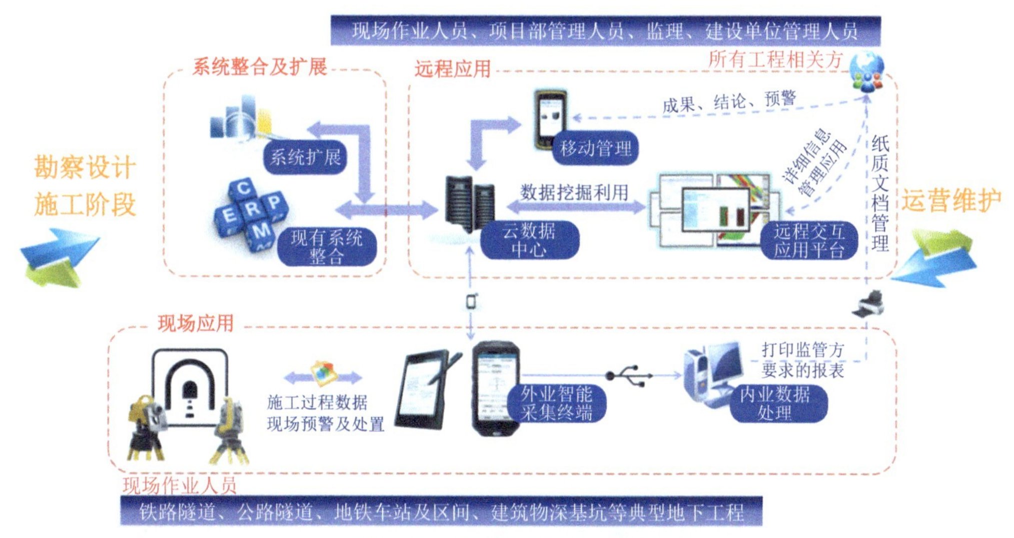

图 7-59　智能采集监控子系统

在工点现场，通过外业智能采集终端及配套软、硬件，建立与测量仪器（如水准仪、全站仪等）的无线连接，自动从仪器采集原始数据，并实时进行分析计算，现场给出超限提示，如图 7-60 所示。测量完成后，成果数据将通过手机网络实时上传到数据服务器。回到办公室后，现场测量人员可通过内业数据软件导出对应的原始数据和成果报表，以便现场应用。整个过程人工无法对数据做任何编辑。

在远程管理端，系统为施工现场管理人员及公司级管理人员提供基于网页的应用平台。平台以丰富的图表、曲线等形式提供各项目的工程信息、测量数据、报警信息等内容，并提供报警短信设置、报警处置等交互功能。

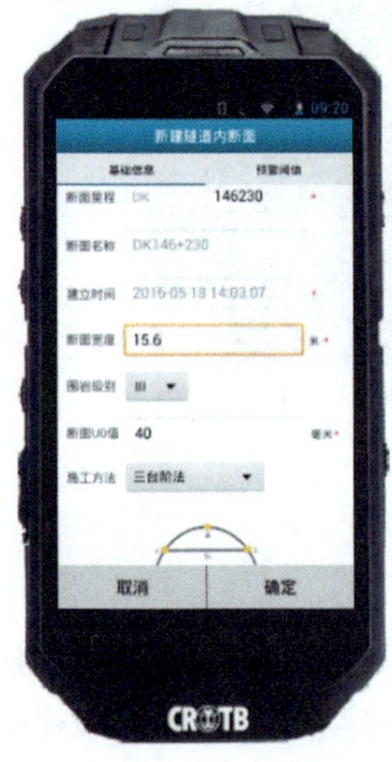

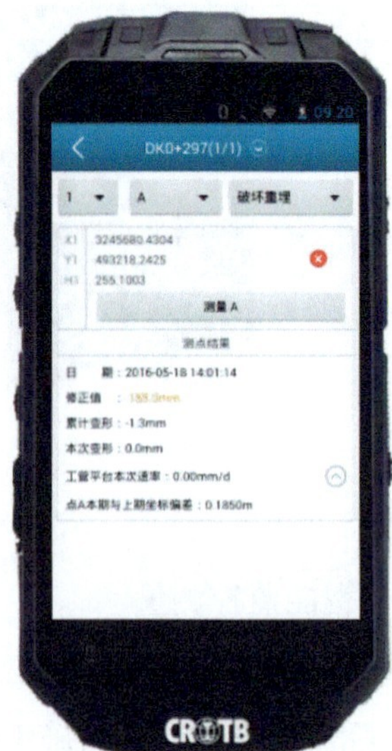

图 7-60　智能监控测量

10）安全步距监控

隧道施工过程中对隧道安全步距有着严格要求，通常情况下根据围岩等级不同对步距的要求也不同，例如：仰拱距掌子面Ⅲ级围岩不超过 90m；距Ⅳ级围岩不超过 50m，距Ⅴ级及以上围岩不大于 40m 或按设计要求；二次衬砌距掌子面距离，Ⅰ、Ⅱ级围岩不超过 200m，Ⅲ级围岩不超过 120m，Ⅳ级围岩不超过 90m，Ⅴ级及以上围岩不超过 70m。本系统在二次衬砌或仰拱位置安装基于毫米波雷达的安全步距采集终端，通过采集终端实时将步距信息通过无线网络发送至服务器的数据库中，系统通过模型算法计算步距长度，并根据围岩类型进行超标预警。

主要功能包括：

（1）实时监测安全步距长度信息，如图 7-61 所示，并将信息传送到监控中心。

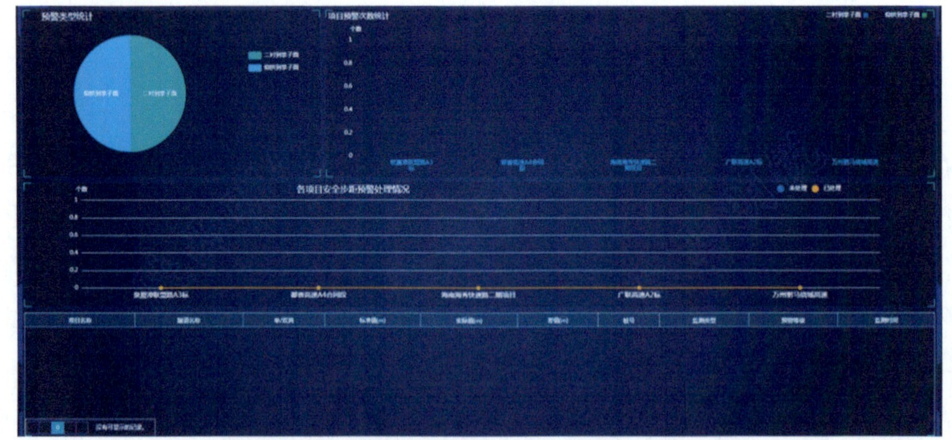

图 7-61　智能监控测量——安全步距信息

（2）根据隧道围岩类型，对安全步距长度进行实时预警，如图 7-62 所示。

序号	报警项目	围岩等级	限制值	单位
1	掌子面与未完成洞口距离	III	120	m
2	掌子面与未完成洞口距离	IV、V、VI	90	m
3	上台阶每循环开挖支护进尺	VI、V	1	榀
4	上台阶每循环开挖支护进尺	IV	2	榀
5	边墙每循环开挖支护进尺	—	2	榀
6	仰拱每循环开挖支护进尺	—	3	m
7	仰拱与掌子面间距	—	35	m
8	隧道二次衬砌与掌子面间距	IV	90	m
9	隧道二次衬砌与掌子面间距	V、VI	70	m

a) 红线卡控（距离）

围岩级别	断面	初期支护	施工方法	拱圈（d）	仰拱（h）非爆破/爆破
IV	单线	拱架、喷、锚、网	二台阶	13	10/14
	双线		二台阶	13	11/16
V	单线	拱架、喷、锚、网	二台阶	21	12/16
	双线		环形开挖留核心土	30	13/18
VI	单线	拱架、喷、锚、网	环形开挖留核心土	35	14
	双线		CD/双侧壁	—	—

b) 红线卡控（时间）

图 7-62 智能监控测量——隧道围岩步距

（3）通过数据统计、分析，实时展示步距历史变化趋势，如图 7-63 所示。

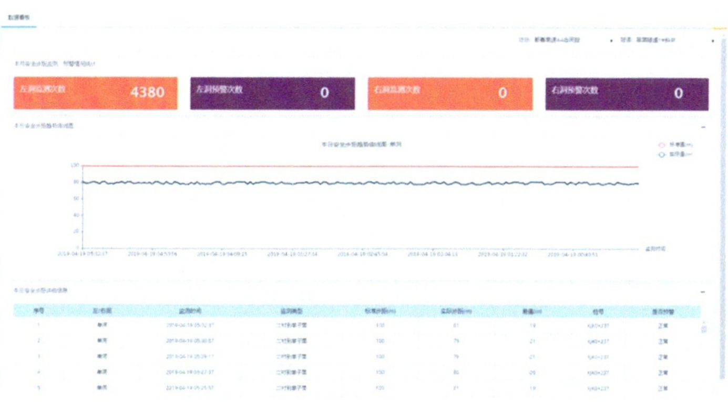

图 7-63 智能监控测量　步距历史变化情况

（4）支持隧道安全步距在线监测数据综合查询。

11）超前地质预报

（1）“超前地质预报管理系统”将在施工现场自动采集检测设备检测的数据，然后依托物联网、互联网、超级计算机，建立云端大数据管理平台，形成“终端＋云端＋大数据”的业务体系，建立桩基检测信息管理平台，打通从一线操作到远程监管的数据链条。通过“超前地质预报管理系统”的建设，降低现场管理成本，降低施工事故发生率，使第三方检测单位、施工单位、业主等各级管理部门可以及时准确了解隧道地质勘测情况，如图 7-64 所示。

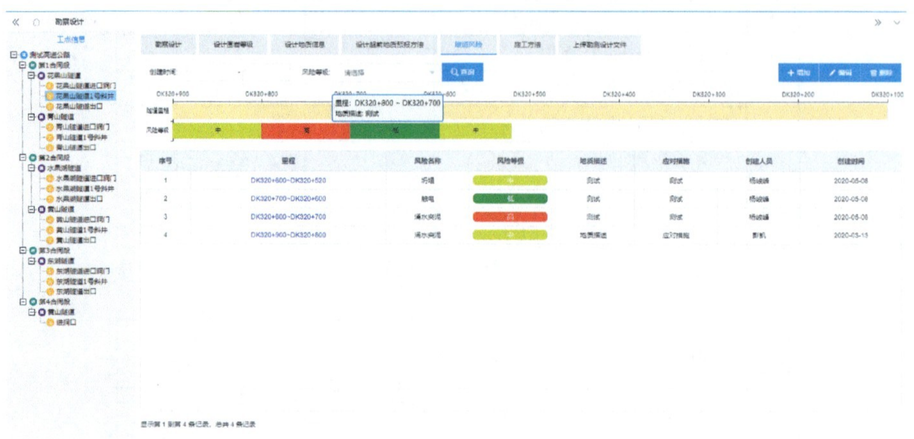

图 7-64　超前地质预报——花果山隧道风险

（2）系统可对施工期地质勘测的临近进行预警提醒，发现测量延误进行预警提醒，用户可针对不同的预警及时进行管理。对实际预报的单项成果和综合成果的位置、长度、围岩等级、风险类型、勘测结论等数据展示。数据将与勘测设计的设计信息进行比对，通过图表展示，为用户提供分析依据。

（3）通过设计期的勘测数据，根据隧道里程标注可能存在的隧道风险问题进行管理维护，实现对隧道起始里程、风险名称、风险等级（低、中、高）、地质信息、应对措施等信息的可视化登记，为施工期测量提供测量依据。

（4）通过设计期的勘测数据，根据隧道里程需要采用的如何的施工方法，根据隧道的里程进行施工方法的预设，实现对隧道起始里程、长度（m）、施工方法、开挖方法等信息的可视化管理，为施工期测量采用的测量方法提供测量依据（图 7-65）。

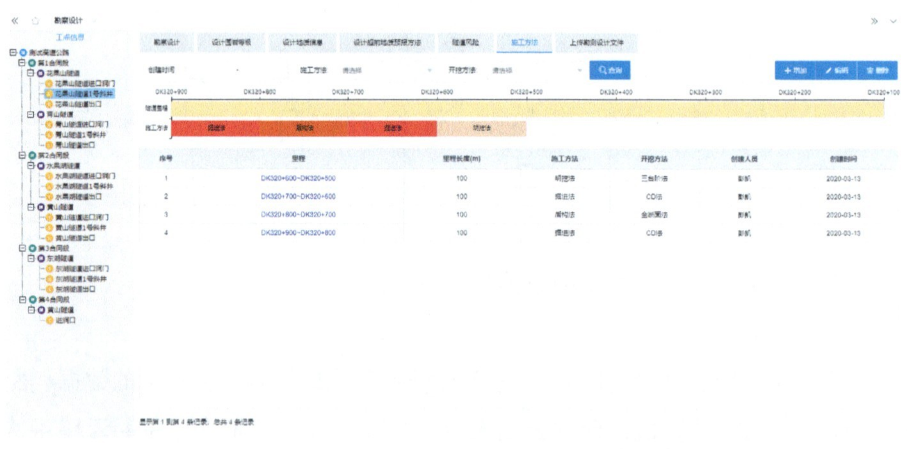

图 7-65　超前地质预报——花果山隧道施工方法

（5）根据勘测设计的基础数据，对施工期地质勘测的临界进行预警提醒（图 7-66）。

图 7-66　超前地质预报——临界预警

（6）根据勘测设计的基础数据，对施工期地质勘测的测量延误进行预警提醒，如图 7-67 所示。

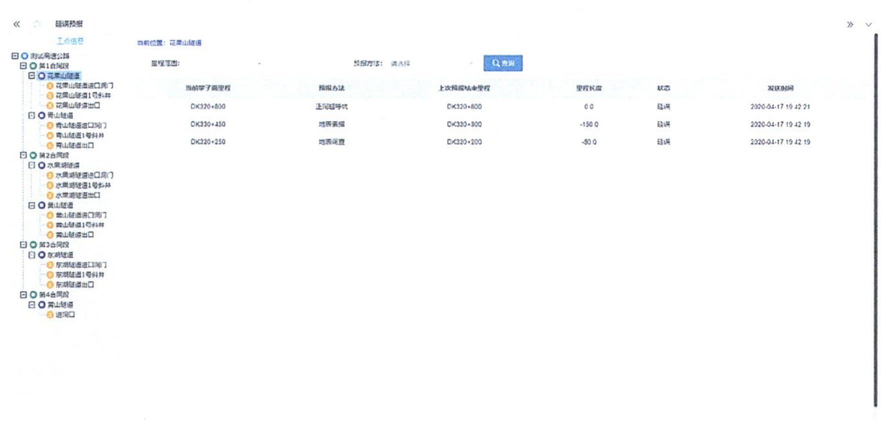

图 7-67　超前地质预报——测量延误预警

12）现场安全监管子系统

现场人员配备由 GPS、北斗卫星导航系统定位标签和大容量电池组成的安全帽，主要用于现场人员位置定位和精确管理，如图 7-68 所示。该安全帽定时上报定位信息，具有盲区补报和静止缓报等功能。配合软件平台实现越区域报警、轨迹回放、运动和静止时间统计、人员分类统计、危险提醒等功能。支持脱帽检测、跌落或碰撞检测、SOS 报警、长时间静止报警。实时定位现场人员位置并记录轨迹，将其工作状况进行量化管理，提高其工作效率，在事故或抢险工作中，定位相关人员的位置，为事故抢险科学决策提供保障，对分包或转包项目的人员进行有效科学管理。

以劳务实名制为基础，通过人脸识别、智能物联网硬件与软件结合的技术，对工人身份进行验证，如图 7-69 所示，实现“统一管理、一人一帽”。它具有实时作业人数、日累计进场人数、劳务实名制、班组人员管理、对接住建局系统等功能，以逐步推动行业实现工人的职业化、劳务管理的数字化、资源服务的社会化和政府监管的法制化。

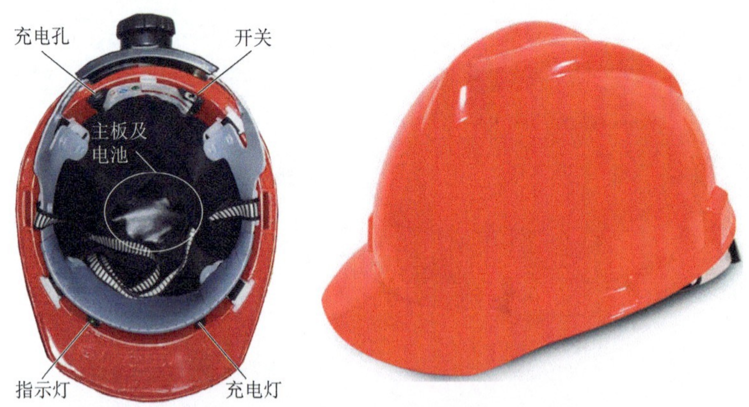

图 7-68　现场安全监管子系统——安全帽

图 7-69　现场安全监管子系统——身份验证

可在地图上设置工作区域，如图 7-70 所示，如人员越出该工作区域，系统自动报警。以图标在地图上显示当前位置和状态，领导在工作计算机上可及时了解工地的人员配备情况，同时统计地图内的员工人数。按设定的时间查询历史轨迹，实现人员的量化管理。软件自动统计人员运动时间，停留时间并形成报表。

图 7-70　现场安全监管子系统——工作区域设置

7.3.10 成本管理系统

成本系统主要包括概（预）算管理、分项清单管理、工程变更管理、工程计量管理、清单修编管理与管理费用登记等业务模块，如图 7-71 所示。其中，工程变更管理模块包含变更意向的申请与审批，工程计量管理模块包含施工计量、监理计量、预付款计量、暂定计量等。由操作员按标段、工期、时间段选择汇总生成相应的当期计量报表，进行计量结算工作。系统中设定对于计量的申请、审核、批复只需要对中间计量表进行，系统将各级的数据进行分类汇总后，生成相应的支付报表，各级操作人员均可查询各种数据处理的不同意见，当然最终结算是以总承包部相关的业务人员及管理人员批复的数据为准。计量结算汇总后的数据可以作为计划进度管理中当期实际进度，用户还可以根据实情况对其进行增、删、改工作。针对工程发生变更的申请、批复流程，在项目中从变更申请、变更通知，到变更令签发有着严格的管理。系统变更管理模块将原来到处签字的烦琐处理过程利用计算机网络来处理，从而简化工作手续，规范工作处理流程，及时、准确、可信性高，查询方便。

图 7-71 成本管理系统

7.3.11 计划进度管理系统

计划进度管理系统通过标准的 0 号台账清单分解，建立工程量清单与工程结构、变更信息的对应关系，在此基础上根据施工计划和实际完成情况对工程进度、投资费用进行动态追踪。计划进度管理系统的功能包含进度信息管理、施工计划编制、计划报表管理、实际进度登记、进度控制调整、进度报表管理、进度统计分析、移动进度跟踪，如图 7-72 所示。

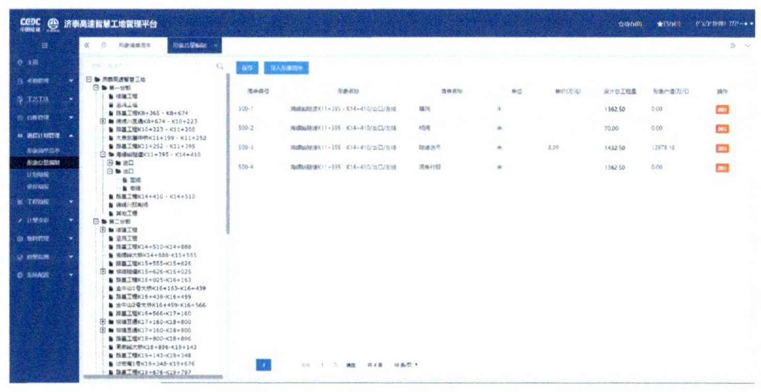

图 7-72 计划进度管理系统

系统支持以计量系统工程量清单为标准，通过计算机及手机端勾选完成形象进度填报，系统自动完成产值统计及进度图表生成。支持手机 App 端查看项目轻量化模型，以点选的方式定位到具体分部分项上报工程进度。系统基于已录入的进度管理数据，自动统计并生成项目的例行报表，并自动计算完成率及产值，向上汇总为月、季、旬进度信息。

计划进度管理系统根据时间参数及业务基础数据，一键生成施工产值及形象进度报表，如图 7-73 所示，格式可定制，支持导出 Excel，方便施工单位随时进行进度上报。

图 7-73 计划进度管理系统——台账查询和汇总

7.3.12 协同管理系统

（1）工程信息管理：包括项目信息管理、组织机构管理、用户管理等。

（2）模型管理：参数化建模、构件编码、轻量化处理、模型与数据挂接。

（3）文档管理：设计文档管理、施工文档管理、监理文档管理、建设文档管理。

第 4 篇
PART 4

平安百年品质工程
● 质量提升篇

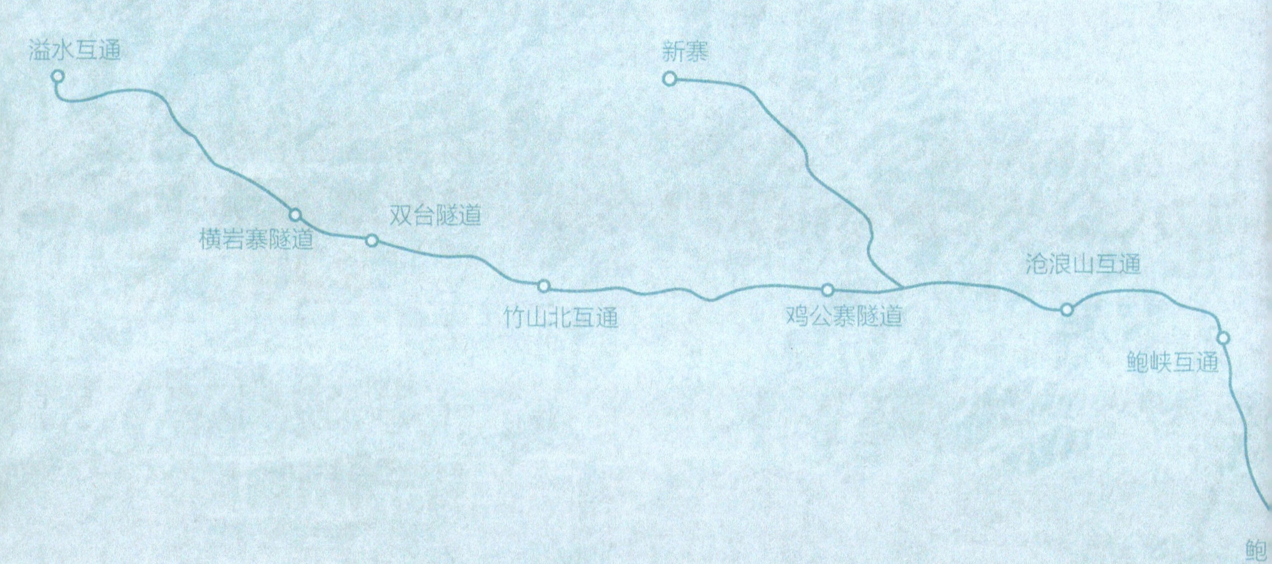
溢水互通
新寨
双台隧道
横岩寨隧道
竹山北互通
鸡公寨隧道
沧浪山互通
鲍峡互通
鲍
十白高速公路

第 8 章

桥梁建造质量提升新技术

十巫高速公路鲍溢段项目桥梁段主要采用 T 梁桥。预制 T 梁不仅可以与下部结构平行施工，缩短工期；也可以进行工厂化预制，标准化施工；同时，经济性好，施工工艺成熟，在桥梁工程中应用非常普遍。根据以往预制 T 梁施工经验，发现技术施工人员对钢筋制作、钢筋保护层、结构尺寸、混凝土强度、张拉压浆等质量控制方面较为重视，但是对其混凝土外观质量，尤其是 T 梁预制和吊装过程中的边角施工质量及保护措施等，重视程度不足，造成 T 梁边角部分损坏部位无法修补或者修补费用较大，如：伸缩缝处的 T 梁端头损坏后，安装后交工验收单位无法检查，施工单位受空间限制也无法修补；T 梁安装过程中的马蹄部分底部边角损坏，修复过程中需要使用检查车，且为高空作业，修复整体费用较高，且质量不易保证等。因此，加强 T 梁预制和吊装过程中的边角施工质量和吊装过程中的保护，尤为重要。

项目通过发明预制 T 梁台座侧面止浆、T 梁翼缘板防漏浆处理措施、T 梁横隔板边角质量保护措施、T 梁模板吊装过程中的 T 梁边角保护措施等五种技术措施，对 T 梁预制和安装质量进行了安全提升。同时，通过桥面铺装及预埋件高质量施工控制工艺改进，对十巫高速公路鲍溢段桥梁建造质量进行整体提升。

8.1 T 梁预制和安装质量安全提升技术

8.1.1 预制 T 梁台座侧面止浆

对预制 T 梁台座的侧面止浆问题，主要采用以下三种措施：

（1）设计一种新型台座止浆装置。

新型止浆措施采用使用矩形橡胶垫的方式，利用万能胶直接贴合在台座侧面钢板上，此方法较少漏浆，使用时间长，减少成本投入。

（2）设计一种用于 T 梁模板底部对拉螺栓施拧装置。

实用新型采用杠杆原理和转移工作面的方法具体实施：将支座置于 T 梁模板型钢支撑

架外侧的地面上，支座上的半圆形限位口朝向对拉杆螺母；传动杆一侧的套筒扳手套在对拉杆螺母上，另一侧的十字转动盘放置在限位口上；转向杆的套筒钢管套在十字转动盘的钢筋上，工人拆卸时转动转向杆即可完成拆卸工作。

（3）预制台座底预埋钢板处防漏浆处理措施。

预制图纸中需在梁支撑点底部预埋 3cm 钢板，其中钢板需外漏出梁体底部 1.5cm，钢板与预制梁体底部平行。由于梁长度变化在±50cm 内，所以预埋钢板在不断变化，因此为解决这个问题，采用在梁体钢板预埋位置范围内的预制台座比正常台座低 1.5cm，然后在浇筑梁前用 1.5cm 厚钢板补齐预埋钢板预埋后留下的空间，钢板之间采用海绵胶条保证底部 T 梁底部预埋钢板外漏 1.5cm。同时在此处梁体辅以调节螺栓，将纵坡在此处进行精调。

8.1.2 T 梁翼缘板防漏浆处理措施

设计一种新型的 T 梁翼缘板的止浆措施。其设计方案：T 梁翼缘板湿接缝侧由于有预留钢筋伸出混凝土面，且此处经常漏浆严重。为此设计一种可调式梳齿板，采用在 L 形梳齿板底部开设长圆孔，使梳齿板安装的过程中能够有 5cm 左右的调节空间，以保证整体绑扎的顶板钢筋能够顺利放入梳齿板中，同时浇筑混凝土前，在梳齿板内侧贴上止浆防滑带，能有效地防止此部位漏浆，且比以往使用土工布取得更有效的止浆效果。

图 8-1 所示为 T 梁翼缘板防漏浆装置。

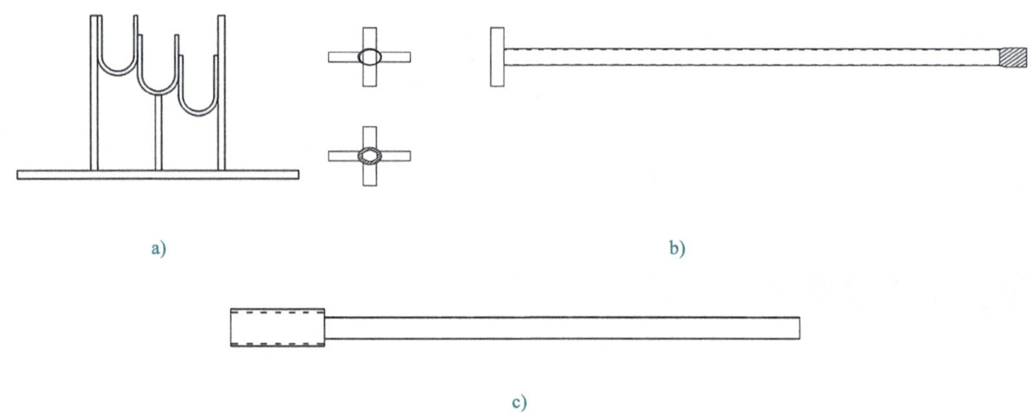

图 8-1　T 梁翼缘板防漏浆装置

8.1.3 T 梁横隔板边角质量保护措施

1）设计一种 T 梁模板横隔板端模拆除工具

T 梁混凝土达到规定拆模强度后，使用梁场 10t 门式起重机勾住横隔板端模，取掉所有端模螺母，松动端模上部梳形板部分；使用本实用新型的拉钩勾住端模下部事先焊接好的弯钩，推动钢管导轨向前，使 1 号挡块与 2 号挡块相互远离；握住钢管导轨，迅速向远离模板的方向拉动，至 1 号挡块与 2 号挡块相互碰撞，循环若干次至端模拉离 T 梁混凝土，即完成一次拆卸任务。

图 8-2 所示为 T 梁横隔板端模拆除工具。

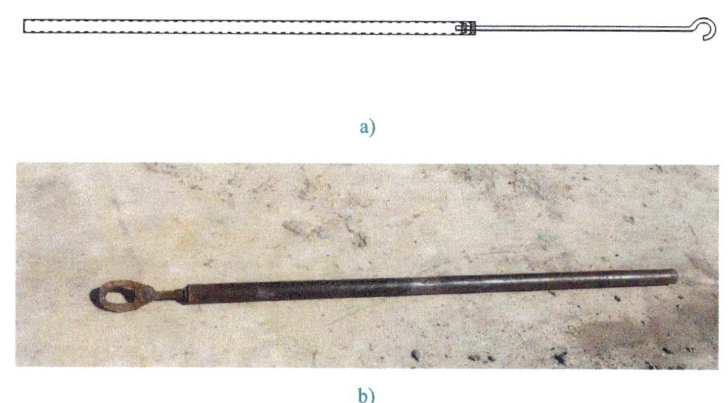

a)

b)

图 8-2　T 梁横隔板端模拆除工具

2）设计一种用于预制 T 梁横隔板的轻型可调高度顶托装置

在后场将梯形加劲板、钢管、矩形加劲板、底板按设计位置焊接为一个整体；将精轧螺纹钢支撑杆、托板按设计位置焊接为一个整体；将螺母旋入精轧螺纹钢支撑杆中，再将精轧螺纹钢支撑杆插入钢管内，组装完成顶托装置；通过专用扳手施拧螺母，改变其与精轧螺纹钢支撑杆间的相对位置关系，从而调整顶托装置的高度，使顶托能够放置于 T 梁横隔板下方；位置调整完毕后，再次施拧螺母增高托板的高度，使托板与 T 梁横隔板底部紧密贴合，达到支撑横隔板的作用；梁体吊装后，人工即可将顶托装置转移至下一片梁体。

图 8-3 所示为 T 梁横隔板轻型可调顶托装置。

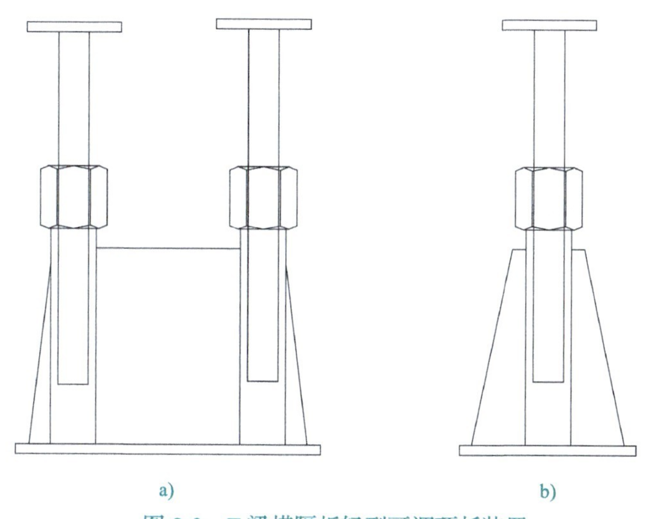

a)　　b)

图 8-3　T 梁横隔板轻型可调顶托装置

8.1.4 梁体吊装阶段边角质量保护措施

设计一种新型的 T 梁翼缘板的止浆措施。其设计方案为：一种用于混凝土预制 T 梁吊装的型钢吊具，它包括上盖板、下盖板、侧面板、加强板、钢销棒及保险卡扣。上盖板、下盖板、侧面板及加强板组拼焊接为整体，形成箱形构件。上盖板用于支撑 T 梁，侧面板预留钢销棒的孔洞。起吊前，先将一侧的钢销棒穿过侧面板预留孔和钢丝绳吊环，为了防止钢销棒滑脱，插上保险卡扣。然后将型钢吊具从 T 梁底部绕过，用另一侧的钢销棒穿过侧面板预留孔和钢丝绳吊环并插上保险卡扣，然后正式吊装 T 梁。

8.1.5 T 梁模板吊装过程中的 T 梁边角保护措施

设计一种预制 T 梁模板 F 型平衡吊具。其设计方案：T 梁模板加工时，在模板对拉肋上预留吊装孔。根据模板构造，计算模板中心，设计 F 型平衡吊具。应保证吊耳 2 中心、承重板中心与吊具自身重心重合；模板 + 吊具的重心与吊耳 1 中心重合。在后场将扁担梁 1、竖杆、吊耳 1、吊耳 2、支撑板、加劲板按设计加工成整体；将上述 2 个整体构件按设计距离对称摆放，先安装平联、承重梁及承重板，最后安装扁担梁，完成吊具加工。吊具所有构件间均采用满焊连接，焊缝应饱满、圆顺。将门式起重机钢丝绳固定在吊耳 2 上，利用门式起重机将吊具转运至模板正上方，使模板对拉肋与扁担梁 2 之间的空隙在同一条竖直线上，缓慢下降吊具直至承重板与模板水平杆接触，此时吊具临时放置固定在模板上。将门式起重机钢丝绳从吊耳 2 上拆除，固定在吊耳 1 上。将圆钢卡具穿过模板对拉肋预留的吊装孔，圆钢卡具两端预留长度保持一致。门式起重机缓慢起钩使钢丝绳稍微受力、承受模板重量后，门式起重机吊钩缓慢横移使模板脱离梁体。模板完全脱离梁体范围后，再将模板转运至其他位置，完成模板拆除。

8.2 桥面铺装及预埋件高质量施工控制工艺

十巫高速公路鲍溢段需进行桥面铺装的桥梁有 39 座，主线桥梁及鲍峡枢纽互通加宽桥为预制 T 梁，匝道桥均为现浇箱梁，具体负责的桥梁情况见表 8-1。

主线桥梁设置情况一览表　　表 8-1

序号	分幅	中心桩号	桥梁名称	孔数及孔径（孔 × m）	桥梁全长（m）	结构类型
1	左幅	ZK9 + 020	东河 11 号桥	8 × 40	327.5	预应力混凝土 T 梁
	右幅	YK9 + 030		8 × 40	326.5	预应力混凝土 T 梁
2	左幅	ZK9 + 322	东河 12 号桥	4 × 40	164	预应力混凝土 T 梁
3	右幅	YK9 + 330	西河口大桥	4 × 40	166	预应力混凝土 T 梁
	整幅	K9 + 505		3 × 40	128.5	预应力混凝土 T 梁
4	左幅	ZK9 + 903	西河 1 号桥	15 × 40	608.5	预应力混凝土 T 梁
	右幅	YK9 + 899		15 × 40	608.5	预应力混凝土 T 梁

续上表

序号	分幅	中心桩号	桥梁名称	孔数及孔径（孔 × m）	桥梁全长（m）	结构类型
5	左幅	ZK11 + 006	西河 2 号桥	32 × 40	1291.56	预应力混凝土 T 梁
	右幅	YK11 + 006		32 × 40	1285.49	预应力混凝土 T 梁
6	左幅	ZK11 + 887	西河 3 号桥	7 × 40	290.25	预应力混凝土 T 梁
	右幅	YK11 + 887		7 × 40	289.25	预应力混凝土 T 梁

T 梁桥面铺装设计 12250mm 宽、80mm 厚 C50 混凝土。钢筋采用成品 D10 带肋焊接钢筋网片，单片尺寸为 2.2 × 6m，负弯矩加强段均为ϕ12mm 带肋钢筋，40m T 梁负弯矩加强段边跨长 9m，中跨长 18m。

对于东河 11 号桥—西河 3 号桥桥面铺装，采用先施工防撞护栏后施工桥面铺装的施工总体工艺流程。摊铺机采用护栏上行走式 XD-JGHT219 超声波悬挂式桁架摊铺机，由超声波采集数据，通过液压系统实时完成高程调整，不再局限于轨道的平整度限制，全面提升混凝土铺装的平整度，解决了人为操作施工带来的不确定因素，平整度控制效果较好；施工效率高；全幅无施工缝一次成型。具体施工工艺如图 8-4 所示。

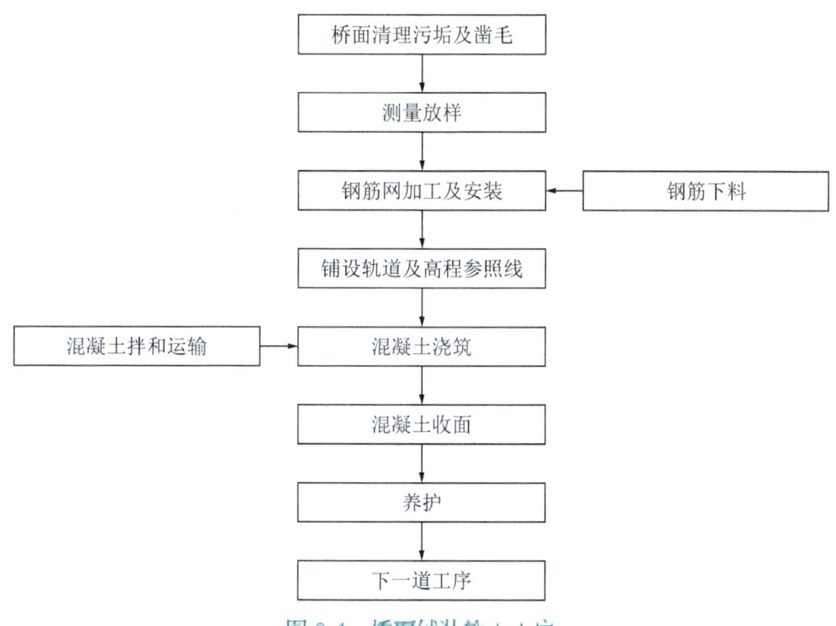

图 8-4　桥面铺装施工工序

8.2.1　凿除浮渣、梁面清洗

为使混凝土铺装层与 T 梁紧密结合，T 梁顶面须清除桥面浮浆、凿毛。先采用凿毛风镐对梁顶进行人工凿毛，去除表面松散的混凝土、浮浆及油迹等杂物，对每片梁顶面进行详细检查、补凿，然后采用空气压缩机及水枪对梁面冲洗干净，并对护栏与桥面现浇层接触部分进行精细凿毛。桥面浮浆、浮渣及杂物清理完成后，同时将梁面上露出打弯锤平的桥面铺装剪力钢筋人工进行调直恢复。再用高压风吹桥面残留的灰尘，接着使用高压水枪进行冲洗并配以竹扫把或钢刷再次清扫，冲洗沿着桥梁横坡，将水及杂物从泄水孔排出，冲洗后的桥面达到干净、无积水。

8.2.2 桥面测量施工

在桥面铺装开始施工之前，先按照不低于一级导线和四等水准的精度要求，将平面控制点和高程控制点引测到桥面的稳固点上，平面控制点的间距不大于 200m，高程控制点的间距不大于 100m。

首先在防撞护栏内侧每 5m（直线段）将桥梁的桩号用红油漆标注在预埋剪力钢筋上，同时用碳素笔将此桩号对应的桥面铺装设计高程水平线对称标记在预埋剪力筋上。

对梁顶面高程进行网格挂线检查，用较细的红塑料绳对桥面进行网格化布控，网格覆盖整个一联，这样就形成了覆盖整联的网格。

根据所形成的网格对桥面进行仔细的检查，对超过误差范围的点位进行标记，为下一步的桥面处理做准备。

如局部超高，且超高在 2cm 以内，对超高部位用蓝漆进行标记，然后用高压风钻、风镐进行凿除，直至满足设计铺装厚度要求。

8.2.3 桥面钢筋制作与安装

钢筋加工及安装：

（1）主筋接长采用搭接电弧焊，两钢筋搭接端部预先折向一侧，使两接合钢筋轴线一致，接头双面焊缝的长度不小于 5*d*，单面焊缝的长度不小于 10*d*（*d*为钢筋直径）。

（2）钢筋连接件处的混凝土保护层宜满足设计要求，且不得小于 15mm，连接件之间的横向净距不宜小于 25mm。

（3）钢筋焊接前应根据施工条件进行试焊，合格后方可进行正式施焊。焊工必须持考试合格证上岗。钢筋焊接的接头形式、焊接方法、适应范围应符合《钢筋焊接及验收规程》（JGJ 18—2012）的规定。

（4）钢筋加工及安装检查标准见表 8-2。

钢筋验收标准　　表 8-2

检查项目		规定值或容许偏差	检查频率
受力钢筋间距（mm）	两排以上排距	±5	每构件检查两个断面
	同排	±20	
钢筋骨架（mm）	长	±10	按照总数的 30%检查
	宽、高或直径	±5	
保护层厚度（mm）		±10	每构件沿周边检查 8 处

在铺设桥面铺装钢筋网之前，首先把墩顶加强钢筋铺设就位，加强钢筋采用ϕ12mm 钢筋，网距为 10cm，如图 8-5 所示。D10 带肋焊接钢筋网采用成品网片，单片标准尺寸为 2.2m × 6.0m；网片通过装载机转运至施工区域，人工逐片摆放就位。

铺设钢筋网片前，先将桥面剪力钢筋进行校正。钢筋网片和剪力钢筋相接部位进行电焊固定，控制好钢筋网片位置，确保混凝土浇筑时钢筋网片不下陷、不移位，如图 8-6 所示。钢筋网片安装时注意纵向钢筋在下，横向钢筋在上，横向钢筋位于铺装层中间。钢筋网片采用叠搭法搭接，两片钢筋网片搭接长度为 15cm，搭接处采用铁丝绑扎牢固。

对于护栏底部铺设的带肋钢筋网片侧面采用材质 3mm 厚 × 50mm 宽的梳齿板通长布置，梳齿板顶部采用方钢 3cm × 5cm 固定高度，如图 8-7 所示。钢筋网片表面不得有油迹及其他影响使用的缺陷，因取样产生的局部空缺必须有相应的焊网补上。钢筋网施工时需注意桥面排水、伸缩缝位置的施工，严格按照设计图纸要求进行施工。

图 8-5　墩顶加强筋布置示意图

图 8-6　剪力筋布置示意图

图 8-7　梳齿板布置示意图

8.2.4 振动梁安装

1）激光振动梁

振动梁采用 XDXG-219 型激光混凝土摊铺整平机，如图 8-8 所示，钢筋网铺设后，无须按常规方法采用大量人工安装轨道，而采用激光设定标程，激光接收信号后，传输给液压控制系统，用液压装置自动调整高程，保证高程的精准度，控制精度可达到±2mm 以内，去除了人为因素做轨道所产生的误差，保证混凝土铺装厚度符合设计规定。

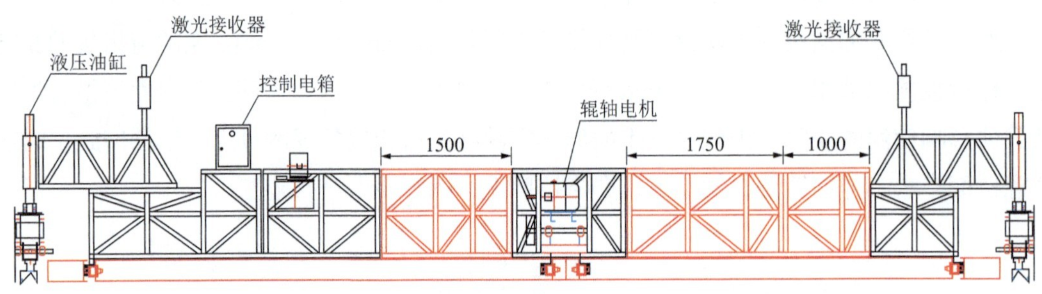

图 8-8 激光摊铺机振动梁结构图（尺寸单位：mm）

激光桁架分体辊轴摊铺机，是在悬挂桁架分体辊轴摊铺机基础上安装激光和液压控制系统，准确地设定双面水坡坡度和高程，同时靠液压系统调整高低，全面提升混凝土铺装的平整度。

为保证振动梁施工精度，对施工前高程与坐标测量数据进行多次复核，确保精度准确。对于边坡段桥面铺装施工，通过激光振动梁的第二套系统的拉线方法保证精度要求，拉线采用钢丝，钢丝的各控制点高程也是铺装施工高程控制的重点。

2）行走轨道安装

桥面铺装钢筋网施工完成后进行激光振动梁的轨道安装，如图 8-9 所示，轨道分布于护栏两侧，单幅断面共设 2 条。轨道采用槽钢制作而成，下端支撑架采用 U 形钢筋加固，支撑架每隔 30～50cm 设 1 个，轨道支撑架可灵活移动，无须采用打钢筋支点的方式。

图 8-9 激光摊铺机轨道施工照片

8.2.5　混凝土施工

混凝土施工需严格按照方案执行，混凝土浇筑施工如图 8-10 所示，具体步骤如下。

图 8-10　混凝土浇筑施工照片

（1）混凝土浇筑前，先用高压风枪将桥面杂物再次清除干净，再对表面进行充分湿润，但不得有积水。

（2）混凝土浇筑采用汽车泵连续泵送，从下坡向上坡方向进行，人工局部布料、摊铺时，应用铁锹反扣，严禁抛掷和搂耙，靠边角处采用插入式振捣器振捣辅助布料。

（3）桥面混凝土需避开高温时段及大风天气，否则会造成桥面混凝土表面干缩过快而导致表面开裂。

（4）浇筑时混凝土坍落度控制在 160～200mm 之间，夏季温度相对较高，水分吸收较快，坍落度控制在 180～200mm 之间。冬季温度相对较低，坍落度控制在 160～180mm 之间。

（5）振捣时先采用插入式振捣器振捣，使得集料分布均匀，一次插入振捣时间不宜少于 20s，然后采用平板振动器纵横交错全面振捣，其振捣面重合 100～200mm，一次振捣时间不宜少于 30s。最后采用振捣梁沿着轨道进行全幅振捣，直至振捣密实。

（6）振动梁采用激光振动梁，两侧行走履带行走在轨道上，振动梁的激光找平控制系统和液压控制系统相结合，通过激光发射器发出的红外线单坡或双坡扫平到激光接收器，再由控制系统把激光接收器反馈的信号转换为液压控制信号自动调整油缸的高度，使机器一直按照发射出来的红外平面运行，控制精度可达到±2mm 以内。

（7）混凝土沿纵向虚铺数米后，先用振捣棒行走一遍，桥面铺装层与防撞护栏接触部分的模板边沿是振捣的重点部位，然后用振捣梁均匀纵向振捣。施工中通过振捣梁行走控制混凝土铺装高程，并达到振捣密实的目的。

（8）振捣梁操作时，设专人控制振动行驶速度、铲料和填充剂，确保铺装面饱满、密及表面平整。

（9）对需安装伸缩缝处的混凝土桥面，应根据施工图要求，预留伸缩缝槽口，槽口模板采用竹胶板。80 型伸缩缝槽口的预留宽度 35cm；160 型伸缩缝槽口的预留宽度 65cm。

8.2.6 混凝土抹面

混凝土抹面具体步骤如下：

（1）桥面混凝土浇筑完成后，混凝土初凝前采用二次收浆抹面，混凝土抹面、拉毛施工如图 8-11 所示。

图 8-11 混凝土抹面、拉毛施工照片

（2）一次抹面：振动梁作业完毕，作业面上采用磨光机进行第一次抹面，用短木抹子找边，第一次抹面应将混凝土表面的水泥浆排出，控制好大面平整度。

（3）二次抹面：混凝土初凝前，采用磨光机进行二次抹面，应控制好局部平整度。

8.2.7 混凝土养护

抹面完成后采用土工布覆盖，洒水养生，需要测试项目见表 8-3。开始养护时不宜洒水过多，防止混凝土面起皮，待混凝土终凝后，再浸水养生。养护期为 7d 以上，养护照片如图 8-12 所示。

水泥混凝土铺装实测项目　　表 8-3

项次	检查项目	规定值或允许偏差	检查方法和频率
1	混凝土强度（MPa）	在合格标准内	按《公路工程质量检验评定标准》(JTG F80/1—2017)附录 D 检查
2	厚度（mm）	+10，−5	对比桥面浇筑前后高程检查：每 100m 查 5 处
3	平整度（mm）	5	3m 直尺：每数 100m 测 3 处 × 3 尺
4	横坡	±0.15%	水准仪：每数 100m 检查 3 个断面

图 8-12 混凝土养护施工照片

第 9 章

互通现浇箱梁施工新技术

高速公路建设中，主要公路的交叉处均会设置互通式立体交叉，互通区地质复杂，常需要跨线跨河施工。目前互通匝道常采用现浇箱梁，其常用的施工方法有满堂支架施工和钢管贝雷支架施工 2 种，其中满堂支架施工法适用于无通行要求的桥跨，墩高在 15m 以内（墩柱较高、材料消耗量大、安全风险高）、地基条件较好、地形较平坦的地区；钢管贝雷（型钢）支架施工法，在地形陡峭、软弱地质、通航通车条件下，钢管立柱基础施工难度较大，且墩柱较高时材料投入大、高空作业量大，施工成本显著增加。因此，在山区地形条件复杂、地基处理难度大、墩柱较高等情况下，如何安全、高效、经济地完成现浇箱梁施工，是必须考虑的现实问题。

十巫高速公路鲍溢段鲍峡互通匝道采用现浇箱梁，如果采用常用施工方法施工，将影响河道行洪，违反了地方政府和水利部门在已有河道中不能施工做支架临时基础的要求。同时，鲍峡互通是既有高速公路拓宽形成的枢纽互通，国道和既有高速公路交叉，匝道现浇梁支架基础将影响交通组织，引发安全事故。基于此，中交路桥华东工程有限公司开发了一种抱箍式无落地支架现浇箱梁施工工艺，将传统的钢管贝雷组合支架中的大型钢管替换成抱箍，来完成现浇箱梁的施工。

9.1 抱箍贝雷支架法施工工法特点及原理

1）工法特点

（1）整个支架体系为单跨式结构体系，中间无须设置支墩，整个上部荷载由抱箍与墩柱间摩擦力承受，减少了软弱地基处理与扩大基础施工的条件，支架不受净空影响并可在支架下方通航通车。

（2）将上抱箍底部再增设一个下抱箍，抱箍之间用支撑杆连接，极大地增加了抱箍承载的安全系数。

（3）承重梁跨径由墩柱中心间距控制，将承重梁设置为桁架结构以增大承重梁承载力。

（4）为防止不平衡荷载产生的弯矩对墩柱的侵害，故在边墩处设置钢管立柱 + 扩大基础以代替抱箍，保证墩柱结构安全。

（5）由于梁体横坡、纵坡的坡度较大，故在分配梁顶部再次搭设一层满堂支架用以调坡。

2）工法原理

（1）对于多跨连续梁，中墩处采用双抱箍结构作为支撑点，两个抱箍竖向间距 1.3m；中间设置竖向支撑杆，使两个抱箍形成整体受力，支撑杆采用 2HN450 × 200 型钢。在边墩较高、箱梁较重的情况下，经验算墩柱在施工过程中所承受的不平衡弯矩大于墩柱自身承载能力，因此在边墩处设置钢管立柱 + 扩大基础以代替抱箍，保证主体结构安全。

（2）在抱箍或钢管立柱顶设置承重梁，分为桁架式承重梁、单杆件承重梁等两种结构，为 2HN450 × 200、⊏20a 型钢加工而成。桁架式承重梁安装在中墩抱箍上，单杆件承重梁安装在边墩钢管立柱上。承重梁具体结构形式根据其跨度（钢管立柱、抱箍横桥向间距）、所承受荷载计算确定。

（3）贝雷纵梁安装在承重横梁上，贝雷纵梁为单跨式简支结构，其跨度大部分均超过 20m。为保证其强度和刚度满足要求，在贝雷纵梁下弦杆位置增设加强弦杆。分配梁安装在贝雷纵梁上，采用⊏20a 型钢。

（4）满堂支架安装在分配梁上，用以调整支架的纵、横坡，以保证梁体线形满足要求。

支架纵立面布置图如图 9-1 所示，中墩及边墩处支架横断面图如图 9-2 所示。

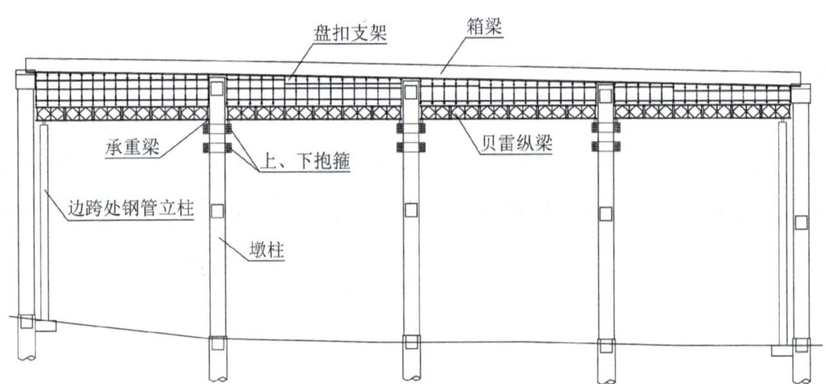

图 9-1　支架纵立面布置图

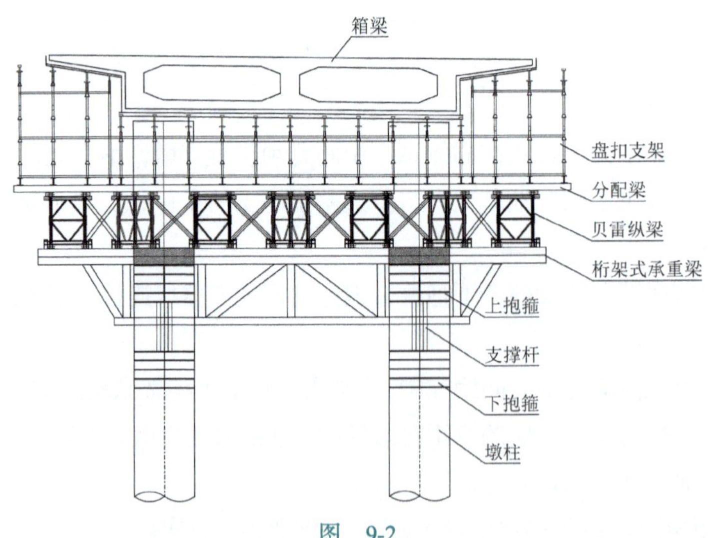

图　9-2

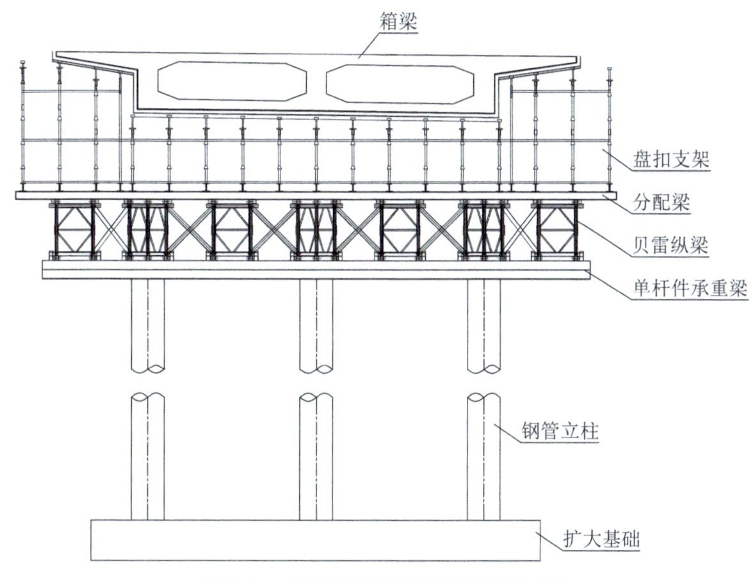

图 9-2 中墩及边墩处支架横断面图

9.2 抱箍贝雷支架法施工工艺流程

十巫高速公路鲍峡枢纽互通共设有匝道桥 7 座，其上部结构设计为普通钢筋混凝土或预应力混凝土箱梁桥，共计 20 联、74 孔/1927m；沧浪山互通共设有匝道桥 6 座，其上部结构设计为普通钢筋混凝土或预应力混凝土箱梁桥，共计 14 联、45 孔/1016m。支架现浇箱梁单孔跨径布置为 20～25m，共 6 种、梁宽 9.0m～17.5m，共 6 种，梁高分为 1.4m、1.6m，箱梁结构形式复杂。最小曲线半径为 52m，最大纵坡 5.9%，最大超高横坡 6%。下部结构桥墩为柱式墩、桩基础，最大墩高达 29m，且墩柱普遍较高。现浇箱梁标准横断面设计如图 9-3 所示。

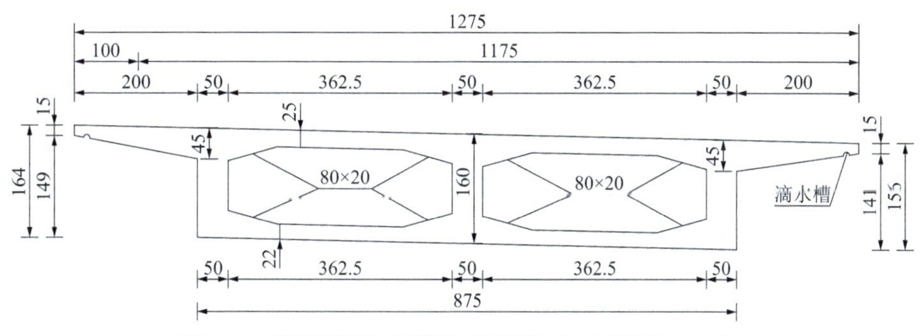

图 9-3 现浇箱梁标准横断面设计图（尺寸单位：cm）

9.2.1 支架结构设计

1）支架总体设计

本项目互通区地势起伏大，山体陡峭；揭露地层人工素填土钻探揭露厚度最大达 9m，地基覆盖层厚，地形极为复杂，地基难以处理，故考虑采用抱箍贝雷支架施工。为提高抱箍支撑体系安全储备，连续梁中墩采用双抱箍系统支架支撑，抱箍上安装 2HN450 × 200mm 承重梁桁架，边墩采用ϕ800mm 钢管立柱支撑，立柱基础采用钢筋混凝土加固，并采用法兰螺栓锚固，横梁采用 2HN450 × 200mm 型钢。由于支架跨径达到 25m，故需对贝雷梁增设上下加强弦杆，支座处增设 2[10 贝雷加强杆，贝雷梁上设[20a 型钢作分配梁，分配梁上搭设满堂盘扣支架，用以调整支架的纵、横坡，以保证梁体线形满足要求。

2）抱箍结构设计

抱箍设计分为 1.3m、1.6m、1.8m 三种，抱箍设计考虑墩柱直径 + 5mm 的硬质橡胶皮，12mm 的抱箍箍体不允许焊接接长，采用整板材下料；各构件间焊缝均为双面角焊缝，20mm、16mm 钢板的焊接端部均需打磨成 45°坡口后进行焊接；焊条型号需与钢板材质匹配，焊缝质量二级，抱箍进场后需立即用便携式超声波焊缝缺陷检测仪对抱箍进行无损伤、精确的内部多种缺陷检测，保证抱箍质量合格。钢板材质均为 Q345B，一对抱箍螺栓采用 48 颗 10.9 级 M30 高强螺栓，安装时必须采用双螺母双垫片保证抱箍结构安全。图 9-4 为 1.8m 抱箍结构设计图。

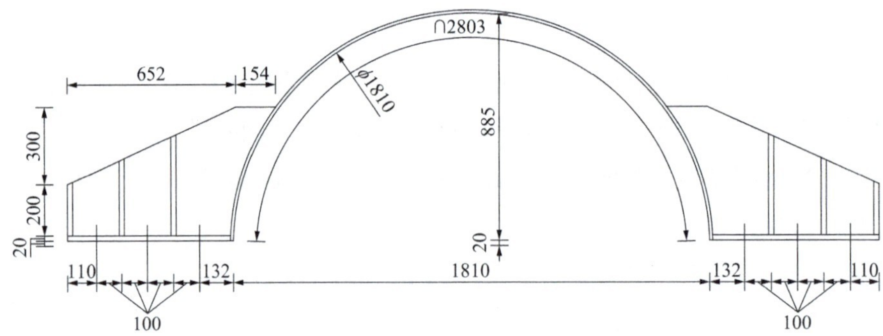

图 9-4　抱箍结构设计图（尺寸单位：mm）

9.2.2　抱箍荷载试验

由于箱梁的全部荷载均由抱箍与墩柱的摩擦力承受，所以抱箍与墩柱摩擦力是否能承受设计荷载是十分重要的，故需在地下进行抱箍荷载试验。在施工中，抱箍采用 1.2cm 厚钢板制作，高 100cm，每个抱箍由两个半圆形钢箍组成。由于温度与湿度对抱箍承载力有比较大的影响，随着温度的升高，墩柱的湿润导致抱箍的承载力逐渐下降，故试验时预先给钢抱箍进行蒸汽养生处理，在钢抱箍结构最不利工况下进行抱箍荷载试验。图 9-5 中左图为安装完成后升温的抱箍，右图为荷载试验进行准备。

1）试验方法

先将一个抱箍安放在距系梁顶面约 15cm 处，每个抱箍的 2 个半圆钢箍之间用 48 个 10.9 级 M30 高强螺栓连接牢固，拧螺栓时采用定矩扭力扳手两边对称拧紧。现场试验时高强螺栓扭力设计值为 1385N · m，然后安装上抱箍，用同样的方法拧紧螺栓。抱箍安装完成后，用圆珠笔垂直于抱箍在抱箍四周画四处标记线。在上抱箍与下抱箍之间放置 400t 液压千斤顶各一台，千斤顶与油泵连接好后，算出箱梁施工的最不利工况下通过千斤顶标定证书算出油压表的读数，同时打开两台油泵进油阀，使千斤顶向抱箍分 7 级施加荷载。在每个抱箍上下各设置四个测点，荷载分级为 10%、20%、30%、40%、60%、80%、100%。并分别记录抱箍在各个分级荷载下抱箍的温度、抱箍的位移、上下抱箍间距。

图 9-5　抱箍荷载试验

2）试验结果

抱箍单侧承受荷载达到 200t 时抱箍未发生移动和破坏，即抱箍与墩柱间为静摩擦，故抱箍体系结构能够满足施工要求。

9.2.3　主要施工步骤

1）施工准备

根据桥墩尺寸制备抱箍、承重横梁、分配梁、钢管立柱等构件，并配备相应的紧固件。

2）抱箍安装

钢抱箍安装前要根据现浇箱梁设计底高程、模板厚度、盘扣支架高度、分配梁厚度、承重梁高度准确计算出钢抱箍顶面位置，首先将墩柱上的杂物灰尘等清洗干净，然后将钢抱箍顶面位置用石笔画在立柱上；检查抱箍的外观情况，抱箍内壁用万能胶粘贴 5mm 厚硬质橡胶垫。将抱箍在地面试拼装好，将紧固件螺栓略松，用起重机将柱箍顺立柱底部向上安放到位，紧固螺栓，为提高抱箍承载力，故在抱箍下方增设一个抱箍，使用双抱箍协同受力，增加抱箍与墩柱接触面积，提高抱箍承载力。抱箍安装施工图如图 9-6 所示。

图 9-6　抱箍安装就位施工图

3）螺栓施拧

由于高强度螺栓的表面状态会因生锈、沾染脏物、螺纹受损、润滑油干燥等因素发生变化，从而引起扭矩系数的较大变化，影响紧固后螺栓预拉力的准确性。所以，在使用高强度螺栓前必须按规范规定抽样做扭矩系数复验。扭矩系数复验的高强螺栓，应在施工现场待安装的螺栓中抽取，每批随机抽取 8 套，根据复验的扭矩系数来确定施工扭矩值。

高强度螺栓施拧分为初拧、终拧两个步骤进行，初拧扭矩值均为终拧扭矩值的 50%。高强度螺栓施拧顺序均须从栓群中心板件刚度最大的部分，向不受约束的板件边缘进行，即从抱箍面板侧向外侧施拧，且需两侧交替对称施加预紧力，以免不对称紧固引起部分螺栓不能充分发挥效力降低抱箍与立柱间的摩擦力。每一个施拧步骤完成后，用不同颜色的记号笔在螺母上做好标记。高强度螺栓连接副的初拧和终拧严格控制在一天内完成。螺栓施拧顺序如图 9-7 所示。

施拧方向A—C ←   施拧方向A—C →

C-1 C-2	B-1 B-2	A-1 A-2	两侧同时施拧	A-1 A-2	B-1 B-2	C-1 C-2
C-3 C-4	B-3 B-4	A-3 A-4	施拧顺序 A1，3，5，7 A2，4，6，8 施拧顺序 B1，3，5，7 B2，4，6，8 施拧顺序 C1，3，5，7 C2，4，6，8	A-3 A-4	B-3 B-4	C-3 C-4
C-5 C-6	B-5 B-6	A-5 A-6	施拧顺序 A1，3，5，7 A2，4，6，8 施拧顺序 B1，3，5，7 B2，4，6，8 施拧顺序 C1，3，5，7 C2，4，6，8	A-5 A-6	B-5 B-6	C-5 C-6
C-7 C-8	B-7 B-8	A-7 A-8		A-7 A-8	B-7 B-8	C-7 C-8

图 9-7　高强螺栓施拧顺序示意图

4）承重横梁安装

在抱箍上安装承重横梁，承重横梁采用 2 或 3HN450 × 200mm 型钢，型钢之间沿着拼接缝采用间断焊连接形成整体（图 9-8）。安装时采用两点起吊法将承重横梁吊放在抱箍顶部，安放时要确保承重横梁中心与抱箍耳板设计中心重合。为保证位置准确，事先在抱箍耳板上用石笔标出承重横梁定位线，按定位线对承重横梁进行定位安装。承重梁与抱箍耳板顶板应密贴，有空隙时，采用适当厚度的钢板填塞密实。位置准确后，在抱箍外侧焊接限位钢板，固定承重横梁。为保证承重梁承载能力和受力协调，先在抱箍处增加两道 1.6m 的 16mm 封板，并对承重梁下方增设斜撑或设置桁架的方式增强承重梁承载能力。

图 9-8　承重横梁施工图

5）纵向主梁安装

在承重横梁顶设置贝雷纵向主梁；贝雷纵向主梁应在平整、坚实的场地上拼装，并采取临时固定措施；连接销、加强弦杆螺栓、保险销等应安装齐全，不得遗漏。贝雷梁应拼装成一跨长度的节段，根据吊装设备吊装能力采用单片或多片组合进行吊装；贝雷梁就位后为了保证贝雷梁稳定，贝雷安装完成后应采取安装贝雷限位器与 ⊏10 斜撑措施保证其横向稳定后方可松脱吊钩。每组贝雷梁间设置纵向间隔 3.0m 的 ⊏10 斜撑；底部与承重梁之间连接，采用 ⊏10 型钢焊制限位器。为保证结构受力良好需在承重梁正上方竖向增加 2⊏10 槽钢作为加强竖杆。贝雷纵梁搭设完成后一联需在同一水平面且除特殊情况外需用型钢将整个贝雷支架连接为一个整体，增加支架整体稳定性。贝雷梁与承重梁连接示意图如图 9-9 所示。

贝雷吊装顺序：首先吊装中间的一组贝雷，然后用限位器将这一组贝雷梁临时固定，贝雷梁稳定后方可松脱吊钩。然后左右对称吊装其余贝雷，后面每吊装一组贝雷都需用贝雷限位器固定并安装横向 ⊏10 剪刀撑。使所有贝雷连接为一个整体。承重纵梁施工如图 9-10 所示。

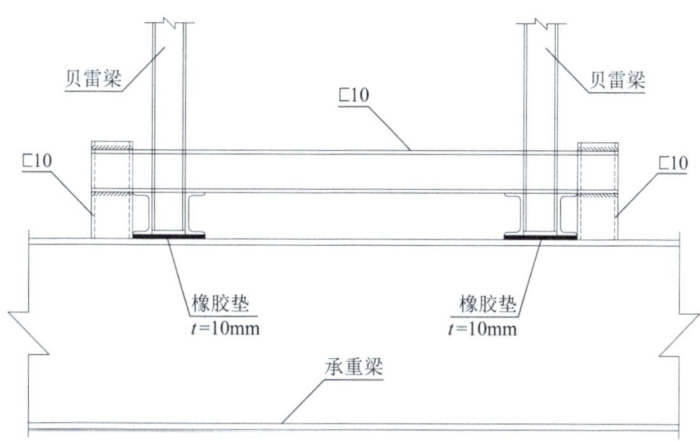

图 9-9　贝雷梁与承重梁连接固定示意图

图 9-10　承重纵梁施工图

6）分配梁及满堂支架安装

在贝雷纵梁上按设计要求铺设型钢分配梁，并安装相应加固构配件。然后在型钢分配梁上按设计要求搭设满堂支架。最后在满堂支架上按设计要求搭设模板系统。分配梁连接及施工示意图如图 9-11、图 9-12 所示。

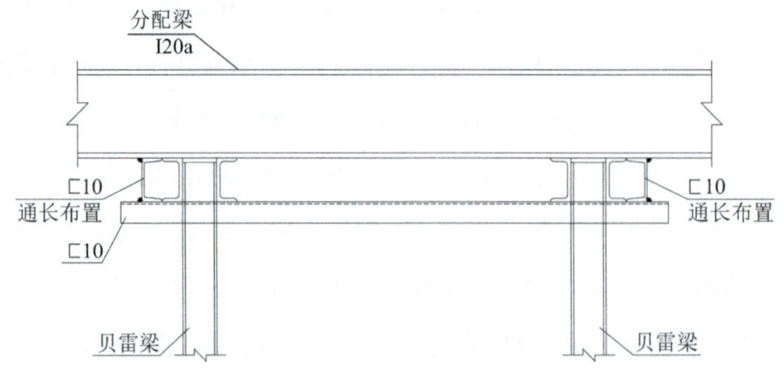

图 9-11　分配梁与贝雷连接固定示意图

图 9-12　分配梁施工图

7）支架预压

支架搭设完成后，需要对支架进行预压。一是检查整个支架系统的承载能力，保证施工期间的结构安全；二是消除支架非弹性变形，准确测出支架弹性变形，为模板预拱度设置提供依据，保证梁体的线形美观。

支架预压采用堆载预压的方式。堆载荷载为预压范围内混凝土重量的 1.2 倍，共分为 3 级进行，加载比例分别为 40%、80%、120%。分级加载过程中，每级荷载加载完成后，应暂停下一级加载，并应每间隔 12h 对支架沉降量进行一次监测。当支架顶部监测点 12h 的沉降量平均值小于 2mm 时，可进行下一级加载。在全部加载完成后的支架预压观测过程中，当满足各观测点 48h 连续沉降量小于 1.5mm 时，应判定支架预压合格，可以进行卸载。堆载预压材料布置示意图如图 9-13 所示，支架预压及满堂支架现场施工图如图 9-14 所示。

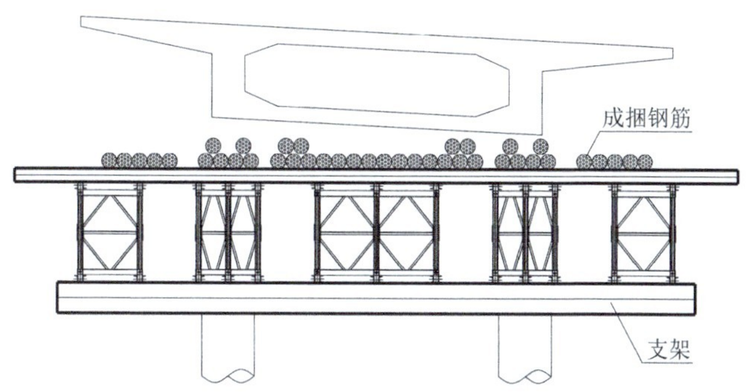

图 9-13　堆载预压材料布置示意图

图 9-14　支架预压及满堂支架施工图

8）钢筋加工及安装

钢筋在支架施工及验收合格，底模及外侧模铺设完成后方可进行施工，钢筋在互通钢筋加工场内统一下料加工成半成品，由运输车转运至现场进行安装。图 9-15 为模板及钢筋的现场施工图。

图 9-15　模板及钢筋施工图

9）混凝土浇筑及养生

现浇箱梁竖向分两次浇筑成型，第一次浇筑底板及腹板混凝土至腹板顶以下 10cm 左右，第二次浇筑顶板及翼缘板。混凝土终凝后，应立即对混凝土暴露面进行浇水养护，始终保持土工布或塑料薄膜处于湿润状态，养护期不少于 7d。图 9-16 与图 9-17 所示为现场浇筑前的检查，图 9-18 为混凝土现场浇筑的施工图。

图 9-16　浇筑前抱箍检查

图 9-17　浇筑前支架整体检查

图 9-18　混凝土浇筑施工图

10）预应力张拉

混凝土强度及弹性模量达到设计值的 90%，且混凝土龄期不少于 7d 时，方可进行预应力张拉施工。

11）支架拆除

支架拆除前，应先将支架上留存的材料、杂物等清除干净，并将受拆除影响的机械设备及其他设施移开或加以保护。拆除支架时自上而下进行拆除，遵循“先搭后拆，后搭先拆”的原则。

梁体张拉完成后，方可卸落底模；卸落底模时要求同步均匀下放；底模脱离梁体后，利用人工及起重设备依次抽出维萨板、方木及分配梁。对于在底板下及起重设备远侧不能正常吊装位置的纵向主梁，需要在靠近起重设备一侧的承重梁端上安装手拉葫芦（每道承重梁均须安装），将每根纵向主梁拖拉至起重设备一侧翼缘板底部，再利用起重设备将其吊至地面。解除承重梁与抱箍的连接，利用起重设备直接吊离承重梁后缓慢下放至地面。支架拆除现场施工图如图 9-19 所示。

图 9-19　支架拆除

9.2.4　关键技术及创新点

（1）采用抱箍贝雷组合支架通过在墩柱上安装抱箍代替钢管立柱，避免了墩柱处的地基处理，并减少了材料的投入。

（2）通过增设贝雷加强弦杆将连续多跨支架转换成单跨式抱箍贝雷组合支架，完全不会堵塞国道或河道。

（3）承重梁跨径由墩身间距控制，可能出现跨径较大的情况，故需将其设置为桁架结构增加承载力。

（4）因为现浇箱梁承重荷载大，抱箍受力要求比较大，因此施工中，抱箍大都应用在盖梁施工，抱箍长度比较小，在目前施工中，未见有现浇箱梁施工时采用抱箍的报道。由于施工的全部荷载均由抱箍承受，所以抱箍与墩柱摩擦力是否能承受计算荷载十分重要，故在抱箍设计计算合格后采用上下抱箍对顶的方式进行抱箍荷载验证，同时在试验时考虑温度和降雨等因素影响。经验证，各项指标均达到设计计算的要求。

（5）单个抱箍已能完全承受施工的全部荷载，但考虑施工中各种因素影响，上抱箍安装完成后增设一个下抱箍，最后用支撑杆将上下抱箍连接，使双抱箍协同受力，以提高抱箍承载力，增大支架系统安全储备。

根据使用效果，采用抱箍式无落地支架进行现浇箱梁施工，不仅能够在施工中保证跨道通车与跨河行洪的要求，还能够加快施工进度并节省了施工临时材料与地基处理费用，提高了工作效率，缩短了工期。此工艺将对提高工程功效、节约材料有很好的促进作用，具有较大的推广应用前景。

第10章

隧道长寿命碾压混凝土路面成套应用技术

碾压混凝土属于超干硬性混凝土，其拌和物与水泥稳定碎石混合料类似，呈松散状态无任何流动性，需经振动碾压密实成型，凝结硬化后具有混凝土的性能特征。相比普通水泥混凝土，碾压混凝土具有水泥用量少、拌和成型效率高、施工速度快、养护周期短等特点，可有效缩短工期、降低造价；较传统的半刚性水稳基层，碾压混凝土基层抗疲劳、抗冲刷能力强、强度高，重载敏感性低，可大大提高基层使用寿命；碾压混凝土因其兼具水泥混凝土和水泥稳定碎石混合料的优点，技术优势明显，经济效益显著，正被越来越多地应用于公路工程建设。然而，普通的碾压混凝土存在抗弯拉强度低、运输和摊铺过程中易离析形成薄弱带、后期易开裂影响耐久性能等问题；根据国内外研究现状，当前碾压混凝土多用于水利大坝，直接取代普通水泥混凝土作隧道基层的应用技术尚不成熟，关于隧道碾压混凝土基层的应用研究鲜有报道，缺少从生产制备、施工、养护到性能检测评价的成套技术，严重限制了其在高等级路面的大规模应用推广。

基于此，十巫公司发明了一种增强型隧道路面长寿命碾压混凝土，开发出一种隧道长寿命碾压混凝土路面基层施工工法，使用长寿命碾压混凝土进行隧道基层施工，具有高效、节能、施工周期短的特点。与普通碾压混凝土相比，抗弯拉强度更高，黏聚性更好不离析，后期不易开裂，耐久性好。其工法为高等级公路隧道基层的施工提供了一种更为简便快捷高效的方法，经济环保，适用性好，具有良好的经济效益和社会效益，可广泛应用于公路、隧道基层施工。因此，本章从隧道长寿命碾压混凝土制备技术和施工技术两方面，开展隧道长寿命碾压混凝土路面成套应用技术研究与应用。

10.1 隧道路面长寿命碾压混凝土制备技术

10.1.1 隧道路面碾压混凝土增强机理

隧道路面长寿命碾压混凝土是由水泥、高效减水保塑剂、吸水率较大的粗细集料和水拌和而成；当粗、细集料吸水率较小、与胶凝材料裹覆性一般时，可掺加水泥用量 10%～20%的粉煤灰取代相同质量的细集料。优选抗折强度较高的缓凝水泥、吸水率较大的粗细集料，水泥自身抗折强度高，碾压混凝土抗弯拉强度相应提高，同时吸水率较大的粗细集料可吸收混合料中的自由水，既减少了混凝土中自由水留下的有害气孔，又可在后期湿度下降时释放出吸收的水进一步促进水泥水化，起到内养护的作用。高效减水保塑剂可降低用水量、延长水泥凝结时间使混凝土在较长时间内保持良好的塑性，一方面用水量降低减少了硬化后混凝土中有害气孔含量，提高混凝土强度；另一方面延长水泥的凝结时间可增加施工操作时间，摊铺时混凝土仍保持良好的工作状态，更易碾压密实。以击实试验获得的最大干密度为控制指标，优化配合比设计，进一步增加致密性减少有害气孔含量，提高碾压混凝土抗弯拉强度。

采用吸水率较高的粗集料和机制砂作原料，合理设计级配，混凝土黏聚性好，运输摊铺过程中不易离析。与普通碾压混凝土相比，抗弯拉强度大大提升，增强了其抵抗开裂的能力；摊铺完成后立即覆盖土工布保湿养护，内部集料也逐步释放吸收的自由水，为水泥水化提供充足的水分，内外养护结合，既满足强度增长的需求，又防止了混凝土中干缩裂缝的产生。该碾压混凝土用水量、水泥用量低，化学收缩小，水化绝热温升低，高效减水保塑剂延缓了水化温峰出现时间，内外温度应力小；同时，在混凝土终凝后尽早切割设置横向缩缝，释放混凝土中的收缩应力，进一步减小裂缝生成的可能性，有效解决了普通碾压混凝土后期易开裂的问题。

利用碾压混凝土拌和物与水泥稳定碎石混合料类似，呈松散状态无任何流动性的特点，采用水稳设备进行碾压混凝土的生产制备和施工，较普通水泥混凝土，减少了支模、设置纵缝、振捣、收光抹面等环节，生产能力、施工效率、施工速度大大提升；碾压混凝土成型后与普通水泥混凝土类似，洒水保湿养护，保证有充足水分满足其强度发展的需求，而不能像普通水稳基层通过洒透层油进行养生；碾压混凝土具有较水泥稳定碎石混合料抗疲劳、抗冲刷能力强、抗弯拉强度高，重载敏感性低，较水泥普通混凝土用水量、水泥用量低，施工效率高、施工速度快、工程造价低的优势。

10.1.2 隧道路面长寿命碾压混凝土组分及制备方法

增强型隧道路面长寿命碾压混凝土，各组分及其含量为：水泥 147～193kg/m^3，粉煤灰 17～22kg/m^3，改性钢渣细集料 640～654kg/m^3，改性钢渣粗集料 1492～1526kg/m^3，水 95～105kg/m^3；所述改性钢渣细集料和改性钢渣粗集料分别将钢渣细集料和钢渣粗集料依次加入沸石粉分散液和纳米二氧化硅凝胶中进行浸润处理，再经干燥而成。

上述方案中，所述改性钢渣细集料和改性钢渣粗集料的制备方法具体包括如下步骤：

（1）将沸石粉与水混合，超声处理，得沸石粉分散液。

（2）将钢渣粗集料或钢渣集料加入沸石粉混分散液中，进行一次浸润处理，取出晾干至饱和面干状态。

（3）将步骤（1）所得钢渣粗集料或钢渣细集料加入纳米二氧化硅凝胶中，进行二次浸润处理，再次晾干至饱和面干状态，即得所述改性钢渣细集料或改性钢渣粗集料。

（4）上述方案中，所述沸石粉分散液中沸石粉的浓度为(70～80)wt%。

（5）上述方案中，所述沸石粉的细度要求 45μm 的方孔筛筛余不超过 12%，符合《混凝土和砂浆用天然沸石粉》（JG/T 566—2018）的相关性能要求。

（6）上述方案中，所述纳米二氧化硅凝胶的浓度为(25～40)wt%，pH 值 9～10，纳米二氧化硅尺寸小于 10nm。

（7）上述方案中，所述一次浸润处理时间为 18～24h，二次浸润时间为 8～12h。

（8）上述方案中，所述钢渣细集料的粒径为 0～4.75mm（不包括 4.75mm），细度模数 2.9～3.4，呈多孔结构，吸水率为 5%以下。

（9）上述方案中，所述钢渣粗集料由 19～31.5mm 粒级的颗粒、9.5～19mm 粒级的颗粒（不包括 19mm）和 4.75～9.5mm 粒级的颗粒（不包括 9.5mm）按 5∶3∶2～6∶3∶1 的质量比掺配得到；呈多孔结构，压碎值 $<20\%$，针片状颗粒含量 $<10\%$，吸水率为 5%以下。

（10）上述方案中，所述水泥为 PO 42.5 或 PⅡ42.5 水泥，其比表面积为 300～350m^2/kg，C_3A 含量 $\leqslant 8\%$。

（11）上述方案中，所述粉煤灰为 F 类Ⅰ级或Ⅱ级粉煤灰；其比表面积为 300～500m^2/kg，45μm 筛余 $\leqslant 20\%$。

（12）上述方案中，所述水可选用饮用水、河水或江水等。

（13）上述一种增强型隧道路面碾压混凝土的制备方法，包括如下步骤：

按配比称取各原料，各原料及其含量包括：水泥 147～193kg/m^3，粉煤灰 17～22kg/m^3，改性钢渣细集料 640～654kg/m^3，改性钢渣粗集料 1492～1526kg/m^3，水 95～105kg/m^3。

（14）将称取的水泥、粉煤灰、改性钢渣细集料、改性钢渣粗集料、水倒入混凝土搅拌机中搅拌混合均匀，将所得混合料分层加入模具；其中加入一层混合料进行插捣处理；进行振动成型，即得所述增强型隧道路面碾压混凝土。

（15）上述方案中，所述振动成型步骤采用平板振动器。

与普通碾压混凝土相比，该碾压混凝土采用吸水率较高的粗集料和机制砂作原料，级配合理，黏聚性好，运输摊铺过程中不易离析。该碾压混凝土抗弯拉强度的提升，增强了其抵抗开裂的能力；摊铺完成后立即覆盖土工布保湿养护，内部集料也逐步释放吸收的自由水，为水泥水化提供充足的水分，既满足强度增长的需求，又防止了混凝土中干缩裂缝的产生。用水量、水泥用量低，化学收缩小，水化绝热温升低，高效减水保塑剂延缓了水化温峰出现时间，内外温度应力小；同时，在施工 24h 之内混凝土终凝后，尽早切割设置横向缩缝，释放混凝土中的收缩应力，进一步减小了裂缝生成的可能性，有效解决了普通碾压混凝土后期易开裂影响耐久性的问题，延长了混凝土的使用寿命。

10.1.3 隧道路面长寿命碾压混凝土具体实施方式

为了使增强型隧道路面长寿命碾压混凝土制备方法的目的、技术方案及优点更加清楚明白，以下结合实例，对其进行进一步详细说明。

以下实施例中，采用的水泥为 PO 42.5 水泥，比表面积 330m^2/kg，C_3A 含量 5%；粉煤灰为 F 类Ⅱ级粉煤灰，比表面积为 450m^2/kg，45μm 筛余为 12%；水为饮用水；采用的沸石粉 0.08mm 的方孔筛筛余为 6%。

采用的钢渣集料为武钢钢渣，包括钢渣粗集料和钢渣细集料；其中钢渣粗集料由 19～31.5mm 粒级的颗粒、9.5～19mm 粒级的颗粒和 4.75～9.5mm 粒级的颗粒按 5∶3∶2 的质量比掺配得到；呈多孔结构，压碎值为 18.5%，针片状颗粒含量为 3%，吸水率为 5%；钢渣细集料的粒径为 0～4.75mm，其细度模数 3.4，呈多孔结构，吸水率为 3.5%。

以下实施例中，采用的改性钢渣细集料和粗集料的制备方法包括如下步骤：

（1）将水和沸石粉按 7∶3 的质量比例混合，采用 30kHz 频率的超声波处理 10min 后，得沸石粉混合液。

（2）将钢渣粗集料或细集料浸润在沸石粉混合液中 24h，浸润完成后取出晾干至饱和面干状态。

（3）再将步骤（2）所得钢渣粗集料或细集料浸润到浓度 30wt%、pH 值为 9、平均尺寸 7nm 的纳米二氧化硅凝胶（由湖北汇富纳米材料股份有限公司提供）中 12h。

（4）全部浸润完成后，将集料再次晾干至饱和面干状态。

10.2 隧道路面长寿命碾压混凝土施工控制

10.2.1 施工工艺流程

隧道长寿命碾压混凝土施工非常简单，在拌和楼生产完成后直接装入自卸汽车运输至施工现场，由专人指挥卸料至摊铺机料斗，摊铺机可采用稳定粒料摊铺机也可使用沥青混合料摊铺机。摊铺机按预设的松铺系数将混合料均匀铺平并初步压实，随后轮胎压路机和钢轮振动压路机按确定的碾压工艺将混合料碾压至压实度 > 97%，然后覆盖土工布洒水润湿养护至规定龄期。碾压混凝土可直接采用稳定粒料拌和站进行连续生产，生产能力远高于普通混凝土的间歇式生产；碾压混凝土可直接进行摊铺碾压无须搭设模板，且可边摊铺边碾压，碾压密实后直接覆盖保湿养护，立即行人，无须设置纵缝、振捣、收光抹面；与普通混凝土相比，水泥用量更低，施工效率更高，施工环节更少，施工速度更快，养护周期更短。长寿命碾压混凝土制备与施工工艺流程如图 10-1、图 10-2 所示。

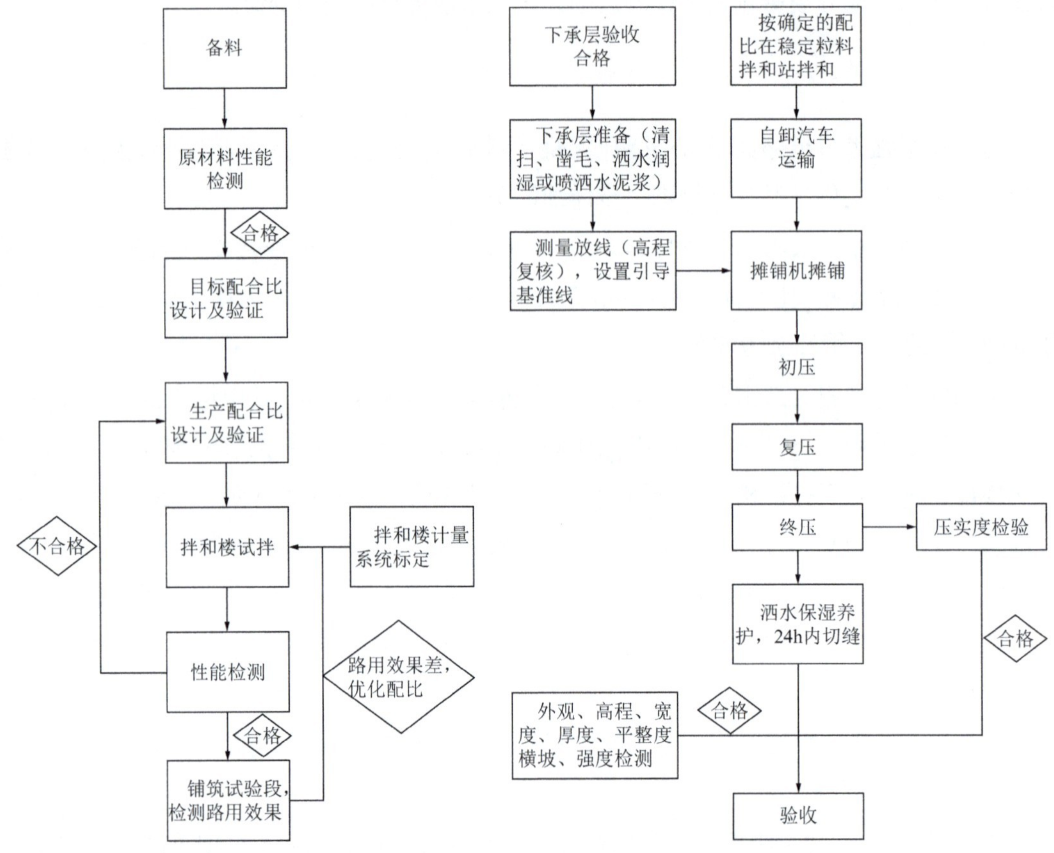

图 10-1　长寿命碾压混凝土生产工艺流程　　　图 10-2　长寿命碾压混凝土施工工艺流程

10.2.2　操作要点

1）施工前准备

试验准备：已完成碾压混凝土目标配合比、生产配合比等相关试验，并在拌和站进行试拌，试拌出料的改进*V*/*C*值、水泥剂量、筛分级配等满足相关要求。

（1）设备准备：根据施工任务、合同工期、质量要求、综合生产能力、路面基层的尺寸配置主要机械设备及辅助器具，施工前对所有施工设备、机具进行全面维修和保养，确保完好可用。

（2）摊铺作业面准备：完成下承层的检测验收、清扫润湿及层间处理（仰拱需凿毛润湿，下基层需均匀喷洒 1.0～1.5kg/m^2 水泥净浆），测量放样，根据松铺系数两边设置引导基准线。

（3）技术组织准备：做好人员的组织分工，加强技术交底。

碾压混凝土的生产需要考虑以下几个方面：

（1）碾压混凝土生产设备采用 XG600 型稳定粒料拌和楼，功率 155kW、生产能力 600t/h，二次串联振动拌和；拌和楼计量配料系统和供料流量经过标定，并整机检查合格。

（2）碾压混凝土的配比应充分考虑原材料性能、技术指标要求、气温、运距运速和摊铺速度等因素，配比见表 10-1，当粗、细集料吸水率较小、与胶凝材料裹覆性一般时，可掺加水泥用量 10%～20%的粉煤灰取代相同质量的细集料。表中数据可根据设计指标要求和原材料性能进行微调。

碾压混凝土配合比　　表 10-1

原材名称	水泥	水	砂	石	高效减水保塑剂
原材用量（kg/m³）	260～300	100～125	600～700	1300～1500	2.6～3

（3）开始拌和前，检查场内各集料的含水率，反算用水量。根据当天天气情况，对拌和用水量适当提高 0.3%～0.5%，以弥补过程中的蒸发损失。

（4）开始拌和时，取样检查出料是否符合设计配合比，正式生产之后，重点检查拌和机控制室的数据与标定数据是否吻合，每 1～2h 检查一次拌和情况，其级配、含水率应无明显变化，混合料应均匀，无干湿不均及离析现象。

2）碾压混凝土的运输

（1）碾压混凝土出料装车时车辆按照前、后、中的顺序移动，分三次装料，减少混合料离析。由专人目测拌和效果，检测并记录混合料含水率。

（2）根据运输距离和运输速度配置运输车辆，运速不宜超过 40km/h。每车混合料采用防水篷布覆盖，并在卸料前 10min 揭开覆盖篷布。

（3）由专人检测到场混合料含水率，指挥运输车卸料，并做好相应的记录；运输车辆在车厢侧板后门处加装挡板，以防卸料喂料过程中发生离析。

3）碾压混凝土的摊铺

（1）按设计厚度和试验段确定的松铺系数，计算得到每层摊铺厚度，施工中对松铺系数进行检测，并及时作出相应调整。

（2）摊铺前检查摊铺机各部分运转情况，检测混合料含水率，确保碾压时含水率满足要求。

（3）摊铺机就位后根据松铺厚度及路面设计横坡设置熨平板工作角和拱度，摊铺机起步前熨平板下方垫长 400mm、宽 200mm 的木板，厚度为松铺厚度与压实厚度的差值。调整好传感器臂与导向控制线的关系，严格控制厚度和高程，保证路拱横坡度满足设计要求。

（4）严格控制摊铺机的摊铺速度，摊铺机的摊铺速度与供料能力、运输能力相匹配，始终保持摊铺机连续均匀、不间断的摊铺，宜为 2m/min 左右。

（5）运输车在摊铺前 20～30cm 停车，由摊铺机迎上去推动卸料车，边前进边卸料，卸料过程中运料车挂空挡，靠摊铺机推动前进，卸料速度与摊铺机铺筑速度相协调。在摊铺机前应始终保持有五台以上的运料车等待卸料。

（6）为防止摊铺离析，摊铺机的螺旋布料器应有 2/3 埋入混合料中，并将熨平板与布料螺旋的距离调到最大；螺旋布料器前应设置塑料挡板，尽量使摊铺箱封闭，让混合料在封闭的摊铺箱里运行，减少分料过程的离析；在摊铺机后面设专人检查混合料离析现象，局部离析应予以铲除，并用新拌混合料填补，尤其要加强边部离析的清理。

（7）隧道两侧每 50m 有一处检查井，对于井口未盖盖板的，摊铺前采用竹胶板覆盖防止混合料下漏，摊铺后人工清除摊铺料，沿四周用铁锹拍打紧实。对于井口已盖了盖板的，摊铺机通过调整宽度绕开检查井。

（8）对于隧道仰拱顶面起伏变化过大的情况（如：机电横穿预埋管），应尽量压低螺旋高度，保证螺旋埋入混合料高度 2/3，减少混合料底部离析。

4）碾压混凝土的碾压

（1）碾压混凝土压实度不得小于 97%，每个作业面配备 1 台双钢轮压路机、2 台单钢轮双驱动振动压路机、1 台轮胎压路机和 1 台小型压路机。

（2）应根据实际碾压效果确定碾压组合、碾压遍数和碾压速度。一般先用轮胎压路机初压锁浆以防混合料水泥浆粘轮、推拥形成波浪，初压速度控制在 1.5km/h；复压用振动压路机振压 3～5 遍，终压用双钢轮压路机静压 1～2 遍，复压、终压速度控制在 2km/h 左右，按先慢后快的速度碾压，碾压完成后表面应平整无轮迹。

（3）碾压前应对混合料含水率进行抽查，碾压作业应按规定进行，碾压时注意轮迹重叠，静压时压路机应重叠 1/3～1/2 轮宽，振压时压路机应重叠 30～50cm。专人记录碾压遍数，做到不漏压、不少压。

（4）边部碾压时大型压路机应尽量靠边，再用小型压路机进行补强，宜先采用双钢轮压路机静压 2 遍，然后采用小型压路机振动碾压 4 遍，静压 2 遍收面，确保边部线形平顺、平整密实。

（5）碾压过程中对压实度进行检测，确保压实度满足要求。碾压完成后测量人员用水准仪测量压实后高程，点位与摊铺后布置的点位相同，计算出松铺系数，验证上一段松铺系数准确性，确保压实厚度及顶面高程准确。

（6）注意稳压要充分，振压不起浪、不推移。碾压长度宜控制在 30～50m 之间，按照先低后高、先轻后重的工序进行压实，压至基本无轮迹为止。强振过程中应注意避免过振造成结构层表面松散和集料压碎现象。

（7）振动碾压时，要根据压实对象合理地选用振动频率、振幅和碾压速度，用灌砂法初检压实度，不合格时，重复再压，直至合格。

（8）压路机倒车应原路返回，换向位置应在已压好的路段上，不得在未碾压成型路段上转向、掉头、加水或停留；压路机应紧跟摊铺机，前进方向的换挡倒车位置应错开，要成齿状。振动碾压时，压路机停止振动后应顺方向继续向前不振动行驶 3m 左右，不能停振就停止前进，防止造成拥包；出现个别拥包时，配专人进行铲平处理。压路机停车要错开，而且离开 3m 远，最好停在已碾压好的路段上，以免破坏基层的平整度。

5）碾压混凝土接缝处理

（1）横向施工缝与其他横向接缝合并设置，接缝使用切割机按设计要求切割而成。各种接缝均应填缝密封，填缝材料不得开裂、挤出或缺失。

（2）横向施工缝采用与路中线垂直的、接口竖直的对接缝，施工中应预留 2～3m 的台阶。一般在如下情况设置：①每天需要停机收工时（应尽量在需设预留缝的位置）；②在摊铺过程中遇到天气变化，不能继续施工时；③在摊铺过程中遇到机械故障且在水泥初凝之前不能修复时；④与相邻标段接头处；⑤与桥梁、明构造物或不同结构路面相接处。

（3）横向施工缝施工方法：①压路机碾压完毕后，沿端头斜面开到下承层上停机过夜。②第二天将压路机沿斜面开到前一天施工的基层上，用 6m 直尺纵向放在接缝处，定出基层面离开 6m 直尺的点作为接缝位置，如图 10-3 所示，沿横向断面挖除坡下部分混合料，清理干净后，涂刷水泥浆，摊铺机从接缝处起步摊铺。③压路机沿接缝斜向或横向碾压，由前一天压实层逐渐推向新铺层，碾压完毕再正常碾压。④碾压完毕后，接缝处纵向平整度应符合质量检查标准的规定。

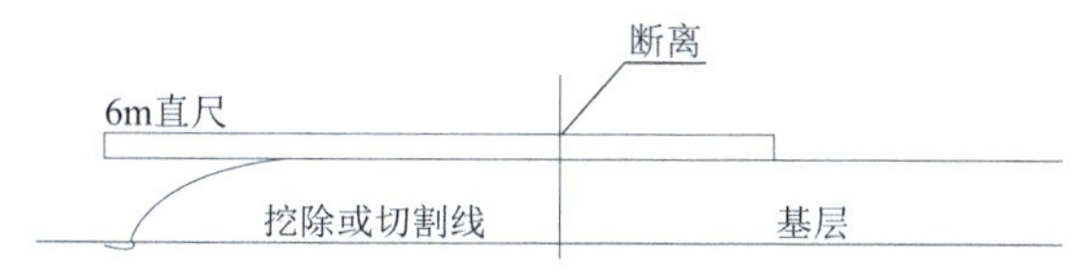

图 10-3　施工横缝切缝位置示意图

（4）隧道洞口施工缝拉杆采用ϕ25mm 螺纹钢，单根长 70cm，横向间距 40cm 一根，一半埋入上基层底面以上 4.5cm 处，一半埋入混凝土过渡板中部，接缝处螺纹钢做防锈处理，拉杆采用打入法打入碾压混凝土内，拉杆端头采用水泥浆进行锚固。

（5）横向缩缝：碾压混凝土横向缩缝间距宜为 20m，靠近隧道洞口处可适当加密，上下基层的接缝应相对应。横向缩缝采用硬切缝，横向缩缝切割顺直度应小于 10mm，硬切缝以不啃边为最佳时机，所有横向缩缝最晚切割时间均不得超过 24h，切缝深度宜为板厚的 1/3～1/4，最小深度不小于 60mm。

（6）采用热沥青对清理干净的横向缩缝进行滴灌，并铺设一层宽 1.5m 的单面烧毛土工布。在土工布铺设前先洒一遍沥青黏层油，用量为 0.3～0.4kg/m^2，喷洒的黏层油应呈均匀雾状，在宽度内均匀分布成一薄层，不得有洒化漏空或成条状，也不得推挤。喷洒不足处要补洒，过量处应予刮除。土工布铺设完成后，需要在土工布上再洒一层同种类型黏层油，用量为 0.4～0.6kg/m^2。

（7）烧毛土工布铺设应注意：①喷洒黏层油的范围要比土工布宽 5～10cm。②黏层油喷洒要均匀，计量要准确。③土工布铺设时，应注意让烧毛粗糙的一面朝上，然后将一端用固定器固定，用机械或人力拉紧，张拉伸长率为 1.0%～1.5%，平直地紧贴路面向前铺设。另外搭板、过渡段埋板、埋板的端头为防止裂缝反射，也应铺设单面烧毛土工布。土工布技术指标见表 10-2。

烧毛土工布性能参数　　表 10-2

试验项目	单位	技术指标
抗拉强度	kN/m	≥7.5
厚度	mm	1.7～2.0
单位面积质量	g/m²	150
耐温性	℃	≥170
CBR（加州承载比）顶破强度	kN	≥1.4
纵、横向撕破强度	kN	≥0.21
沥青浸油量	kg/m²	≥1.2

6）碾压混凝土养生及交通管制

碾压完成检查合格后及时养生，养生期至少 7d，不宜少于 14d，且宜延长至上层结构开始施工的前 2d，养生采用土工布覆盖洒水养生。养生材料纵向搭接宽度不宜小于 400mm，横向搭接宽度不宜小于 200mm，并采用重物压住边角，防止被风吹起。洒水采用洒水车进行，洒水以土工布表面湿润不流淌为宜，洒水完成后严禁车辆通行。当气温低于 5℃时，停止洒水，采用带膜土工布覆盖，保温保湿。养生初期，车辆不得通行，达到设计弯拉强度后，方可开放交通。

10.3 隧道路面碾压混凝土技术成果

针对隧道碾压混凝土存在的制备和施工难题，项目成立了“隧道长寿命碾压混凝土路面施工技术攻关小组”技术攻关小组，牢固增强“四个意识”，坚定“四个自信”，做到“两个维护”，积极按照交通运输部、省委省政府和集团公司对品质工程的规定及全省争创“六型”（学习型、创新型、效益型、环保型、安康型、和谐型）班组活动的具体内容和要求，组织开展碾压混凝土施工技术攻关，发明了一种增强型隧道路面碾压混凝土及其制备方法，并取得了如下成果：

（1）解决了普通碾压混凝土抗弯拉强度低的问题。从减少混凝土内部有害气孔含量和胶凝材料水化反应机理两方面，通过优选抗折强度较高的水泥、吸水率较大的粗集料等原材和配合比优化设计，制得抗弯拉强度较高的隧道碾压混凝土，其强度提升 15%以上。

（2）解决了普通碾压混凝土后期易开裂的问题。通过碾压混凝土抗弯拉强度的提升及内、外养护相结合和设置横向缩缝吸收收缩应力的方式，有效防止了裂缝的产生。

（3）研发了一种性能适应性更高的试验成型装置，并提出了碾压混凝土力学性能检测方法及控制指标。按照传统的成型方法，把计算得到的混合料加入模具后，常需人力辅助才能成型标准试件，小组研发了一种性能适应性更高的试验成型装置，可快速成型抗弯拉试件。但室内成型标养试件的强度难以真实反馈现场施工碾压混凝土的抗弯拉强度，且 28d 抗弯拉强度在施工 28d 后才能测得，严重滞后了其上部沥青混合料铺装层的施工。因此，本技术通过不同龄期室内成型标养试件强度与现场芯样强度的对比分析，得出了一种可简洁、快速、及时评定碾压混凝土施工强度的检测方法及控制指标。

（4）形成了隧道碾压混凝土成套施工工艺。通过碾压混凝土不同施工工艺下的试铺与性能检测，对比分析不同配合比、拌和工艺、摊铺碾压方式和养护方法对碾压混凝土性能的影响，总结形成了一套合理可行的碾压混凝土成套施工工艺。

由此可见，“隧道长寿命碾压混凝土路面施工技术攻关小组”长期扎根施工一线钻研创新，成功攻克了普通碾压混凝土应用中存在的难题，并研发了一种性能适应性更高的试验成型装置及检测方法，形成了一套从设计、制备、检测到生产、施工、养护的隧道长寿命碾压混凝土路面开发与应用技术。

溢水互通
新寨
横岩寨隧道
双台隧道
竹山北互通
鸡公寨隧道
沧浪山互通
鲍峡互通
十白高速公路

第5篇

PART 5

平安百年品质工程

● 环境保护篇

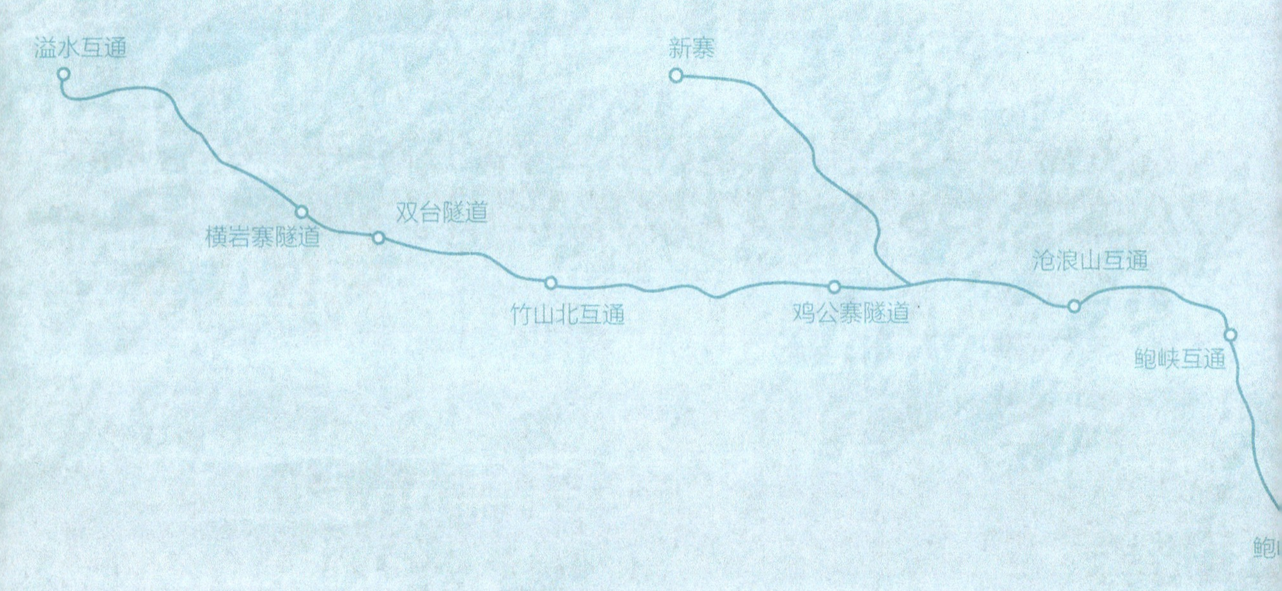
溢水互通
新寨
双台隧道
横岩寨隧道
沧浪山互通
竹山北互通
鸡公寨隧道
鲍峡互通
十白高速公路

第11章

服务区、收费站分散式智能成套污水处理

目前常见的服务区污水处理的生化处理方式主要有：传统地埋式一体化 A/O（Anoxic/Oxic，生物脱氮）工艺、两级 A/O + 生物炭滤池工艺、A/O + 机械过滤工艺、A/O + MBR 工艺。其中地埋式一体化生活污水处理设备建设费用相对较低，但自动化程度低，运维存在难度，使用寿命较短，尤其出水水质难以稳定达标。两级 A/O + 生物炭滤池工艺占地面积大，设备反洗频次较高，运维存在难度，工艺相对简单，运维成本较低，但出水不能长期稳定达标。A/O + 机械过滤工艺自动化程度高，但泵组设备较多，运维有一定难度，出水不能稳定达标排放。A/O + MBR（Membrane Bio-Reactor，膜生物反应器）工艺布局紧凑，占地面积少，出水水质较为稳定，但控制环节较多，膜使用寿命较短，维护难度较大且费用较高，出水可以达标排放。

MABR（Membrane-aerated biofilm reactor，无泡曝气膜生物反应器）工艺是一种活性污泥法与生物膜法相结合的低能耗工艺，氧气以分子的形式通过膜的空气侧渗透到膜的污水侧，膜表面形成高溶解氧浓度区域，好氧微生物在膜壁上繁殖并对污水进行处理。MABR 工艺具有许多传统生物处理工艺无法比拟的优点：①由于采用膜组件进行无泡曝气，相比机械曝气，MABR 技术氧气利用率高、耗能低，MABR 膜传质如图 11-1 所示；②由于氧气和污染物的反向传递，促使 MABR 的生物膜具有独特的微生物分层结构，为多种微生物群落的生长和协同作用提供了条件，可在同一反应器内实现同步硝化反硝化，如图 11-2 所示，使得 MABR 具备优良的除碳脱氮性能；③相比传统生物处理工艺，MABR 工艺流程简单、占地面积小且易于设备化等。目前，MABR 技术已经应用于处理高氨氮废水、农村生活污水等实际污水处理工程。

高速公路服务区污水具有水质水量波动大、水质复杂、高氨氮等特点，为解决这些问题，十巫高速公路鲍溢段项目建造了基于 MABR 工艺的高速公路服务区分散式智能成套污水处理系统。与其他四种工艺相比，该系统可高度匹配高速公路污水处理特性，出水水质能稳定达标，且在技术、运行投资费用和后期管理维护上有优势明显；同时通过对系统的集成化和智能信息化控制研究，实现了系统智能化管控。基于 MABR 工艺的高速公路服务区分

散式智能成套污水处理系统，为服务湖北省绿色环保型高速公路建设建立了一套适合高速公路应用的多元化、标准化、规范化分散式污水处理工程设计体系，工程和实际意义深远。

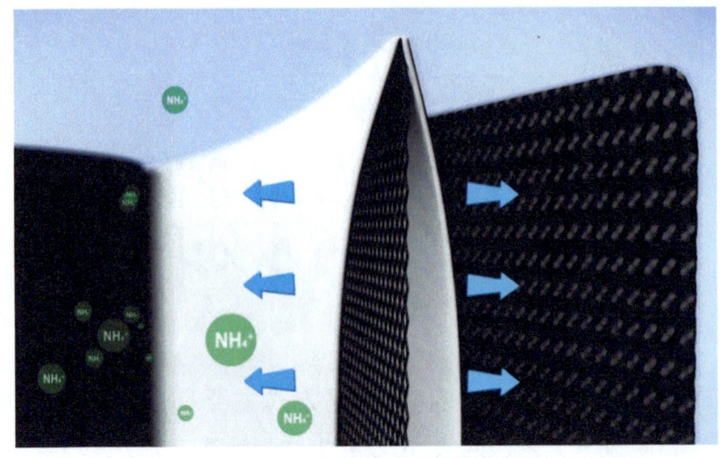

图 11-1　MABR 膜传质示意图

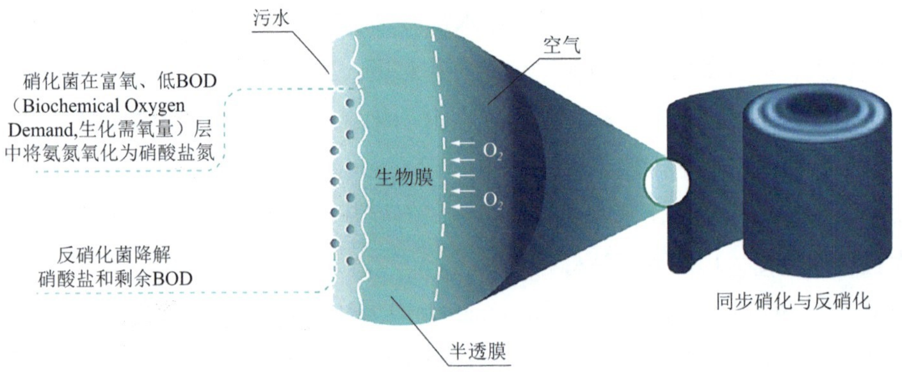

图 11-2　MABR 膜同位硝化反硝化图

11.1 系统组成

分散式智能成套污水处理系统基于可移动扩容设计理念，采用模块化、集装箱式设计方案，即把生物选择池、MABR 池、二沉池、砂滤、加药系统、电气控制系统等集成到集装箱中，保证了污水处理能力与服务区实际污水水量相匹配，便于后期对污水处理系统的扩容，同时集装箱式设计可大大缩短施工工期。配套的土建工程主要包括对格栅池、调节池、二级水池、三级水池、污泥池。基于 MABR 工艺的高速公路服务区分散式智能成套污水处理系统组成如下。

1）提升井

高速服务区污水处理工程采用合建方式时，需要设计提升井。首选污水汇入提升井，由提升井内的格栅去除污水中大颗粒杂质，保证后续处理装置的正常运行，提升井有一定的容积，将提升井内的污水从服务区的一侧提升至另一侧污水处理系统，集中处理。

主要设备：格栅、栅渣斗、潜污泵、液位计。

2）粗格栅/调节池

服务区污水或经潜污泵提升的污水首先进入格栅池，经过格栅拦截去除污水中的大颗粒杂质，保证后续处理装置的正常运行。调节池对服务区的总来水进行调节，具有调节水质水量、预曝气以及去除一部分水中污染物的作用，将一部分难降解的复杂有机污染物（油脂、高分子有机物、不饱和脂肪酸等）分解为易降解的简单有机物，同时截流污水中的固体悬浮物。

主要设备：格栅、栅渣斗、潜污泵、液位计、配套电磁流量计。

3）细格栅/生物选择池

细格栅池内放置的细格栅拦截去除污水中的小颗粒杂质，保证后续处理装置的正常运行。生物选择池通过改变曝气池中的氧气含量来从含泥的污水中挑选出符合要求的细菌来提高后续处理污水的效率，使符合污水性能的细菌大量繁殖，并抑制不符合污水的细菌生长繁殖。

主要设备：转骨式细格栅（自动）、提篮格栅（手动）。

4）MABR 系统

（1）MABR 系统。

MABR 处理系统，调节池污水进入膜曝气生物反应器中，空气通过透气膜和间隔层之间的缝隙进入膜组件，再将氧分配到废水中，污水与可渗透氧气的生物膜套筒的表面接触，好氧细菌在膜壁上繁殖并对污水进行处理，同时生物膜中形成明显的分层现象，从而可以同时实现好氧硝化反应、缺氧反硝化反应和异养氧化反应。同时达到脱氮除磷的效果。

主要设备：集装箱系统，每个集装箱含 4 个 MABR 膜组系统。

（2）二沉池。

MABR 反应器出水进入二沉池进行进一步泥水分离。二沉池底部污泥大部分回流至选择池以补充选择池内污泥浓度，少量污泥作为剩余污泥暂存于污泥储存池，外运处置。

主要设备：污泥回流泵/排泥泵。

（3）污泥浓缩池。

生化系统污泥部分回流进入选择池，部分外排至污泥浓缩池，经污泥脱水系统脱水后外运处置。污泥浓缩池对剩余污泥进行浓缩及暂时储存。

主要设备：潜水搅拌器、污泥泵。

5）深度处理系统

（1）二级水池。

二级水池是用来储存清水的。

（2）砂滤器。

经过二沉池的出水进入砂滤器，通过过滤介质去除水中各种悬浮物、微生物以及其他微细颗粒，最终降低了水的浊度、净化了水质。

主要设备：砂滤进水泵、砂滤罐、砂滤反冲洗泵。

（3）三级水池。

储存过滤出水，并作为消毒池反应池，回用及反冲洗吸水池。

主要设备：出水提升泵、回用水泵。

6）综合设备集装箱

设备间内设有风机房、空气压缩机等机械设备，以及电控柜等。

（1）供氧系统。

MABR 系统供氧主要为三个部分：工艺供氧、搅拌曝气、曝气供氧。

主要设备：工艺风机、曝气风机、搅拌风机。

（2）污泥脱水系统。

废水处理过程中产生的污泥含水率很高，所以污泥的体积比较大，会对污泥的处理、利用和运输造成困难。污泥池就是通过污泥增稠来降低污泥的含水率和减小污泥的体积，从而降低后续处理费。

主要设备：叠螺脱水机、PAM（聚丙烯酰胺）加药系统。

（3）加药系统。

系统中碳源、PAC（聚合氯化铝）、次氯酸钠的投加。

主要设备：碳源加药泵、PAC（聚合氯化铝）加药泵、次氯酸钠加药泵。

（4）智能化控制系统。

①供电及保护功能。

电气控制柜能够接入外部 AC 380V 供电电源，通过内部电能分配电路和保护电路，为污水处理系统中的风机、泵组等提供供电和电气保护。

②控制功能。

电气控制柜内设电机启动电路和 PLC（Programmable Logic Controller，可编程逻辑控制器），能够通过手动和自动两种模式控制系统运行，对特定用户开放原始控制功能。

③状态监测功能。

电气控制柜能够通过内部采集模块实时采集外部传感器反馈的压力、温度、流量、水质等状态参数，同时能实时监测系统设备的运行状态，通过显示屏以画面的形式进行动态显示。

④报警功能。

当污水处理系统出现数据超限或非正常工况时能够发出报警提示，并记录报警数据，同时提供报警查询功能。

⑤网络通信功能。

预留网络通信功能模块，旨在将电气控制柜采集的设备状态信息上传至以太网，通过终端设备可远程查看系统运行状态并操控污水处理设备。

7）中水回用系统

利用系统三级清水池作为回用水池，同时新增设变频水泵，回用水回用至服务区厕所冲洗、绿化等。

主要设备：变频供水泵。

11.2 系统功能

11.2.1 无泡曝气膜生物反应器（MABR）工艺

基于 MABR 的分散式智能成套污水处理系统采用 MABR + 砂滤工艺，服务区污水经格栅过滤后进入调节池，调节池调节水质水量，经过细格栅选择池进一步去除杂质，MABR 反应池脱氮除磷，二沉池污泥沉淀后进入二级水池，再经砂滤器过滤和清水池消毒，最后达标排放或回用，工艺流程如图 11-3 所示。

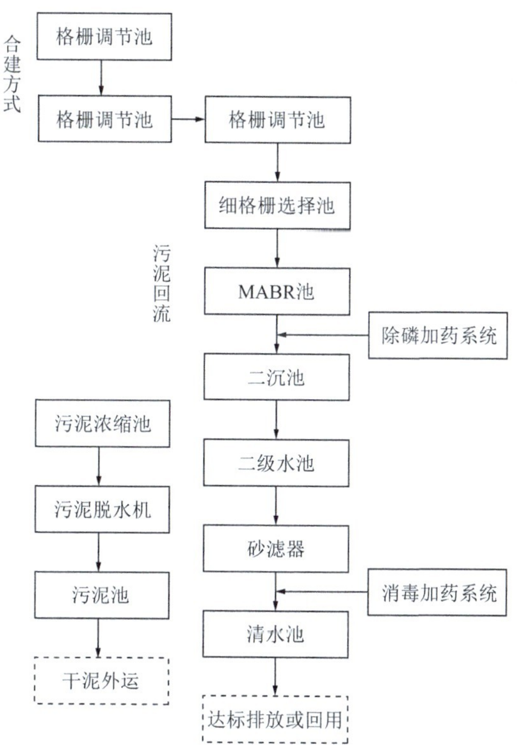

图 11-3 MABR 工艺流程

首先服务区污水经进水泵提升后，通过细格栅过滤，去除污水中的悬浮物，之后重力流至选择池，回流污泥也回流至选择池，泥水混合物均匀分配后，进入 MABR 反应装置中。绝大部分污染物在此被去除。经过 MABR 工艺处理后的泥水混合物进入二沉池，进行泥水分离。二沉池底部污泥大部分回流至选择池，少量污泥作为剩余污泥暂存于污泥储存池，外运处置。二级处理出水直接流入三级处理单元，介质过滤 + 消毒。

11.2.2　高速公路智能环保监测管理系统

高速公路智能环保监测管理系统具备基于 GIS 的“一张图”监测、单点监测、大屏监控、设备管理、报警管理、报表管理和系统管理七大功能，具体操作面板如图 11-4～图 11-10 所示，能够实现计算机和手机随时随地对现场污水处理设施进行智能化远程监控。

图 11-4　基于 GIS 的“一张图”监控

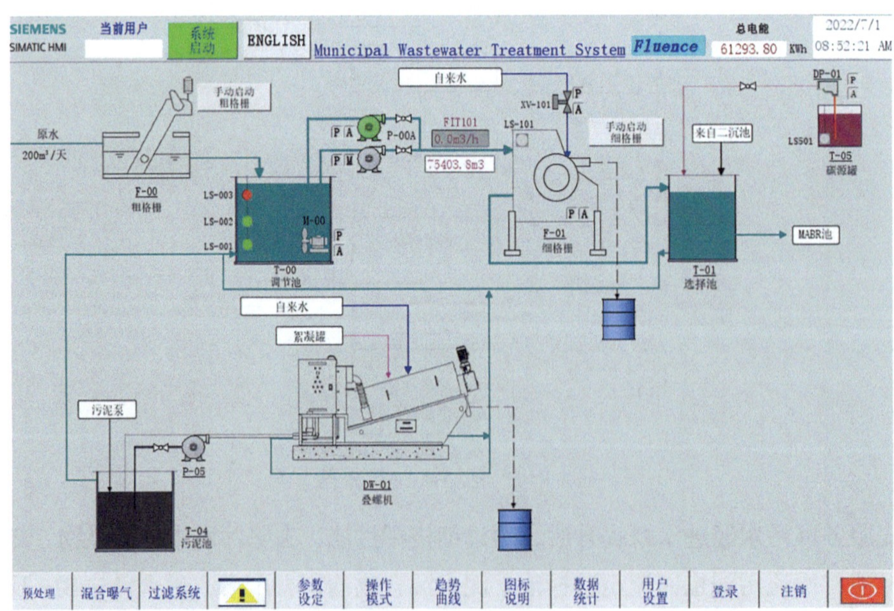

图 11-5　预处理面板

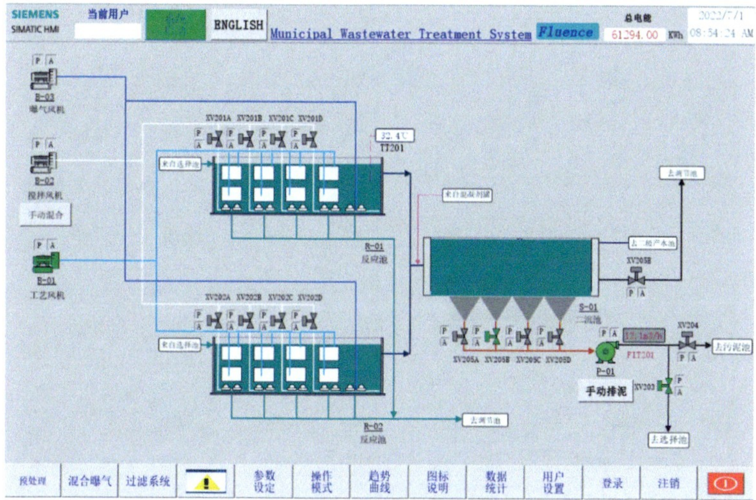

图 11-6　混合曝气面板

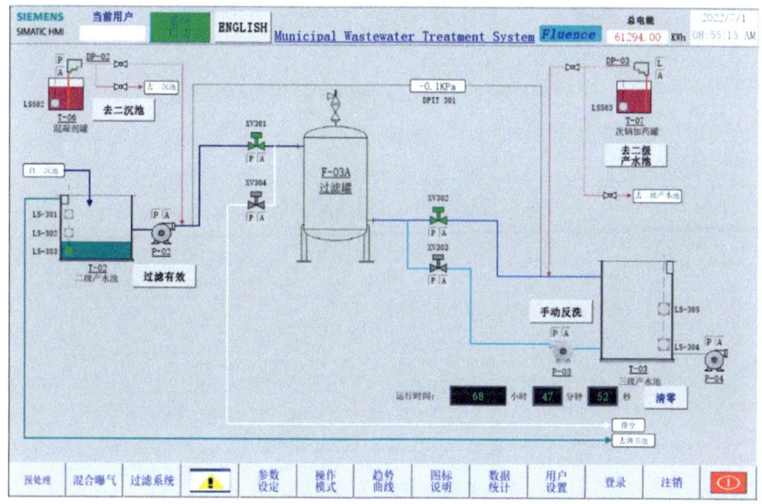

图 11-7　过滤系统

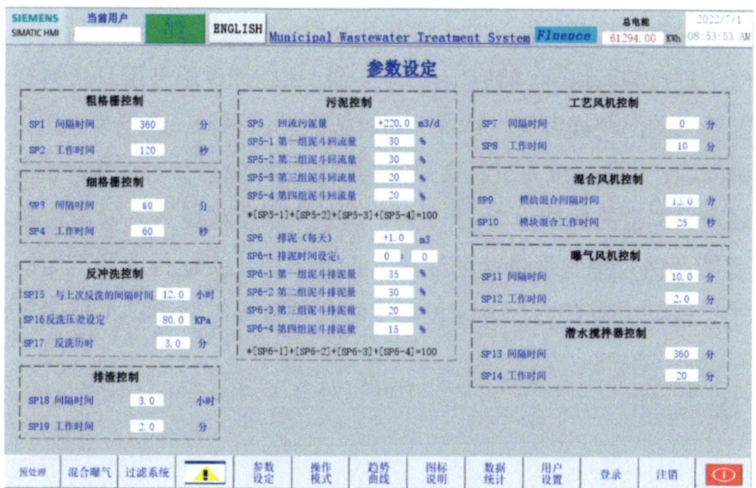

图 11-8　参数设定面板

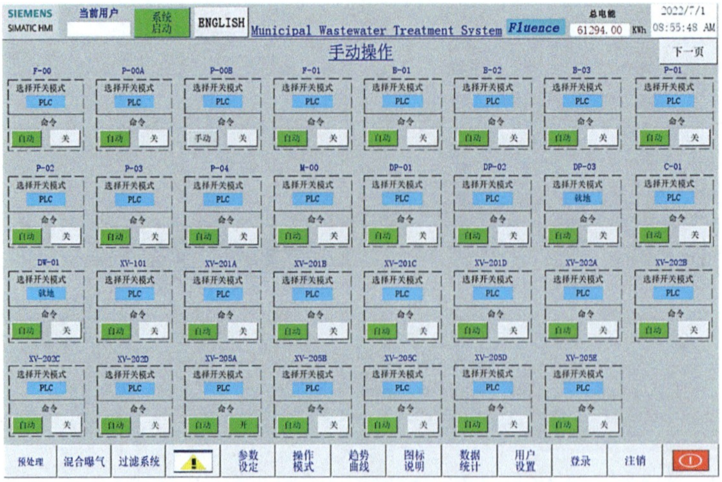

图 11-9　操作模式面板

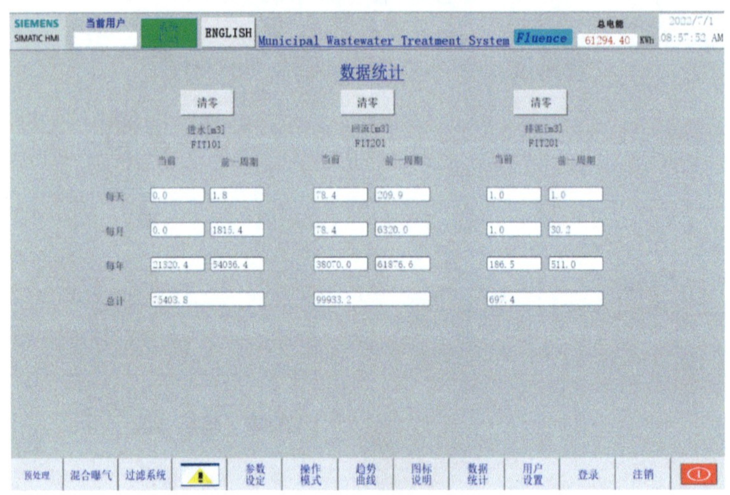

图 11-10　数据统计界面图

依托智能环保平台建立了远程巡检和现场处置的联动与运维模式，实现了对污水处理设施远程巡检等智能化运维管理，做到对水质超标及设备故障快速响应。首先按照运维管理指南对服务区水电工进行全面培训，然后由水电工对污水处理设施开展日常检查，并填写记录，针对水电工不能解决的问题或者突发情况，通过智能环保平台，现场水电工可在专业运维人员的指导下解决问题；专业运维人员日常只需通过智能环保平台对现场污水处理设施线上检查，而线下开展现场巡检的周期为 2～3 个月，可最大限度减少人工参与和降低运维成本。

高速公路智能环保监测管理系统的建成，提升了湖北交通行业乃至全国交通行业环保管理智能化水平，推动全省交通行业绿色、生态和可持续发展提供示范引领作用。

11.3 应用示范

目前，基于 MABR 的分散式智能成套污水处理系统已经在湖北省内 46 处高速公路附属区推广应用，含 15 对服务区、8 对停车区和 23 处收费站及养护工区，遍布全省，每个污水处理工程的处理能力在 5～300m³/d 之间，总处理能力超过 4000m³/d。投产运行经调试后，结果证明，MABR 系统运行稳定，出水水质达到《城镇污水处理厂污染物排放标准》（GB 18918—2002）一级 A 排放标准。

11.3.1 安陆服务区污水处理推广工程

1）安陆服务区概况

福银高速公路（代号：G70），是连接福建省福州市和宁夏回族自治区银川市的高速公路，全长 2485km，是一条沟通我国东南沿海及华中地区至西北地区的大动脉。安陆服务区位于 G70 福银高速公路 1061km 处，地处安陆市境内，占地面积 0.093km²，开通于 2005 年 9 月 30 日，车流量、人流量极多。

2）安陆服务区污水处理现状

日常情况下安陆服务区南北区合计日用水量为 130t，高峰期日用水量可达 200t，较大的水流量变化对污水处理系统抗冲击负荷要求较高。原有污水处理设施为两侧分建式，如图 11-11 所示，采用“AO＋人工湿地”工艺，单边处理能力 100m³/d，设计出水水质为《城镇污水处理厂污染物排放标准》一级 B 标准。目前污水处理设施基本处于瘫痪状态，提升泵、风机等动力设备已老化，运行效果不稳定，出水难以稳定达标，而且该工艺自动化与运行监控程度低，不利于后期运维管理。

a) 南区

b) 北区

图 11-11 南北区污水处理系统

3）工程投资及运行情况

（1）工程投资估算。

安陆服务区污水处理工程建设项目由土建费用、设备采购费、运行维护费等费用组成。按 15 年全寿命周期考虑，第一年建设费为 343 万元 [包括土建费用 161 万元（包括对现有污水管网、化粪池、隔油池的改造），设备费用 182 万元]，项目每年的运行费用大约为 15 万元。

（2）工程运行情况。

安陆服务区污水处理工程于 2021 年 1 月开始建设，2021 年 4 月完成调试，并委托第三方检测单位，对出水进行取样检测，出水达到城镇一级 A 标。工程运行现场如图 11-12 所示。

图 11-12　工程运行现场情况图

11.3.2　进山河停车区污水处理推广工程

1）进山河停车区概况

沪蓉高速公路（国道编号 G42）东起上海市，西达四川省成都市，横贯中国东西，全长 1966km，是国家规划的“五纵七横”国道主干线公路网的重要组成部分。进山河停车区位于湖北麻城市境内，占地面积 0.08km^2，于 2021 年开通，目前车辆流较少。

2）工程投资及运行情况

（1）工程投资估算。

进山河停车区污水处理工程建设项目由土建费用、设备采购费、运行维护费等费用组成。按 15 年全寿命周期考虑，第一年建设费为 170 万元［包括土建费用 40 万元（包括对现有污水管网、化粪池、隔油池的改造），设备费用 130 万元］，项目每年的运行费用大约为 10 万元。

（2）工程运行情况。

进山河停车过区污水处理工程于 2021 年 5 月开始建设，2021 年 8 月完工，但停车区前期车辆流量人流量极少，于 2022 年 2 月才达到调试条件，冬季气温较低，微生物培养周期相对较长，经过 30d 调试完成后，委托第三方取样检测，出水达到城镇一级 A 标。工程现场如图 11-13 所示。

图 11-13　工程完工现场情况图

第12章

秦巴山区及核心水源区高速公路建设若干思考

12.1 概述

秦巴山区，“秦”指秦岭山脉，“巴”为大巴山脉，即长江支流——汉江上游秦岭大巴山及其毗邻地区，位于川、渝、陕、鄂、豫五省市交界处。核心水源区，即丹江口水库及汉江中上游水域，是南水北调中线工程水源地、国家一级水源保护区、国家级生态文明示范区、风景名胜区，水质优良，自 2014 年末开始为沿线 20 多座大中城市提供生活和生产用水。本章所述秦巴山区及核心水源区是以十堰地区为主体，辐射陕南、河南南部、襄阳东部等区域，位于秦巴山区腹地，汉江流域中上游，即鄂西北地区。

1）特殊的地质地貌

鄂西北地区位于秦巴山区东段，北区地处秦岭东段南缘，南区地处大巴山脉东段北坡，山系多呈纬向褶皱形，整体呈东西走向，西南高、东北低，山脉与地层走向一致，河谷曲流发育。自古生代末期以来，由于长期的剥蚀和河谷的下切，逐渐形成了山峰高耸、层峦叠嶂、沟壑深邃、峡谷纵横的多层状山岳地貌景观。地貌按其成因及形态可划分为构造剥蚀低山地貌区、构造剥蚀中山地貌区、构造侵蚀溶蚀中山地貌区。高速公路建设区内地形复杂，多为两山夹一沟，且沟壑深切，岸坡陡峻，地形起伏大，桥隧比较高，加之走廊狭窄，可供展线余地较小。

十巫高速公路鲍溢段位于秦岭褶皱系一级构造单元，次级构造单元为南秦岭冒地槽褶皱带之武当山复背斜，内部构造复杂。地质岩性主要为武当山群绢云母片岩、钠长片岩、石英片岩以及绿片岩，部分含有变辉绿岩、炭硅质片岩，岩性复杂多变。同时，片岩属于特殊类变质岩，具有易崩解性、软化流变性和横观各向同性等特点。局部缓坡地带常有第四系残坡积、崩坡积块石、碎石夹粉质黏土，河床范围多有块石堆积。另有不同时期的侵入岩、岩浆岩呈条带状穿插于各地层中。

2）典型的水文气象条件

鄂西北地区属北亚热带半湿润季风气候，具有四季分明、光照充足、雨量适中、雨热同季、无霜期长、相对湿度大等特点。年平均气温 7.7～16℃，无霜期 180～250d，日照时数在 1000～1950h 之间，平均 4～5h/d，年降雨量为 750～1000mm。

区内水系较为发育，以长江流域汉江水系及其支流（天河、堵河、白河、丹江等）为主，水资源丰富。丹江口水库多年平均入库水量为 394.8 亿 m^3，水库来水量大部分来自汉江和汉江的支流丹江。丹江口大坝加高以后，水库正常蓄水位将从 157m 提高至 170m，库容将从 174.5 亿 m^3 增加到 290.5 亿 m^3，水域面积达 1022.75km^2。另有白沙河水库、大峡水库、红岩水库、胡家沟水库、刘家凹水库、岩屋沟水库等错落分布。

12.2 工程建设总结与思考

自 1999 年至今，二十余年间鄂西北地区逢山开路，遇水架桥，相继建成了襄十、十漫、十白、十房、谷竹、郧十、十巫（鲍峡至溢水段）、保神、十淅（湖北段）等高速公路，纵贯南北，横连东西，宛如一根根经脉，将秦巴腹地同祖国各地紧密联系。本节以十巫高速公路鲍溢段工程建设为依托，汲取上述毗邻高速公路工程建设经验，以建设周期为轴，结合绿色示范工程创建理念，围绕建设管理模式、山区高速建设、工程技术创新三个方面，阐述秦巴山区及核心水源区高速公路建设的若干总结与思考。

12.2.1 建设管理模式

从资金来源或融资方式来看，高速公路建设可分为政府投资项目、PPP（Public-Private Partnership，政府和企业资本合作）项目、政府特许经营类项目及其他项目。政府投资项目顾名思义，是由政府出资，通过公招的形式完成高速公路建设，竣工验收合格后移交给使用单位；PPP 项目是由政府部门和社会资本合作，二者通过资源共享、收益同享、风险共担的合作原则建立起的参与项目的合作关系，因此政府部门和社会资本是该模式中两个最为关键的主体；而特许经营类项目是由资本方出资融资完成高速公路项目的建设，并在特许经营期内对高速进行运维，同时资本方有权向公众收费还贷获利，最终特许经营期满无偿移交给政府，BOT 即建设-运营-移交，就是一种常见的特许经营类模式。某种程度上，BOT 模式与 PPP 模式有很大的相似性，有的专家学者认为前者是后者的一类。

从高速公路建设的项目管理方来看，可分为指挥部模式、委托代建制、BOT＋EPC 模式及衍生模式。指挥部模式和委托代建制一般都是政府出资，区别在于前者是从政府部门抽调人员组建项目管理机构，后者则是政府通过招标等方式，选择专业从事项目投资建设管理的咨询单位负责高速公路的建设管理；BOT＋EPC 模式是由 BOT 投融资模式＋EPC 总承包管理模式组成的复合模式，它不仅是完成高速公路项目中的资金筹措管理，还要完成高速公路在建设过程中的项目管理工作，通常由资本方、设计、施工等单位共同出资成立建设单位，履行项目管理职责。

如果单从施工期标段划分来看，高速公路建设可分为小标段模式和大标段模式。二者是相对而论的，前者参建单位多，招标工作任务繁重，施工水平参差不齐，后者则提高了项目参建方的准入门槛，有利于标准化建设，减轻了建设单位的管理压力。

参考以往工程建设经验，鄂西北地区高速公路建设以往是指挥部 + 小标段模式，近年来逐步推广为 BOT + EPC 大标段模式。建设管理模式的转变，是市场经济环境下综合管理水平和标准化建设日趋成熟的体现，同时既为政府部门缓解了财政压力，又缓解了管理压力。

BOT + EPC 大标段模式的特点在于，建设项目的全寿命周期特性更为显著，项目的投资、设计、施工主体为同一投资方，建设单位介入整个项目的各个阶段，有利于工程建设的质量、安全、进度及费用管理，同时该模式改变了政府项目建设、管理、经营、监督一把抓的现状，解放了政府职能。此外，也简化了多方合作过程中的诸多不便，特别是减少了沟通成本，能够有效提高沟通效率，简化相关手续，从而提高工作效率。

12.2.2　秦巴山区及核心水源地（鄂西北地区）高速公路建设

如前文所述，鄂西北地区地处秦巴山区腹地、汉江中上游、南水北调中线工程核心水源区，地形复杂，地质特殊，生态敏感度高，环保要求高。项目建设区涉及的不良地质现象主要有危岩、崩塌与岩堆和滑坡或不稳定斜坡、岩溶、采空区等；受多期构造运动影响，褶皱和断裂比较密集，由于构造作用，埋深较深的隧道普遍存在高地应力；同时受海拔高度、山区坡向等地形地貌因素影响，项目区域内山地小气候具多样性，夏季灾害性天气较多，年均至少出现一种或两种极端天气（雷暴、大风、冰雹、高温和低温、春秋季连阴雨等），其中强降雨可引发山体滑坡、崩塌等地质灾害。

特殊的地形、地质构造和典型的水文气象条件，使得该区域高速公路建设通常面临以下问题：高速公路整体线路布设常显促狭，线内可用建设用地紧缺，三场一站等临时工程选址困难，施工组织难度大；交通不便，材料、大型机具设备、钢构件运输困难，临时便道、钢栈桥等临时工程投入大；桥隧比高，整体弃方量巨大，弃渣场选址困难，项目环保、水保管控压力大；地质条件复杂，隧道施工面临突水、突泥、塌方、初期支护大变形失稳、围岩应力变化造成二次衬砌受力开裂，路基边坡易滑塌等技术难题；项目虽地处山区，岩石饱水抗压强度偏低，可用于项目建设的地材情况紧缺等诸多难题。

以上问题使得建设单位的前期工作尤为重要。凭借 BOT + EPC 项目管理模式的独特优势，要在项目筹备期提前策划和考虑，从全寿命周期理念出发，以更高的站位、全局的角度发现问题并系统性地解决。同时，还要充分做好项目建设范围内的调查，与地方政府充分沟通，了解地方诉求，综合筹划项目建设。这无疑对项目管理方的管理水平提出了更高的要求。

1）建设前期

项目筹备期首要做好的就是与高速公路建设相关的法律法规、政策文件的学习，尤其是土地、林业、水利、文物等相关部门规章制度。项目核准阶段，环评、安评报告、水土保持方案、地质灾害调查、文物保护调查、用地预审、通航报批等一应手续，均要合法合规取得，保障项目顺利推进。

2）勘察设计阶段

得益于 BOT＋EPC 建设管理模式，项目勘察、设计、施工等单位均已确定。勘察设计单位应深入总结以往山区高速建造经验，在“继承中不断更新、吸纳中逐步修正、融合中因地制宜”。一是考虑地方发展和需求，深刻认识项目建设的战略意义和社会效益；二是坚持全寿命周期设计理念，在工程耐久性设计、环保设计上下功夫，做好平安百年品质工程和绿色示范工程建设中的设计一环；三是从施工和运营维养的角度出发，在源头处优化设计，做到工程易实施、维养压力小；四是与环境相适宜，同民俗相融合，突出美学设计理念，做到内在质量优、外在形象美。

在项目初勘阶段，充分了解地形、地貌特征，地方现有道路情况，利用先进设备仪器，详尽做好不良地质勘察工作。详勘初设阶段，建设单位提前介入，组织各方加强与地方政府沟通，了解群众诉求，与地方发展规划相结合，真实做好交通流量预判，尤其涉及服务区、停车区、互通区选址及建设规模，对于实现交旅融合、地方发展经济、改善民生至关重要。电力迁改在这一阶段也要同步启动，以永临结合为原则，实现效益最大化。

秦巴山区高速公路桥隧比高，尤其隧道占比较大，初步设计过程中，设计单位应充分考虑运营期行车舒适度和维养难度，做好明线分析比选。施工单位要加强沟通协作，积极参与初步设计工作，从施工的角度，围绕主材运输、便道便桥及三场一站等临时工程策划、弃渣场选址、土石方调配、重点控制性工程构造物设计等方面，提出客观意见和建议。同时，为保证项目整体有序推进，各阶段无缝衔接，施工单位大临设施专项施工方案要与项目初步设计同步开展编制，并于初步设计批复一月内完成专家审查；总体施工组织设计同项目土建施工图设计同步编制，提交专家审查时，同步提交初步的施工承包合同预算，形成工程量清单。此举有助于加强项目建设单位的技术、合同管理，进一步提高工作效率。

3）项目实施阶段

如上所述，建设管理模式从指挥部＋小标段模式，逐步转变为 BOT＋EPC 大标段模式，提高了施工单位的准入门槛，有利于标准化建设。当前山区高速公路承包方多为央企施工单位，管理体系健全，施工经验丰富，技术储备扎实，施工组织合理，标准化、信息化建设程度高。

随着科技的进步，与以往高速公路施工相比，最明显的变化就是“四新”技术在工程中的应用发展。引入网络信息化施工管理平台，混凝土拌和站、工地试验室力学设备等自动采集数据上传，并与设计值进行比对，对工程实体质量实施了有效监督；开展科技智慧工地建设，针对管理重点进行视频化和信息化管理，如智慧梁场、隧道作业人员管理系统；引进先进工装，如推广智能张拉、压浆技术、自动喷淋养护系统等应用，提升工程质量，坚持机械化减人、自动化换人，如采用隧道施工三臂凿岩台车、湿喷机械手、整体液压模板衬砌台车等，提高施工效率。尽管如此，创新工作仍要随着新建高速公路的建设而持续深入开展，“四新”技术的应用在项目建设方案综合比选中，既要考虑全寿命周期算好经济总账，还要考虑推广价值和边际效益。

但在项目实施阶段，仍然存在一个环节值得讨论，即施工监理。监理肩负着建设单位的委托，责任重大，不仅要履行监理合同中的各项条款，还应不断创造新的有效监理方式，提高自身管理水平。尤其大标段模式对监理单位大团队整体综合素质要求比较高，要求监理人员技术经验丰富，综合管理水平能适应大兵团作战模式，能全面掌控施工中的五控两管一协调，做好建设的助手。当前工程监理一般采用总监办、驻地办、总监办 + 驻地办三种模式，但无论哪种监理模式，监理队伍都存在人员综合素质参差不齐、服务和责任意识不强等问题，建设单位并未收到预期的效果。究其原因，一方面是行业整体薪资水平不高，人员流动性大，员工没有归属感；一方面是监理行业缺乏高素质综合型人才，现有人力资源管理制度和人才培养体系有待完善。

从施工监理映射到工程建设领域整个行业，人才断层和流失成为共性问题。企业人力资源开发需要创新思维，打破传统的人力资源管理模式。一是创新企业人力资源开发制度。建立了以实际能力为基准的薪酬机制，明确高素质人才的标准和要求，对高素质人才适当提高薪酬水平；注重人力资源开发的公平与效率，完善企业的激励机制，健全绩效考核制度；健全企业人员培训制度，不断提高员工的综合素质。二是重塑企业人力资源开发理念。人力资源管理的核心理念就是“以人为本”，企业要让员工意识到自身存在的意义，充分肯定员工在工作中的作用，体现员工价值，让员工有归属感。同时，以工会为主导，丰富员工的业余生活，提高团队的凝聚力。

12.2.3　工程技术创新发展

秦巴山区高速公路建设项目建设难度大，技术要求高，一批批工程建设者在二十余年项目建设中锤炼，逐步成长为领域的技术骨干和管理专家。如十白、十房、谷竹、十淅高速公路及十巫高速公路鲍溢段建设中，建设方联合科研院所针对秦巴山区公路滑坡体、片岩质边坡、路基路面、大跨径桥梁、片岩隧道施工技术等开展了一系列科技攻关项目研究，并形成相关科技成果。长期深耕于秦巴山区高速公路的建设者们，积累了大量的施工经验，总结出各类具有实用价值的施工方法，尤其涉及隧道工程方面。

（1）地质调查。项目核准批复后，勘察单位要针对选线进行详尽的勘探工作，形成真实准确的地质调查报告。以往秦巴山区高速公路建设过程中出现的边坡垮塌、隧道塌方等问题表明，较多的事故发生是由于地质调查不够详细，或者位置不准确，事故处理前仍要补充地质勘察，开展安全性稳定性评价。详细的地勘报告，是合理设计边坡防护形式、桥梁桩基构造及隧道支护参数的依据，利于选择适当的施工方案、设备，是工程顺利实施的保障。

（2）边坡处治方面。秦巴山区地质特殊，多为绢云母片岩，具有易崩解性、软化流变性和横观各向同性等特点，从以往工程经验来看，边坡滑塌主要受三个因素影响——土体性质、工程活动及自然降雨。因此，设计在边坡坡度及防护形式上，应根据地质特点、地形和相关环境背景综合考虑，进行针对性设计，稳定性较差的边坡多采用的防护形式为抗滑桩、重力式挡土墙、柱板式锚杆挡土墙、护面墙、锚杆框架梁、预应力锚索等其中两种或两种以上的组合形式。

高边坡施工前应进行稳定性分析，施工时要做好深挖高填边坡的防排水和监测工作，必要时可以开展专题研究。针对滑坡体，一般防治工程措施主要有排水、力学平衡和改变滑坡土三种。在秦巴山区高速公路边坡施工中，一般采用前两种，综合滑坡规模、变形特点（主滑面）及工程成本等因素确定施工方案，削坡减载、抗滑桩、抗滑挡土墙及截排水是常用可行的治理措施。需要注意的是，牵引式滑坡不宜采用削坡减载的方式。

此外，对于高填方边坡或填土路基段，当现场不满足放坡条件时，加筋土挡土墙是比混凝土挡墙更为经济的选择。经运营期实地踏勘发现，加筋土挡土墙安全可靠，能适应秦巴山区地质水文条件，但其施工工艺较复杂，且对施工质量要求较高。

（3）桥梁工程方面。根据桥梁形式，山区桥梁一般分为大跨径特殊结构桥梁、预制 T 梁或箱梁、现浇箱梁、钢梁及钢混组合梁等。预制 T 梁或箱梁，工艺成熟，适宜工程标准化建设要求，在桥梁工程中应用最为广泛。为提高预制 T 梁、箱梁施工质量，可考虑采用液压自行走整体钢模。阻碍其推广应用的主要因素是一次性投入成本较普通钢模板高，对此可以综合人工、工期成本等因素计算出单价平衡点。当梁场 T 梁预制数大于或接近该平衡片数，其成本反而更加经济，且 T 梁质量优、外观好。

大跨径特殊结构桥梁多用于跨路、跨水及深谷处，尤其在核心水源地带，为保护一江清水，满足当地生态要求，多采用一跨过水的设计方案。因此，设计时要综合地形、水文环境、工程成本等因素，确定大跨径桥梁结构形式，同时还要注重景观设计，与环境相适宜。大跨径桥梁施工要重点做好桥梁施工监控工作，其监控水平直接影响桥梁结构安全和桥面线形，拱桥、斜拉桥及悬索桥还要做好健康监测施工。

钢结构桥梁和现浇箱梁多用于互通区或跨高速公路、跨铁路处的桥型选择。前者一般跨径较大，多采用分块、分段吊装焊接施工，避免搭设支架，有利于下穿道路的保通，但成本较高；现浇箱梁一般跨径较小，多采用满堂支架施工，但受限于山区陡峭地形、软土地基及桥墩较高的地方，抱箍法或抱箍 + 钢管复合支架法是更为适宜的选择，配合支架整体卸落工艺，具有临时设施材料用料省、施工效率高等特点。

桥梁附属工程施工中，桥梁伸缩缝是病害常见处，无论是常规混凝土还是纤维混凝土，关键在于养护。实践经验表明，伸缩缝处混凝土水养不少于 14d，覆膜湿养不少于 21d 时，有助于耐久性提升。

（4）隧道工程方面。隧道设计中，除洞门、线路及纵断面外，基本都有通用图，而隧道施工受工程地质、地下水等影响较大，是山区高速施工事故常发地带。秦巴山区隧道选线尽量避免傍山或在山坳汇水处进、出洞，倘若避无可避，可根据现场实际情况，采用抗滑桩 + 耳墙、覆土回填反压、锚杆注浆、预应力锚索等一种或多种组合的方式，处治洞口偏压和山体松动问题。

隧道进、出口岩面较陡，或位于滑坡坡脚处，可采用延长洞门的方式避免扰动滑坡引起滑塌，即延长洞门至坡脚外，提前施作套拱，插打管棚，然后喷射混凝土封闭（套拱与坡面间管棚拱圈），再进行正常进洞施工。

针对隧道施工中的塌方问题，可以通过管棚、钢拱架、混凝土拱圈等构造物受力计算分析，针对全掌子面、局部塌方及冒顶等情况制定相应处治方案。以全断面塌方事故处治为例，先通过长管棚受力简化模型计算管棚入岩深度，采用长管棚注浆加固，分段清除塌方体，及时跟进钢支撑的方式处治。实践证明，此方法处治效果良好，特别适合较大型隧道塌方的处治。

对于秦巴山区常见的软岩隧道施工，传统施工方法施工时，初期支护完成后仍出现钢拱架变形较大、二次衬砌开裂等现象，稍有不慎便会发生塌方事故，甚至“关门”。通过软岩大变形机理和破坏原因分析，结合大变形围岩松动圈测试发现，其围岩自承能力差，等待初次衬砌变形稳定后再施作二次衬砌有诱发大变形的可能，因此该类软弱围岩条件下隧道施工不能生搬硬套“新奥法”，应采取注浆加固变形段围岩、置换变形钢拱架和重新施作初次衬砌的综合治理措施，以往类似地质隧道工程监控量测结果表明该法取得了良好的效果。

目前秦巴山区隧道碾压混凝土施工技术已取得突破性进展，在十巫高速公路鲍溢段的隧道基层施工中，从原材料选择，配合比设计，施工准备，现场拌和生产，混合料运输、摊铺、碾压，成品养护，接缝处理和试验检测等方面，形成了一套合理可行的隧道碾压混凝土基层施工技术，可推广应用。

综上可见，历年来针对秦巴山区高速公路建设中地质岩性、滑坡体及边坡破坏机理、片岩填充剂路堤、软基处理、片岩、碳质片岩及软岩隧道施工技术等，工程建设者开展了广泛、深入的研究，并在工程实践中积累了丰富经验。相关技术成果总结和丰富实践经验，可作为鄂西北地区高速公路建设的指导书，为后来者成长提供有力的技术支撑。尽管如此，科技是第一生产力，在后续高速公路项目建设中，应根据项目特点和线路范围内的外部环境，针对性地开展有关材料、工艺、工法等方面的技术研究和创新，提高工程结构耐久性，保证施工质量和安全，促进行业技术发展。

12.2.4 绿色示范工程

党的十八大以来，生态文明建设和绿色发展理念提升到了新的高度。鄂西北地区汉江流域及丹江口水库，是南水北调中线工程核心水源地，生态敏感，环保要求极高。因此，打造高速公路绿色示范工程不仅是结合地域特征、满足地方要求的创优之举，更是响应国家发展战略、实现工程建设绿色转型的必由之路。

打造绿色示范工程要以“绿水青山就是金山银山”为指导思想，以质量优良、安全耐久为前提，以最大程度节约资源、提高能效、控制排放、保护环境为目标，以低消耗、低排放、低污染、高效能、高效率、高效益为特征，将绿色理念与技术贯穿规划、设计、建设、运营、养护等全寿命周期，将“节能、高效、环保、健康”绿色要求贯彻到公路建设设计施工全过程，为绿色运输、安全运营创造必要条件，打造与自然和谐共生、可持续发展的核心水源区、生态敏感区和特殊功能区“绿色公路”样板工程。

创建绿色示范工程，环保设计是基础。公路工程路基填挖方是直接影响土地占用及环境保护的关键因素，本着“最小破坏就是最大的保护”的原则，以“零借方、少弃方”为目标，严格保护土地资源，科学选线、布线，避让基本农田，减少土地分割；积极推进土场与改地、造地、复垦综合措施；因地制宜采用低路堤和浅路堑方案；加强生态选线，依法避绕生态环境敏感区；大力推行生态环保设计和生态防护技术。同时重视路堤与桥梁、路堑与隧道的方案比选，合理控制路基填挖，统筹土石方调配，有效减少弃土场设置，最大限度地降低对环境的影响。

创建绿色示范工程，绿色施工是关键。根据湖北省建筑业协会相关文件规定，项目创建绿色建造暨绿色施工技术应用工程（绿色示范工程）共有立项（申报）、过程检查（中期检查）、验收评审等阶段，根据评审得分排名确定验收结论。验收评审综合得分包括绿色施工验收批次得分、绿色施工技术与创新、绿色施工成效 3 个方面，权重系数对应为 0.6、0.2、0.2。绿色施工验收批次得分包括环境保护、节材与材料资源利用、节水与水资源利用、节能与能源利用及节地与土地资源利用 5 个评价要素，权重系数对应为 0.3、0.2、0.2、0.2、0.1。由此可见，创建绿色示范工程重点在于“四节一环保”5 个要素和绿色施工技术与创新。

项目开工前，组织建设、设计、咨询、监理及施工单位专题研讨，明确各参加方职责，参考国内绿色公路工程建设经验，因地制宜，聚焦环境保护、节材与材料资源利用、节水与水资源利用、节能与能源利用及节地与土地资源利用 5 个评价要素，针对性制定绿色施工方案。验收时，“四节一环保”要进行成果量化评价，因此项目实施过程中，建设单位全面统筹，咨询单位做好技术咨询和交底工作，监理单位加强过程监管，协助开展过程考核，施工单位落实绿色施工技术措施，积极推广应用“四新”技术，各参建方明确责任人，做好全过程资料收集、数据统计工作。

公路工程绿色示范工程创建关键点：

（1）“环境保护”包括建筑垃圾（产生量、再利用率和回收率）、噪声控制、水污染控制、抑尘措施、光源控制等 5 个主要指标。

（2）“节材与材料资源利用”包括钢材、混凝土、木材、模板、围挡等周转设备（材料）、其他主要建筑材料、就地取材率、回收利用率等 8 个主要指标。

（3）“节水与水资源利用”包括办公及生活区、生产作业区、整个施工区节水量、节水设备（设施）配置率、非市政自来水利用量占总用水量等 5 个主要指标。

（4）“节能与能源利用”包括办公及生活区、生产作业区、整个施工区节电量、节电设备（设施）配置率等 4 个主要指标。

（5）“节地与土地资源利用”包括办公及生活区面积，生产作业区面积，办公及生活区面积与生产作业区面积比例，施工绿化面积与占地面积比例，原有建筑物、构筑物、道路和管线的利用情况，场地道路布置情况等 6 个主要指标。

（6）“绿色施工的经济效益与社会效益”从实施绿色施工的增加成本、实施绿色施工的节约的成本、综合成本和节约的绿色施工的经济增加值、绿色施工的社会效益等 4 个指标进行评价。

（7）绿色示范工程创建鼓励采用“四新”技术，重视技术创新，其成果纳入“绿色施工技术与创新技术”考核评价中。

涉及量化指标的，要注意数据真实，计算准确，按要求规范填写《湖北省建筑业绿色建造暨绿色施工技术应用工程成果量化统计表》。绿色施工技术与创新技术中相关“四新”技术要语言精练，突出绿色主题，成果统计全面，附件材料翔实，具有推广应用价值。

12.3 建设意义

鄂西北地区（十堰）常住人口 320 余万人，地方经济作物、农副特产主要有柑橘、茶叶、香菇、葛根、黄酒等，产业以汽车工业为主。而秦巴山区山谷沟壑纵横，交通成了制约地方经济的一大因素。山区高速公路，除国高网的路线较为繁忙，交通流量大，其余高速造价高，运营收益一般，从企业经济效益来说，不能算优良资产。集团公司是中部地区交通基础设施建设领域的先行者、排头兵，企业发展壮大的同时，更肩负着国有企业担当，整合地区资源，产业联动开发，巨大的社会经济效益让秦巴山区高速公路建设承载着鄂西北地区及汉江经济带群众的交通梦、致富梦。从国家层面来看，一条条四通八达的高速公路，有着重大的战略意义；从政策层面来看，打通秦巴山区公路交通硬梗阻，对实现交旅融合，落实西部大开发、鄂西北山区乡村振兴战略有着巨大的社会效益。下阶段，国家交通主动脉开始改扩建，毛细血管不断织密，进一步联通区域公路网络。

12.4 建设愿景

在“双碳”目标背景下，高速公路建设运营中低效率、高耗能、劳动密集及劳动力不足等问题亟待解决，由传统建造模式向绿色建造、智能建造转型大势所趋，刻不容缓。

（1）让科技创新为工程建设赋能。

科技是第一生产力。当前BIM技术、智慧梁场、信息化管理系统等逐渐成熟，各类先进智能设备被成功开发并应用于高速公路建设工程，标准化建设程度较高，但还存在系统与系统之间独立、端口不统一、建造与运营管养数据信息不连续、数据智能化辨析、采集存储及分析能力不强等问题。未来仍要持续重视技术研发，同时将BIM技术、人工智能、数字孪生技术等与高速公路建设工程深度融合，实现智能设计、智能生产、智能施工和全过程运行维护管理，助力工程建设由信息化向数字化、智能化高速转变。

（2）要将工程建设合理融入自然。

贯彻“最小破坏就是最大的保护、循环利用就是最大的节约、自然合一就是最大的协调、以人为本就是最大的和谐”的生态文明理念，尽量避免高填深挖，最大限度减少对地形地貌的破坏；充分利用已有地方道路或在荒山荒地范围进行场站布设，有效降低对周围环境的污染和植被的破坏。施工中尽可能利用已有资源和设施，改变传统施工观念，利用新科技带动生产、促进安全和环保，充分体现“绿色”含义。

（3）环境污染最小，环境风险最低。

通过绿色公路建设，针对沿线清洁能源综合利用、隧道智能照明、路面和桥面径流处理、隧道弃渣综合利用、绿色路基修筑技术应用、生态型服务设施等重点项目进行研究和示范。在工程建设中力争达到边坡“零裸露”、隧道“零弃方”、污水“零排放”、洞口“零开挖”等目标，管理中贯彻高质量等于低消耗理念，强力推进低污染、低风险建设。

（4）以路为载体凸显文化特色。

充分挖掘公路沿线的自然山水、历史文化、民俗文化、旅游文化等深厚的文化底蕴，凸显生态文化主题，打造独具特色的高速公路。充分利用沿线边坡、服务设施、临时用地等融入当地各种文化元素，赋予公路文化色彩和美学价值，由“人、车、路、景”构成和谐画面，构筑一条条“畅通、安全、舒适、美观”的生态景观公路。

修建一条高速公路，带动一片经济，造福一方百姓，交通基础设施建设永远在路上。最后，感谢鄂西北山区高速公路全体参建者的辛劳奉献，感谢各级部门领导、专家的支持、关心和帮助，祝愿祖国繁荣昌盛，祝愿人民幸福安康。

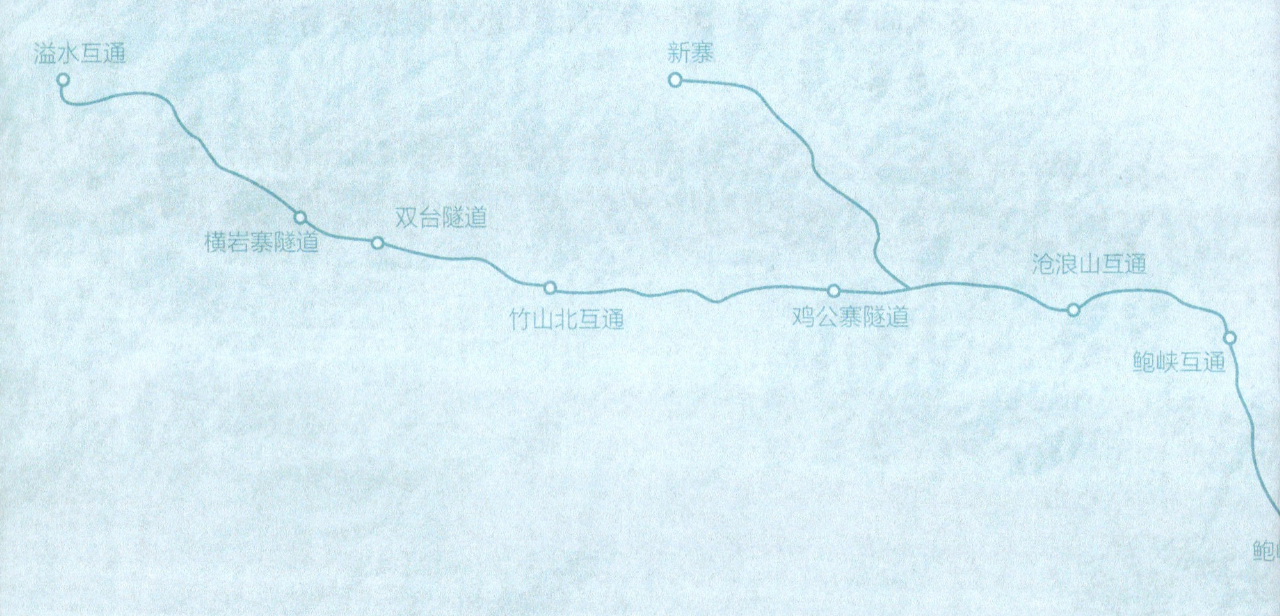
溢水互通
新寨
横岩寨隧道
双台隧道
竹山北互通
鸡公寨隧道
沧浪山互通
鲍峡互通
鲍
十白高速公路

参 考 文 献

[1] 唐智鹏. PPP+EPC 模式中高速公路建设主体合作演化研究[D]. 武汉: 华中科技大学, 2021.

[2] 吕伟. BOT 模式下高速公路项目建设管理[J]. 黑龙江交通科技, 2020, 43(02): 202-203, 205.

[3] 程英子. H 高速公路建设项目 BOT+EPC 模式的应用及对策研究[D]. 武汉: 华中师范大学, 2020.

[4] 付洁. BOT+EPC 模式下高速公路工程管理模式探索[J]. 经贸实践, 2018(03): 239-240.

[5] 周大华, 兰旭, 徐晓波, 等. 基于有限元强度折减法的边坡稳定性分析及治理研究[J]. 路基工程, 2013(05): 61-64, 68.

[6] 王琦. 四沟隧道洞口滑坡事故的分析和治理[D]. 武汉: 华中科技大学, 2013.

[7] 熊文林. 湖北十白高速公路栗石沟隧道洞口滑坡稳定性分析[J]. 交通科技, 2013(06): 76-78.

[8] 杨曌, 胡五洲, 陈可祥, 等. 隧道塌方处理中管棚支护的力学模型与计算分析[J]. 土木工程与管理学报, 2012, 29(04): 65-69, 74.

[9] 刘松. 山区高速公路桥梁混凝土耐久性设计与施工控制技术研究[R]. 湖北: 湖北省十堰至白河高速公路建设指挥部, 2015.

[10] 周大华. 环境变化与工程活动条件下滑坡演化特征及其防治技术研究[R]. 湖北: 湖北省十堰至白河高速公路建设指挥部, 2015.

[11] 翟全礼. 鄂西北地区公路片岩质边坡变形破坏机理及防护技术研究[R]. 湖北: 湖北省十堰至白河高速公路建设指挥部, 2015.

[12] 周大华. 秦巴山区片岩隧道爆破关键技术研究[R]. 湖北: 湖北省十堰至白河高速公路建设指挥部, 2015.

[13] 邹新忠. 彭洲, 尹士清, 等. 十房高速公路官山互通边坡破坏机理与综合治理[J]. 路基工程, 2013(01): 168-171, 175.

[14] 沈峰, 成词峰, 周俊书. 通省特长隧道软岩大变形机理及处治措施[J]. 公路, 2012(01): 208-211.

[15] 王忠杰, 晏鄂川, 李亮. 十房高速通省隧道变形破坏原因分析[J]. 科学技术与工程, 2014, 14(32): 89-93.

[16] 沈峰, 钟威, 刘桂兵, 等. 通省隧道大变形围岩松动圈测试与分析[J]. 工程地球物理学报, 2011, 8(03): 366-369.

[17] 王云, 关爱军, 沈峰, 等. 红黏土路堤边坡降水影响深度模拟分析[J]. 公路工程, 2015, 40(05): 50-55.

[18] 关爱军, 沈峰, 戴光柏, 等. 绢云母片岩粗粒料路基压实质量检测方法及其控制标准[J]. 科

学技术与工程, 2014, 14(35): 276-280.

[19] 王炜. 武当山群片岩工程特性及其对隧道稳定性的影响——以十巫高速公路隧道为例[D]. 武汉: 中国地质大学, 2020.